真實的漢朝

沒人告訴你的歷史冷知識

從皇帝的中年危機到並不危險的鴻門宴，
顛覆你所認知的漢代趣事與歷史真相

朱耀輝 著

探索漢朝那些被忽略的有趣故事
揭開一個百年帝國的面紗

單于給皇后寫情書，項羽並沒有燒阿房宮
劉邦的中年危機，皇帝也有過不去的坎

真實的歷史比傳說更充滿戲劇性

目錄

目錄

目錄

目錄

目錄

目錄

漢朝皇帝都喜歡男寵？

漢朝皇帝們有一個共同的愛好，都喜歡男寵。從漢高祖劉邦到漢哀帝劉欣，幾乎每一代皇帝都有自己的男朋友，劉邦有籍孺，劉盈有閎孺，劉恆有鄧通，劉啟有周仁，劉弗陵有金賞，劉徹有韓嫣、韓說，劉詢有張彭祖，劉奭有弘慕，劉驁有張放，劉欣有董賢。

放眼整個中國歷史，漢朝皇帝的口味也是獨一無二。

先從劉邦說起，他的男寵叫籍孺，史書上對籍孺的記載不多，主要見於《史記》，說此人沒什麼才能，只靠佞幸劉邦而得寵。兩個人經常同吃同睡，劉邦還喜歡躺在籍儒的腿上睡覺。當初英布謀反時，劉邦裝病避戰，大臣們急於找劉邦商量國家大事，但又沒人有膽量闖進去。最後還是樊噲闖了進去，發現劉邦躺在籍孺的大腿上，兩個人正黏在一起呢。

樊噲頓時就怒了：「陛下，你怎麼能這樣啊，難道你忘了當年趙高亂政那件事了？」

劉邦頓時害羞得滿臉通紅，這才重新振作起來。

漢惠帝劉盈也有個男寵，名叫閎孺。劉盈非常寵愛閎孺，讓大家很羨慕，許多人甚至模仿閎孺的言談舉止和穿衣打扮。

劉盈和宏孺好到什麼程度？有一次，呂后和自己的情人審食其私通，被劉盈發現了。劉盈很生氣，但又不敢對母親發火，放出話來要弄死審食其。呂后很尷尬，只好派一個叫朱建去找閎孺，威脅他：「你受皇上寵愛，審食其受太后寵愛，一旦皇上將審食其殺掉，太后為報復，也會把你殺掉。」

閎孺嚇壞了，趕快去找劉盈為審食其求情。劉盈看在閎孺的面子上，這才放過審食其。

漢文帝劉恆以節儉聞名，但即便是這樣一位模範皇帝也有三個男寵，最受寵的那個人叫鄧通。

鄧通曾在宮裡當黃頭郎，漢文帝夢中登天而不能，幸得一個黃頭郎推了一把才上去，醒來後命人尋找，發現鄧通和夢中人一模一樣，於是一路提拔，還給了他一座銅礦，需要錢了隨便印。

劉徹就比較多情的了，既愛著陳阿嬌和衛子夫這樣的大美人，也寵愛著韓嫣和李延年這樣的小白臉。

韓嫣很會揣摩皇帝的心思，當時劉徹想討伐匈奴，韓嫣就努力練習匈奴的兵器，還故意讓劉徹看到。靠著劉徹的信任，韓嫣一路高升，獲得賞賜無數，出入宮闈百無禁忌，不料玩得太大，跟一個宮女在一起了，最後東窗事發被太后賜死。

再說李延年，他是中山國人，著名音樂人，因犯法被處以宮刑，跟著妹妹進了宮。有一次，李延年為劉徹寫了一首歌：

北方有佳人，遺世而獨立。

一顧傾人城，再顧傾人國。

寧不知傾城與傾國，佳人難再得。

劉徹聽完這首歌，感慨道：「這世上到哪裡去找這樣的佳人呢？」一旁的平陽公主向漢武帝推薦說，李延年的妹妹就是這樣的佳人呀！靠著這首原創歌曲，李延年和妹妹被劉徹寵幸，與皇帝同臥同起。

董賢英俊瀟灑，漢哀帝對他心生愛意，更一度讓哀帝起了禪位之心，甚至還誕生了一個成語：斷袖之癖。

為什麼人人都袒護季布？

《史記》中有這樣一個故事：一諾千金，說的是漢初名將季布的故事。季布是楚國人，性情耿直，為人俠義好助，言出必行，已諾必誠，民間有一句諺語：「得黃金百斤，不如得季布一諾」。

季布曾為西楚霸王項羽的帳下五大將之一，楚漢兩軍交戰時，曾經多次讓劉邦困窘不堪。劉邦消滅項羽後，仍對此耿耿於懷，他釋出了一條紅色通緝令：抓到季布賞金千兩，窩藏季布罪及三族。

按說這種情況下，季布的命運基本逃不脫先亡命天涯、最終被扭送砍頭的圈套，但季布就是命硬，實現了一次劇情大逆轉。由於他聲名遠播，很多人願意冒著砍頭的危險保護他。

濮陽的周氏人稱大俠，得知季布流落江湖，大方將其收留。很快，周圍人都知道周家收留了季布，看到朝廷發出的通緝令後，開始動起了歪腦筋。

周氏知道自己保不住季布，但也不想把季布交出去。如果季大俠在自己的地盤上被官府抓了，自己以後還怎麼在道上混？左思右想，他想到了一個辦法：「將軍，我有一計可助您脫身，但一定要聽我安排。如若將軍不信任我，我立刻死在您面前！」

季布當即應允。在周氏的安排下，季布剃去頭髮，脖子戴上鐵鏈，混同幾十人家奴一起被賣到了魯地的朱家。

朱家也是當地豪俠，人稱「關東大俠」，喜歡結交當世豪傑。看到這批奴隸後，朱家一眼就認出了隊伍中的通緝犯季布，但他沒有當場說破，只是悄悄囑咐兒子：「家裡的農活他想做就做，做多做少都無所謂，一日三餐你要和他一起吃，千萬不要怠慢了他。」

朱家確實夠義氣，不僅收留了通緝犯季布，還打算為他洗刷冤屈。要知道，季布可是劉邦點名要抓的通緝犯，誰敢幫他開罪？

可是朱家有信心。

在將季布妥善安置後，朱家趕赴洛陽拜見汝陰侯滕公，也就是劉邦曾經的專職司機，如今的太僕 —— 夏侯嬰。

朱家是黑道上的大哥級人物，夏侯嬰如今雖然位高權重，但也不敢輕慢，親自出門迎接。一番寒暄後，朱家開門見山：「敢問滕公，季布到底犯了什麼罪，陛下這麼著急捉拿他？」

夏侯嬰道：「季布屢次將陛下逼至困境，所以陛下對他恨之入骨，必欲殺之而後快。」

朱家問：「滕公您怎麼看季布這個人？」

夏侯嬰答：「季布的大名我早有聽聞，武功高強，正直誠信，是個賢人。」

朱家一聽，心裡有底了，索性敞開道：「我聽說身為人臣的，應盡忠職守。當日季布在項羽麾下聽命，楚漢相爭，季布也只是履行他的職責而已。如今天下已定，陛下為個人恩怨搜捕報復季布，反而顯得心胸狹隘。您也說了，季布是個賢人，如其情急投敵，北有匈奴，南有南越，反而不美。得天下者，最忌諱的就是逼人太甚，當年伍子胥被迫逃離楚國，後又殺回楚國鞭屍楚平王，就是前車之鑑啊！」

夏侯嬰是何等聰明之人？從見到朱家那一刻他就知道了對方的目的，不過他也認同朱家說的這些，於是答應幫忙從中調解。

這之後，夏侯嬰找了個機會面見劉邦，將朱家的話又給劉邦說了一遍。劉邦雖然偶爾小心眼，但大道理還是懂的，當即下令赦免季布，還給季布封了官。季布後來為漢朝效力，做過河東郡守，隨周亞夫平定七國之亂，成為一代名將。

仰仗富裕女人的窮小子陳平，如何「軟飯硬吃」？

劉邦帶領沛縣子弟打天下時，身邊有一位奇才，善出奇謀，擁有力挽狂瀾的能力，此人就是陳平。

史載，陳平曾經「六出奇計」，幫助劉邦搞定各階段的主要對手。不過早期的陳平卻是一個不折不扣的軟飯男，以仰仗富裕女人安身立命。

陳平出身不好，家裡沒什麼事業，父母死得早，有一餐沒一餐，他也沒什麼謀生的本事，只能跟著哥哥嫂嫂一起住。時間長了，嫂嫂開始覺得不高興，背地裡抱怨他不務正業，只會騙吃騙喝。

陳平的大哥聽了，當場就生氣了，吵著要跟她離婚。

結果這件事很快傳了出去，街坊鄰居閒言閒語的認為陳平一定跟嫂嫂有一腿，所以他哥才會堅決離婚。

無業青年陳平沒什麼專長，為了填飽肚子，只能在村裡人辦喪事時打雜，找點事做。

別看他平時遊手好閒，不務正業，人家也是有理想有抱負的。有一次，陳平在祭司上主持分肉，他不貪小便宜，分得很公平，大家都誇獎他分得好，陳平卻感慨道：「這算什麼？倘若我陳平能有機會主宰天下，也能像分肉一樣恰當稱職。」

這大言不慚的話語，在廣為流傳之後，成了陳平的標籤。

所謂人窮志短，有志氣的陳平雖然有哥哥幫襯，但結婚卻遇見了難題。恰好有個叫張負的大地主，孫女嫁了五次，五次都因為老公死了，被送回娘家。在村裡人看來，這女人天生剋夫命，十里八鄉沒人敢再娶了。

老張很著急，有一次看到陳平，第一眼就被他英俊的外表吸引了，自作主張將孫女許配給他。兒子表示不服：「陳平既窮又不願勞動，全村的人都笑他沒出息，怎麼還把孫女嫁給他呀？」

老張回道：「你懂什麼，我看此人相貌不凡，將來必成大器！」

當然，老張也不完全是個只看臉的外貌協會，他對陳平是有仔細觀察的。有一次，他曾尾隨陳平到家，雖然陳平家窮得要命，但從他家門口各路馬車的輪胎痕跡就可以斷定，這傢伙一定有很多達官顯貴的朋友。

判斷一個人最有效的辦法，是看他和什麼樣的人交朋友。當然，按照陳平的智商，這些輪胎痕跡恐怕是他故意留下的。

在張負的安排下，陳平跟孫女搭上了線，沒錢娶？不要緊，我有錢，不要聘金！

在街坊鄰居異樣的眼神中，陳平順利迎娶了張家孫女，兩個人的生活如魚得水，平安無事。

有了富裕老婆支持，手頭漸漸寬裕的陳平交遊也越來越廣。很快，他已經不甘心待在這個小地方，準備出去做一番大事業了。

陳平：為了找個好工作，我跳了三次槽

秦漢之交風雲迭起時，不安分的陳平在老岳父的資金支持下，到處遊走伺機而動，準備做一番大事業。

西元前兩百〇九年，陳勝、吳廣在大澤鄉拉起義旗，天下雲集響應，一番呼喊之後，到處有人稱王，其中就有魏王咎。

陳平聽聞後，立刻辭別兄長，投奔了魏王咎。魏咎很看中陳平，給他一個太僕的職務。一開始，陳平還覺得不錯，可惜沒過多久，魏國集團搞內鬥，弄得陳平無法安心工作。

陳平覺得再待下去沒什麼前途，又投奔了項羽，跟著項羽一路西進，由於表現突出，被項羽賜予爵位，位比公卿。

本來形勢一片看好，可是後來項羽因分封引發了諸多人的不滿，天下很快又陷入動盪之中，項羽疲於四處平亂。

沒過多久，殷王司馬卬也起兵叛亂，項羽無暇顧及，任命陳平為信武君，帶兵平叛。陳平收編了魏咎遺留的軍隊，擊敗並俘虜了殷王，立下大功。項羽對陳平的招撫工作很滿意，加封他為都尉，賜黃金二十鎰。

陳平剛回到彭城，屁股還沒坐穩，劉邦又打過來了，牆頭草司馬卬一看形勢不對，又叛變了。項羽非常生氣，把氣出到陳平身上，一頓臭罵。

陳平內心又開始不安分，他太了解項羽了，這個人魯莽有餘，成大事不足，跟這樣的危險人物做事，太沒有安全感了。算了，乾脆跑路吧，聽說劉邦是個長者，為人仁厚，不如投奔他。

一路翻山越嶺，陳平投奔了自己的好朋友魏無知。此時的魏無知正在劉邦的手下做事，得知陳平來了，當即把他推薦給劉邦。

劉邦親自面試了陳平，對他很滿意，問他：「你之前擔任過什麼職務？」

陳平答：「都尉。」

劉邦於是讓陳平繼續擔任都尉，主掌護軍工作。不僅如此，還經常跟他坐一輛車出去兜風，讓別人十分羨慕和忌妒。

為了離間項羽君臣關係，陳平獅子大開口，找劉邦要了足足四萬斤黃金，用來買通楚國將領，離間楚國君臣。

劉邦問都不問，當即給了陳平四萬金，讓陳平深受感動，認定了這位明主。

隨後陳平又出計謀，離間了項羽和謀士范增的關係，為項羽最後敗亡埋下了伏筆。

都是開國功臣，憑什麼蕭何排第一？

漢帝國建立後，劉邦一口氣分封了二十多個功臣。而至於誰才是大漢第一功臣，大家爭得面紅耳赤，經過一番熱烈討論，終於推出了一個人：曹參。

關於曹參的戰績，軍功簿上清清楚楚地記著：「參功：凡下二國，縣一百二十二；得王二人，相三人，將軍六人，大莫敖、郡守、司馬、侯、御史各一人。」此外，曹參在戰場上衝鋒陷陣，渾身上下有七十多處創傷，這些創傷就是軍功章。

卻不料，劉邦卻把大漢第一功臣的榮譽送給了一向低調的蕭何。

所有人都不理解，為什麼是他？

事實上，劉邦把蕭何排在前面，其實是承受了巨大的壓力。劉邦起兵，靠的就是沛縣鄉黨。雖然蕭何也是出自豐沛黨，但畢竟是手無縛雞之力的一介文人，畢竟在革命戰爭年代，大家更看重的是上場殺敵收人頭的能力。曹參也表示不服，老子在前線跟項羽拚命，南征北戰多年，身上舊傷未癒又添新傷，你蕭何一介書生，從未領過兵打過仗，大多時候都遠離前線，獨自躲在後方，憑什麼是第一功臣？

抱怨多了，自然而然就傳到了劉邦的耳朵裡。

這一日，劉邦在朝會上問道：「近來聽聞諸位對朕的分封多有不滿，諸位知道朕為何封蕭何為第一功臣嗎？」

底下的人開始竊竊私語，樊噲站了出來：「陛下，臣等披甲帶兵，衝鋒陷陣，多者身經百戰，少者數十戰。蕭何沒有經歷征戰之苦，沒有打過一次仗，只靠舞文弄墨，出出主意，論功封賞時反而在我們之上，臣等不服！」

劉邦點了點頭，目光掃過眾人，道：「諸位知道狩獵嗎？狩獵時，追殺野獸、野兔的是獵狗；而放狗追擊，指示獵物方向的是獵人。你們只是能捕捉走獸，是有功之狗；至於蕭何，發號施令，指示追蹤目標，是有功之人。當年與項羽爭奪天下時，要是沒有蕭何管理後方關中，提供源源不斷的軍糧和士兵，哪有各位後來的屢敗屢戰？」

此言一出，群臣皆不敢言。

從這裡不難看出，劉邦不愧是一個卓越的策略家，他顯然明白一個道理：打仗打的是後勤。

俗話說得好：「兵馬未動，糧草先行」、「大砲一響，黃金萬兩」、「巧婦難為無米之炊」，後勤補給對戰爭的重要性由此可見一斑。隋煬帝三征高麗，元軍攻打日本，都是在後勤方面吃了虧。

鴻門宴其實沒那麼危險

「鴻門宴」可以算得上是中國歷史中最危險的飯局之一，當時還是小弟的劉邦得罪了項羽，項羽很生氣，後果可能很嚴重，劉邦只能提著頭去見項羽。也正因為這個原因，鴻門宴在歷史上幾乎成了危險的代名詞。

但如果仔細分析會發現，鴻門宴其實沒那麼危險，因為項羽在宴會上根本沒想過殺劉邦。

為了說明這一點，我們不妨重新檢視。

當時懷王與諸將約定，誰先入關，便封為關中王。項羽在鉅鹿大破秦軍後，聽說劉邦已到咸陽，非常惱火，攻破函谷關，直抵新豐鴻門。

這時劉邦的左司馬曹無傷暗中派人告訴項羽，說劉邦想在關中稱王，項羽聽了更加惱怒，決定第二天發兵攻打劉邦。

可是問題在於，項羽真的能殺劉邦嗎？

不妨看看當時的局勢。

項羽雖然出身貴族，也在鉅鹿一戰擊敗了秦軍主力兵團，但只得到上將軍的名號。他號稱有四十萬大軍，但這當中有很大一部分是其他諸侯的軍隊，項家的基本盤只有八千名江東子弟兵，渡過淮河後才收攏了英布、蒲將軍等人，兵力也不過六七萬。也就是說，項羽的底牌只有這嫡系六七萬人，其他諸侯都是利益結合體。

反觀劉邦有十萬部隊，核心基本都是豐沛老鄉，士兵也是一路上招來的，一路跟著劉邦拿下了關中，屬於獨立團，凝聚力顯然比項羽的部隊要強。

項羽攻破咸陽後分封的諸侯就有近十八個王，如果在鴻門宴真殺了劉邦，其他十八支隊伍怎麼想？

會不會一起倒戈對抗項羽？因為項羽能對劉邦下手，也能對他們下手。

在當時局勢未穩的情況下，項羽只要還有點政治頭腦，都知道劉邦不能動。

明白了這些，我們就不難理解鴻門宴上項羽的一系列舉動了，項羽在接受劉邦赴宴之時就已被項伯說服，放棄了戰爭，所以無論范增怎麼使眼色都是徒勞，項莊舞劍也注定只是徒勞。

宴會上還發生了一個意外，守護在門外的樊噲直接闖進宴會大廳，斥責項羽背離貴族道義。

項羽面對斥責顯得很愧疚，賞賜了生豬肉和酒給樊噲，並稱讚他是勇者。樊噲趁機再度闡明劉邦的立場：

「秦王有虎狼之心，殺人無數，唯恐殺不完；給人加刑，唯恐用不盡，結果導致眾叛親離。楚懷王跟大家曾有約定：先入關中者為王。如今我家主公擊敗秦軍進入咸陽，財物絲毫沒有動，封閉秦王宮室，把軍隊撤回到灞上，等待大王您的到來。之所以派遣將士把守函谷關，為的是防備其他敵軍。沛公如此勞苦功高，沒有得到應有的賞賜，您居然聽信小人之言，對沛公動了殺心，您這是卸磨殺驢啊！」

這話顯然讓項羽面子上有些掛不住，可項羽是什麼反應呢？沉默以對，半天沒吭聲。想想看，如果項羽想殺劉邦，樊噲的莽撞就是個最好的藉口，還不摔杯為號，把他們都綁起來？

鴻門宴上，項羽威壓劉邦，迫其讓出關中，而後開始分封天下，已然是人生贏家。至於劉邦，可以留待以後慢慢收拾。可是他是不知道，這次不成功的利益分配引發了大家的不滿，又開啟江山爭霸的序幕。

劉邦的中年危機

都說男人四十容易中年危機，真巧，劉邦的四十歲不打一聲招呼就來了。

現在的人們活得很焦慮，開口就是三十歲的男人得有多少存款，如果四十歲還沒成功，一輩子大概也就這樣了，這個觀點贏得很多人的認同，深入人心。

如同今天的我們一樣，四十歲的劉邦也很焦慮。為了謀一份生計，劉邦也參加了沛縣的公務員考試。靠著多年累積的人脈關係，他順利成為帝國的一名基層公務員 —— 亭長。

有人要問了，這亭長是什麼職位？

這裡有必要跟大家說明一下秦朝的官職制度：嬴政統一天下後，廢除分封，分天下為三十六郡，郡守管理下屬各縣，縣設縣尉、縣令；縣令管理下屬各鄉，鄉下設遊徼、三老、嗇夫（管理大鄉）、有秩（管理小鄉）；三老管理下屬各亭，亭設亭長。亭長管理下屬各里，里設里長。

亭本來是一個軍事組織，設定在交通路線上，負責接待往來的使者，轉發政府的郵件，三公里設一個亭，是準軍事機構，而且有驛馬。用我們今天的話來說，亭是郵政交通站兼派出所。亭一般設有亭長一人，下屬有求盜一人，負責治安；有亭父一人，負責打掃環境。

不難看出，劉邦的這個亭長職務，相當於泗水的郵政交通站站長兼派出所所長。白道上，劉邦是政府官員，跟上級主管處得不錯；黑道上，劉邦小弟眾多，能力非凡。

有了事業，下一步該解決單身問題了。

劉邦年輕時是個不務正業的小混混，年逾四十還未成家立業。雖說他和曹氏維繫著不清不楚的地下情，還偷偷生下了一個孩子，但這最多算是同居關係，不被社會大眾認可。其實，劉邦何嘗不想早點結束單身？奈何太窮，加上名聲實在太差，鄰近村莊，誰家的女孩願意嫁給他？

有一天，呂公來到沛縣躲避仇家，為了和地方上各行各業的頭面人物打好關係，呂公在家中設宴，廣發邀請函，宴請縣衙官吏、地方仕紳等有頭有臉的人物去赴宴。

呂公宴席，不是誰都可以上桌的，而是按照席位分為三六九等，明碼標價，越是靠近主人，價碼越高。宴會由蕭何主持，他宣布禮金不夠一千的都要坐在走廊，此時劉邦大搖大擺進來，開口就是禮金一萬。

眾人詫異，呂公定睛一看，認定此人氣宇非凡，以後必有大作為，於是趕快請他入座，明知他沒有萬金，卻不顧妻子的阻攔，當場決定將女兒下嫁於劉邦。

有了事業，有了婚姻，劉邦的人生開啟了新篇章。但亭長這份工作並不好做，嬴政大興土木、勞民傷財，劉邦不忍押解建築驪山陵徭役的民夫，一聲慷慨激昂的「公等皆去，吾亦從此逝矣！」從基層公務員變成了通緝犯，開始了人生的下半場。

鉅鹿之戰究竟是如何打的？

眾所周知，鉅鹿之戰是歷史上著名的以少勝多的戰役之一，項羽以五萬兵力大破四十萬秦軍，堪稱是軍事史上的一個奇蹟。但人們對這場戰役最多的印象只是「破釜沉舟」，這對於一場決定天下歸屬的戰役來說，是不嚴謹也是不客觀的。今天我們就來回顧一下這場戰役，看看項羽在鉅鹿一戰中究竟做了些什麼。

當時項羽的叔父項梁擁立楚懷王熊心為王，起兵反秦，一開始局勢非常好。不料胡亥聽取章邯的建議，大赦天下，征發驪山刑徒為兵，東出函谷關。殺死項梁後，章邯認為楚地已不足憂，於是渡過黃河，與王離的長城軍團一起攻打趙國，包圍了鉅鹿。

我們來看一下雙方的兵力對比：秦軍方面，章邯的驪山軍團和王離的長城軍團合計兵力約四十萬；楚軍方面，項羽手上只有五萬人馬。

乍看之下，項羽的兵力遠少於章邯，這就是雙方對決的人數嗎？

當然不是，別忘了，戰場周邊還有一群看好戲的人呢！我們來數一數：

趙國的陳餘手上有數萬人，張敖手上有萬餘人，齊國的田安親自帶隊協助項羽，齊將田都寧可背叛齊王田榮，也要前來助項羽一臂之力，魏國的魏豹也在一旁觀戰。

這些諸侯聯軍雖然互不統屬，也沒有加入戰場，但總共加起來也有數十萬，讓章邯不得不有所顧忌。

再看各軍分布情形，王離的長城軍團負責圍困鉅鹿城，章邯的驪山軍團在鉅鹿南面的棘原駐紮。為了確保長城軍團的糧草補給，章邯沿水路修了一條甬道，給王離供應軍糧，雙方互為掎角之勢。

如何才能打破僵局？看著眼前的沙盤，項羽的目光落在了連繫雙方的甬道上。

打蛇打七寸，甬道就是秦軍的七寸！

想到這裡，項羽立即找來英布和蒲將軍，命令他們帶兩萬人展開試探性進攻。初戰勝利後，項羽緊接著下了第二道命令：全員緊急渡河，扔掉一切不必要的物資，砸碎鍋碗瓢盆，燒毀船隻，每人只帶三天乾糧，跟秦軍決一死戰。

緊接著，戰場周邊的看好戲的人們見證了極為震撼的一幕：

楚軍個個異常興奮，嗷嗷叫著衝向數倍於己的秦軍，前面的人倒下了，後面的人繼續往前衝。秦軍大驚失色，他們縱橫天下，經歷過無數惡戰，見過不要命的，沒見過這麼不要命的。楚軍與對面的秦軍交戰九次，打得秦軍開始懷疑人生。

各路諸侯們一看局勢開始明朗，準備披掛上陣，一窩蜂衝向秦軍大營。

這一戰，秦軍損失慘重，幾乎全軍覆沒，主將王離被俘，蘇角被殺，涉間自焚。

戰爭結束了嗎？並沒有，因為棘原還有章邯的二十萬軍隊。

項羽正打算一鼓作氣拿下章邯，老同袍范增將他攔住：「眼下諸侯聯軍剛剛打完一場硬仗，急需休整，章邯的驪山軍團不可硬拚。」

那怎麼辦？

范增說：「我得到消息，胡亥對章邯的工作很不滿，已經派人找他談話了。此時此刻，章邯的壓力比我們大，不如我們暫且觀望。」

不出范增所料，此時的章邯正承受著巨大的政治和軍事壓力，軍事壓力來自對面氣勢正盛的項羽，政治壓力則來源於身後的咸陽宮。

得知前線戰事不利，大老闆胡亥派了調查組到章邯軍中，章邯派人去咸陽彙報工作，結果被趙高從中阻攔。而此時，他收到了陳餘以項羽名義寄來的勸降書。

章邯有心投降，卻還在猶豫。項羽見他猶豫不決，索性偷襲他，斷絕了章邯待價而沽的念頭。

無奈之下，章邯最終選擇了投降，圍困鉅鹿的秦軍就這樣瓦解了。

從整個過程來看，鉅鹿之戰並非如大家所想像的那麼簡單，「破釜沉舟」不過是項羽戰術安排的一環罷了。項羽先是斷敵糧道，再渡河破釜沉舟，最後攻心為上，才是逆轉全域性的原因。

嬴政和劉邦竟是同年紀？

秦朝和西漢是兩個完全不同的朝代，提起兩位開國皇帝，我們潛意識裡也會認為他們是兩個年代的人物。然而事實是，嬴政和劉邦是活在同一時空下的人，兩人年齡只差三歲。

先看秦始皇嬴政，生於西元前兩百五十九年，去世於西元前兩百一十年。

再看漢高祖劉邦，生於西元前兩百五十六年，去世於西元前一百九十五年。

很顯然，兩人幾乎就是同年紀。

嬴政和劉邦出身懸殊，一個是皇室貴族，一個是農民的兒子。然而命運作弄人，兩人的童年卻是截然相反。嬴政是秦國公子，但他的童年是很不幸的，父親異人被作為人質困於趙國，後來在呂不韋的幫助下回到秦國繼承了王位，而年幼的嬴政卻和母親留在了趙國邯鄲，飽受凌辱，備嘗辛酸。

反觀劉邦，他是家中老小，生活雖清貧，卻是父母掌上明珠，日子過得簡單而幸福。

十三歲那一年，少年嬴政登上王位，開始接受超一流的教育，開始見習國家治理和征伐大事。而劉邦從小不愛幫忙農務，只喜歡和自己的朋友遛狗攆兔。

權力的王座並不安穩，周圍有太多窺探的目光。數年間，嬴政平定了王子成蟜之亂，粉碎了嫪毐政變，剷除了呂不韋，他的性情也日益變得冷酷。而劉邦還沉浸在鄉野生活中，絲毫看不出他有成大事的潛力。

三十七歲時，嬴政消滅了楚國，劉邦的家鄉沛縣豐邑成為了大秦的一個縣。作為同年紀的人，嬴政俯視著這個嶄新的帝國，而三十四歲的劉邦不過是他治下芸芸眾生中的千萬分之一，活得猶如螻蟻一般，根本入不了嬴政的視野。

拜嬴政所賜，劉邦終於結束了荒唐的無業生涯，當上了泗水亭的亭長，成了帝國最基層的一名小小公務員。

緊接著，嬴政開啟了萬里長城、驪山陵寢、馳道等一系列超大工程，劉邦也接到了通知，挨家挨戶上門徵丁，而後帶著壯丁趕赴咸陽。

在那裡，兩人曾有過短暫的交集。那一日，劉邦在大街上蹓躂，正好碰上始皇帝出巡，便混在圍觀的百姓中，仰觀了千古一帝秦始皇的威儀。看著始皇帝冠蓋如雲的排場，劉邦十分激動，那一刻，潛藏在劉邦胸中的雄心壯志被點燃了，他脫口而出：大丈夫當如此也！

嬴政不斷的募集人力和物資，將天下民力透支到了極致，驪山陵墓工程已經進行了數十年，依然沒有竣工的跡象，募集愈急，一批批刑徒勞累致死。劉邦也撐不住了，不得不亡命芒碭山，當起了山大王。

四十九歲那年，嬴政走完了自己的漫長的一生，次年陳勝、吳廣發動起義，劉邦積極響應，時年四十八歲。

也就是說，作為同年紀的人，嬴政已經走到人生終點了，劉邦才踏上人生的後半程。

劉邦投身義軍後，率兩萬偏師孤軍破武關，迫使秦王子嬰投降，秦朝正式壽終正寢，而劉邦的精采人生才剛剛開始。

此時的劉邦已經不是當年的亭長，他的新目標是比他大三歲、但已經死去三年的嬴政。

四年後，劉邦終於戰勝了項羽，逼得楚霸王烏江自刎，而他則開創了一個偉大的時代。

面對新生的帝國，劉邦繼承了嬴政的構想，選擇了郡國並行制。但其實，六十二歲那一年，劉邦在打英布的過程中被射中了一箭，回來後病重去世，此時的大漢帝國已經穩穩地立於世界東方，而那個比他大三歲的男人嬴政也才死了不到十五年。

劉邦分封的異姓諸侯王下場如何？

西元前兩百〇二年一月，各路反楚聯軍將項羽圍困在垓下，項羽兵敗自殺。兩個月後，在汜水之陽，劉邦以勝利者的姿態郊天祭地，正式稱帝。

漢朝能建立，這些異姓王立功不小，劉邦沒有忘記他們，分其中七人為異姓王，分別是韓王信、趙王張耳、淮南王英布、楚王韓信、梁王彭越、燕王臧荼及長沙王吳芮。

這幾個諸侯王國的封地占當時漢朝疆域的一半，相比之下，朝廷直接控制的漢郡只有十五個，出現了諸侯王國與漢郡並存的局面。

這樣的格局讓劉邦心中十分憂慮。劉邦稱帝前，充其量也只是諸侯中實力最為強大的一支而已，當時大家有共同的敵人項羽，所以才會聯合起來合力向前。如今項羽已滅，他們是否還甘願俯首稱臣，劉邦心裡根本沒有答案。

分封這些異姓王本來就是權宜之計，這些大哥手中握有重兵，對劉邦的統治已構成很大的威脅。從分封那一天起，他就開始考慮將這些異姓王一一剷除，以絕後患。

不過劉邦萬萬沒想到，第一個起頭造反的竟然是燕王臧荼。

臧荼的燕王和劉邦的漢王一樣都是項羽封的，楚漢戰爭時，臧荼偏安北方，既不助項，也不幫劉，政治立場不明朗。直到韓信以破竹之勢蕩平趙國，臧荼才主動投誠，然而劉邦即位後，接連通緝昔日項羽的追隨者，這讓臧荼坐臥不安。畢竟，他是諸侯中唯一多年追隨項羽之人，說不定劉邦下一個目標就是自己。

臧荼越想越慌，與其坐以待斃，不如帶兵反叛！

就在劉邦登基那一年，臧荼起兵反叛，結果被劉邦打敗了，雖然此後劉邦又加封盧綰為燕王，但後來盧綰被迫逃到了匈奴。同年，趙王張耳病死，其子張敖繼位，三年後因一場未遂的刺殺事件，張敖被貶為宣平侯。緊接著，韓王信投靠匈奴，被漢軍斬殺。

緊接著，已被貶為淮陰侯的韓信也被呂后處死。之後梁王彭越被捕，劉邦將其貶為庶人，流放蜀地。流放途中，彭越碰到了呂后，陳述他的冤情，想回到故鄉去。呂后假意答應，回到洛陽後卻指示人告發彭越謀反，將其剁為肉醬。

韓信與彭越相繼被殺，在異姓王中引起一片恐慌，在接到彭越的肉醬後，英布更加害怕，他已經預料到了自己的下場，立即採取應急措施，暗中派人調集兵力，窺視旁郡的動向。

不料英布的計謀被下屬告發，他只好提前舉兵造反，劉邦聞訊，親率大軍平叛。

兩軍對壘，劉邦遙問英布：「何苦反叛？」

英布挑釁道：「想當皇帝！」

經過一番戰鬥，英布兵敗南逃，最終被人誘殺。

至此，劉邦當初親封的七個異姓封國只剩下一個長沙王吳芮。

為什麼長沙王吳芮能在這場大屠殺中得以倖免？原因也很簡單，長沙國地處漢朝南境，人口稀少，吳芮及其後代又一向小心謹慎，表現出一副人畜無害的樣子，故此長沙國一直延續至文帝初年，才由於吳氏無人承繼王位而除國。

消滅異姓王後，劉邦又與大臣、列侯們訂立了白馬之盟，約定：「非劉氏而王者，天下共擊之。」他希望自家宗室子弟能夠出於宗法血緣來拱衛朝廷，然而面對強大的功臣集團，劉邦依然無力對抗，只能將這個問題留待子孫解決了。

劉邦的「超級替身」

張藝謀有一部電影叫《影》，講的是替身與主人的恩怨故事。故事是假的，但歷史上有關替身的故事倒比比皆是。

比如楚漢戰爭時，劉邦也曾用替身上演過李代桃僵的好戲。

西元前兩百零四年夏，劉邦被項羽圍困於滎陽，城中缺糧斷水，可把城內的劉邦給急壞了。正面跟項羽對決，沒有人有勝算，可若是逃跑，被項羽追上也是死路一條。

就在危難之際，一個小弟站了出來，對劉邦說：「主公請您先走，我有辦法拖住項羽！」

劉邦一看，原來是老部下紀信。

紀信和劉邦長得極像，乍一看像一個模子刻出來的，大概只有劉邦傳說中的「左股七十二黑子」無法複製。

紀信對劉邦說：「現在情況緊急，臣有辦法，可保主公安全。」

劉邦一聽大喜：「你有何良策？」

紀信說：「我的相貌很像主公，我願假扮成主公出東門向項羽投降，主公您帶人馬從西門突圍。」

聽完紀信的建議，劉邦只好同意，他讓陳平寫了一封降書，大意是說滎陽已經彈盡糧絕，無力抵抗，為了城中百姓的性命，我決定今夜在東門親自駕車出門投降。

這種鬼話對於劉邦和陳平而言，簡直是張口就來，根本不需要任何思考，但天真的項羽卻信了，命人停止了攻勢。

這天深夜，滎陽東門大開，紀信穿著劉邦的衣服，坐著劉邦的專車，在兩千婦女的相擁下用衣袖擋住臉，慢悠悠地駛出城來。就著火把的光亮，楚軍認出車上坐的正是劉邦！

楚軍大喜過望，打了這麼多年的仗，終於要結束了，大家趕快押著「劉邦」送到項羽帳前。

別人沒見過劉邦，項羽可是見過的，等到走近一看，才發現眼前這傢伙居然是假冒的。

不好，中計了！

項羽伸手一指：「你是何人，竟敢冒充劉季？」

紀信毫不退讓，昂然道：「我乃大漢將軍紀信！」

項羽被惹怒了：「劉季在哪裡？」

紀通道：「我家主公早已離開。」

項羽氣急敗壞道：「劉季必定是從西門出的城，趕快去追！」

可是已經晚了。此時的劉邦已經在眾將士的保護下從西門逃出，等到東門的婦女們走完，天都亮了，劉邦早已不知所蹤。

項羽本打算幹掉劉邦把面子找回來，這下連裡子都丟光了，憤怒的他下令將紀信活活燒死。

紀信用自己的生命換得劉邦的安全，解決滎陽困局，歷代對其推崇備至，西晉陸機曾讚道：「紀信誑項，軺軒是乘。攝齊赴節，用死孰懲。身與煙消，名與風興。」

劉邦稱帝以後，為了紀念紀信的救命之恩，下令在全國為紀信建立城隍廟，紀信從此成了城隍爺。

項羽為什麼敗了？

縱觀楚漢這段歷史，很多人心裡都會有一個疑惑，項羽手裡明明有一手好牌，可是為什麼打到最後，卻輸給了中年大叔劉邦？

關於這個問題歷史上有很多討論，有人說項羽不善用人，韓信、英布、范增這些人原本是他這邊的，可是結果呢？韓信不受重用，離他而去；英布被他猜忌，最終背叛了他；范增跟他翻臉，負氣而去。

也有人說項羽過於迷信武力，每到一處動輒屠城，最終失去了民心。

這些解釋都有道理，但卻不失根本原因。

項羽和劉邦，最根本的區別是策略和戰術。而策略上的缺失，無法用戰術上的勤奮來彌補。

策略和戰術到底有什麼區別？戰術僅能決定一場戰鬥的勝負，而策略卻可以決定一家公司的興衰。一個不明白策略的人當上最高決策者，是極容易產生方向性的決策失誤，毀掉整個團隊。而項羽無疑就是那個眼中只有戰術，沒有策略的人。

為了說明這一點，我們不妨來對楚漢戰爭做一場回顧。

毫無疑問，項羽的起跑點要比劉邦贏太多，他身高超過一百八十公分，力能扛鼎，驍勇善戰。不是以一擋十而是以一擋百，擒獲敵軍將領如探囊取物。從出身來講，他是項氏家族的繼承者，身上流淌著貴族的血脈。

項羽擁有這麼好的起跑點，他的戰術一直都很出色，身經七十餘戰，無一敗績，以少勝多乃家常便飯，只用三萬人都能打敗劉邦五十六萬大軍。可惜他缺乏全域性觀念，他知道怎麼去獲取勝利，卻不知道怎麼樣運用勝利。戰術上的巨大優勢並不能彌補他在策略上的巨大缺陷，這就是項羽最終失敗的根源。

同時代的西方也有一位悲劇英雄 —— 漢尼拔。

他曾在神壇前對父親宣誓：永遠做羅馬的敵人。那一年，他帶著軍隊奇蹟般地穿越阿爾卑斯山，橫掃義大利，攪得整個羅馬天翻地覆，打出了令羅馬幾乎全軍覆沒的坎尼之戰。

但是，他的副手在坎尼之戰大勝後說了一句話：「漢尼拔啊，你比任何人都懂得如何獲取勝利，但你不懂得如何利用你的勝利！」

漢尼拔失敗的根源在於戰爭只為了他個人的目標，而不是為了政治。項羽也是一樣，他雖然每戰必勝，但並沒有考慮到取勝能帶來什麼，能達成什麼樣的政治目的，在常年的軍事生涯中，他越來越感到力不從心。他們都是被對手耗死的，對手有源源不斷的政治補給，而他們沒有，以戰養戰只能維持一時而無法長遠。

彭城之戰，劉邦戰敗後，退至滎陽一線收集殘部，在滎陽以東打敗了乘勝追擊的楚軍，暫時穩定了戰局。在這裡，劉邦跟項羽對峙了兩年半，為了徹底孤立項羽，劉邦積極拉攏彭越和韓信，完成了對項羽的策略包圍，而項羽竟然無動於衷！

漢尼拔以及項羽的對手，雖然軍事能力不如他們，但政治能力遠遠超過了他們。即便是每戰必輸，只要有政治為後臺，那麼戰爭就能一直持續下去，就不會輸。

項羽真的火燒阿房宮了嗎？

高中的時候，我們就學過唐代大詩人杜牧那篇有名的《阿房宮賦》，兩千多年來，《阿房宮賦》裡的「楚人一炬，可憐焦土」一直被認為是阿房宮最後命運的憑據，大家都認為阿房宮是項羽燒的。

傳說西楚霸王項羽的軍隊入關以後，看到阿房、驪山兩宮樓閣華麗，連綿不絕，覺得對他沒有用處，便命令軍士將這兩宮燒毀。相連宮院盡皆延燒，大火燒了三個月，煙焰不絕，咸陽城中人人怨恨。

這一說法流傳了兩千年，然而很可惜，這一切都是後人的想像。事情的真相是，項羽並沒有燒阿房宮。

為什麼？

因為阿房宮是個未完成建築，根本沒有建成。

這話不是我說的，而是考古發掘的結果。

本世紀初，中國社會科學院考古研究所與西安市文物保護考古所組成的阿房宮考古工作隊，對秦阿房宮前殿遺址進行了全面鑽探。經過數年的發掘和分析，考古工作者在阿房宮前殿遺址二十萬平方公尺的勘探面內只發現了幾處紅燒土遺跡，未見大面積的紅燒土、草木灰以及瓦當殘片，而這本來應該是建築物遭到大火的焚燒後留下的遺跡。

換句話說，阿房宮前殿並沒有建成，只建成了夯土臺基及其北牆、東牆和西牆，臺基上面也沒有宮殿建築。

從地圖上看，阿房宮位於渭河南側，項羽根本沒有必要渡過渭河來放火燒一個沒有宮殿建築的夯土臺基。

有人或許要問了，《史記》中不是有「燒秦宮室，火三月不滅」的記載嗎？

《史記》記載不假，但這裡燒的不是阿房宮，應該是咸陽宮，因為咸陽宮遺址發現大片燒過的遺跡。

從史書上看，也沒有明確記載項羽火燒阿房宮的事情。〈秦始皇本紀〉載：「項籍為從長，殺子嬰及秦諸公子宗族。遂屠咸陽，燒其宮室，虜其子女，收其珍寶貨財，諸侯共分之。」這裡面根本沒有提到燒阿房宮。

阿房宮只是一座杜牧想像的恢弘宮殿，因為他的這篇文章，讓項羽背黑鍋千年，堪稱歷史上最慘的「背黑鍋王」。

HR 挖角的正確步驟

裝傻被雷劈，這句話送給劉邦一點不冤。

西元前兩百〇五年，劉邦率五十六萬大軍攻楚，占了項羽的老巢彭城。形勢極佳，劉邦的老毛病又犯了，天天花天酒地，徹底放飛自我，結果被項羽用三萬人逆襲了。

逃出災難後，劉邦立即召開全體大會，議題只有一個：誰能幫我滅了項羽？

開出的條件非常優厚：函谷關以東的所有土地。

張良點了三個人：韓信、彭越、英布。

劉邦說：沒問題，一邊派人通知韓信、彭越，你們被提拔為高級合夥人啦，一邊派人去挖角英布。

英布是項羽帳下的第一猛將，跟隨項羽入咸陽後，被封為九江王，然而他官越做越大，開始有了自己的小心思。

聰明人都能看出來，英布在觀望。

劉邦派去挖角的人叫隨何，一到九江，英布被伺候的好好的，可是，每當隨何提出要見英布時，總被婉拒。

隨何開始坐不住了，這天，隨何對接待他的太宰說：「麻煩轉告你家大王，我有話要對他說。如果我說的對，他可以聽，說的不對，請他直接殺了我，免得被項羽知道了對大王不利。」

太宰把隨何的話轉告了英布，英布想了半天，決定還是見一見隨何。

面對九江王英布，隨何開門見山的說：「大王為什麼聽項王的？」

英布心裡罵髒話，嘴上很客氣：「我是項王的臣子。」

這個回答早在隨何意料之中，緊接著他問了第二個問題：「既然如此，大王作為臣子，為何在彭城淪陷的時候不去幫助項王？」

英布尷尬了，雖然自己對外宣告是因為生病了，但傻子都能看出來，這就是個藉口。

隨何步步緊逼：「大王聽項王的，是因為項王強大；大王不願意見我，是因為漢王弱小，是這樣嗎？」

英布：「我知道你這次來是想說服我投奔漢王，但你家漢王剛剛打了敗仗，我怎麼可能給他去當小弟？」

隨何搖搖頭：「錯！我家漢王雖然敗了，但現在退守滎陽、城皋一帶，糧食和新兵都能從關中得到源源不斷的補充。項王雖然一時勝了，但他缺乏根基，若想進攻滎陽，後勤無法保障，各路諸侯畏懼他，百姓討厭他。長此以往，孰強孰弱，以大王的眼光應該可以分辨出來。」

如何抉擇？英布的內心開始了一場天人交戰。

隨何一直盯著英布：「只要大王能拖住項羽幾個月，漢王就能奪取天下，到時候漢王不會忘記大王的恩情，九江淮南都是大王您的！」

英布心動了，但他不可能因為這麼一句話就沖昏頭，他答應跟隨劉邦，但不是現在。在時機到來之前，希望雙方暫時保守祕密。

隨何露出了會心的微笑，英布只是心動而已，要讓他付出實際行動，還需再推一把。

早在前幾天，隨何就得到了一條情報：就在他到達九江時，楚國的使者後腳也到了，就住在隔壁房間。但英布沒有打算把這個消息告訴隨何，很顯然，他給自己留了後路。

要讓英布死心塌地的背叛項羽，需要斬斷他的後路。

這一天，英布私底下接見楚國使者。就在雙方進行親切友好的會談時，隨何突然帶著手下直接衝進了現場，大喊：「九江王已經歸附了漢王，楚國憑什麼讓他出兵？」

楚國使者一看，沒想到啊英布，怪不得項王使喚不動你，原來你早就打算投奔劉邦了，這證據確鑿，還談什麼呢，趕快跑路吧！

隨何一看使者要走，對英布喊道：「事已至此，還不趕快殺了他，更待何時？」

英布一看，知道已經沒有退路，只能命令手下幹掉楚國使者，正式入股劉邦集團。

除掉異姓諸侯王，劉邦為什麼還睡不安穩？

漢高帝十二年冬，劉邦在擊潰英布之後，決定順道回沛縣老家看看。

面對熱情的家鄉父老，劉邦舉杯痛飲，選了一百多個年輕人，教他們唱歌。喝到興起處，劉邦親自擊築，寫了一首歌：

大風起兮雲飛揚，

威加海內兮歸故鄉，

安得猛士兮守四方！

歌聲蒼涼悠遠，劉邦心頭卻湧起莫名的惆悵，不覺淚流滿面。

很多人看到這裡，都有一個疑問：此時的劉邦已經消滅了六個異姓諸侯王，外有劉姓子弟的諸侯國，內有從豐沛起家時跟隨自己的功臣，為什麼他還會發出沒有猛士守四方的感慨？他到底在擔憂什麼？

如果我們仔細審視當時的局勢就會發現，劉邦有理由對天下的局勢備感憂慮，帝國的危機仍未解除。

劉邦雖然貴為皇帝，但帝國的直接統治區域依然有限，功臣們占據了大量封地，在自己的地盤上就是獨立王國，諸侯王自行選聘除丞相之外的官吏，而且官吏的名稱印綬俸祿和漢朝等同，自己徵稅自己用。漢廷給這些諸侯王發的文書，形式上相當於外交文書，諸侯國的邊境線上也互設關卡防備，儼然如同敵國。

劉邦活著時，能做的就是從洛陽遷都長安以防備關東諸國，同時把異姓諸侯王基本上換成劉姓諸侯王。然而對於龐大的功臣集團，他無力根除。

天下初定時，劉邦與功臣們在洛陽南宮聚會，他讓功臣們說說為什麼自己能代替項羽擁有天下，功臣們紛紛坦白，說論人品，陛下您待人傲慢，不懂得尊重人，一定不如項羽，但您能把打下來的土地給群臣，項羽卻嫉賢妒能，因此才眾叛親離。

這個對比看似讚美，細想來卻大有問題，功臣們明顯是在「告誡」劉邦，大家之所以跟你，不過是想跟著你有肉吃，能夠分天下。若不然，你的下場不會比項羽好到哪裡去！

劉邦顯然明白這一切，所以漢初選擇「郡國並行制」，並不是主動選擇，而是被逼無奈。

劉邦沒有安全感，呂后更沒有安全感。

劉邦去世前，呂后問他：「陛下駕崩，若蕭相國也去世，誰能代替他？」

劉邦說，「曹參可以。」

呂后又問：「下一位呢？」

劉邦說：「可以讓王陵和陳平組團隊，讓周勃當太尉管軍隊。」

呂后再問繼任者，劉邦說：「這就不是我們能知道的了。」

劉邦已經明確授意功臣繼續執掌大權，但呂后依然對功臣沒有信任，劉邦去世後她選擇了祕不發喪，向這些勳臣們隱瞞。

直到四天後，酈商才透過呂后的寵臣審食其告訴呂后，祕不發喪意味著對功臣不信任，而現在功臣們內掌大權，外領重兵，再這樣下去，功臣們絕對會群起而攻之，呂后這才發喪。

面對這一情況，即位的皇帝劉盈無力應對，只能靠呂后及其外戚勉力維持。

外戚坐大，這讓功臣和諸侯王們很不爽，所以呂后一死，關東的齊王劉襄率先發難，意圖奪取帝位。功臣們裡應外合，一舉誅滅了呂氏家族，不過當時諸侯王的勢力也很強大，功臣們當然不敢取劉氏而代之，只能選擇諸侯王即位。選來選去，他們看中了遠在邊疆、毫無根基的代王劉恆。

劉恆戰戰兢兢上路了，入主未央宮後，他連夜任命宋昌為衛將軍，接管長安軍隊；張武為郎中令，負責未央宮保衛，一顆懸著的心總算放了下來。至於要徹底削弱諸侯王和功臣，那得等到他的孫子漢武帝了。

張良到底是不是韓國貴族？

張良被後世稱為「謀聖」，是中國最後一個敢以「王者師」身分自居的文人。王安石說，張良才是劉邦集團的真正幕後主使，他只不過是躲在幕後，利用劉邦的力量來達到自己的目的：推翻暴秦，為韓報仇。

劉邦這人不大正經，口中從來都是汙言穢語，對於其他人非打即罵，唯獨對張良則十分恭敬，言必稱「子房」。這可相當不易，是敬師之禮。

史書上對於張良身世的記載很簡略，基本上都來自張良本人的口述，說張良的出身與項羽相似，都是六國貴族，而且地位比較顯赫。用《史記》的原話來說是「五世相韓」。他的祖父擔任了韓昭侯、韓宣惠王、韓襄哀王的相國，父親則擔任了韓釐王、韓悼惠王的相國。這樣來看，張良絕對是一名官三代，只不過由於他年少，沒在韓國擔任一官半職。

這樣來看，張氏家族長期占據著韓國政壇的要位，在史書上至少會留下蛛絲馬跡。可實際上呢？翻遍史書，就是找不到相關記載！

司馬遷的《史記・韓世家》中記載了申不害相韓昭侯、公仲朋相韓宣惠王的印跡，卻不見張良的兩位先人張開地、張平的任何蹤影。翻遍《戰國策・韓策》，也沒有這兩位張先生的一字半句。

是不是覺得很可疑？

再看張良的年齡，西元前兩百五十年，父親張平去世，死後二十年秦滅韓。照這樣來算，當時的張良至少已經二十歲了，用「年少」來解釋他沒有擔任一官半職，顯然說不過去。

張良的家世疑點重重，那麼真相到底是什麼呢？

這個問題無人知曉，不過我們可以大致得出一個結論，張良本人確實是沒落貴族，但張氏家族在韓國恐怕沒那麼顯赫。

我們接著往下看。

秦滅韓後，年輕的張良幾乎在一瞬間轉變成了一個超級叛逆青年，他遣盡家僮，弟死不葬，變賣家產，四處尋求天下勇士刺殺秦始皇。

經過多方尋找，他找到一個大力士，在博浪沙扔出重達一百二十斤的大鐵錘（秦時一斤大約等於現在半斤），不料卻擊中了秦始皇的副車。秦始皇倖免於難，但對此事十分惱怒，下令全國緝捕刺客。張良這才隱姓埋名，藏匿在下邳。

就在他隱居下邳的日子裡，又流出一個傳說，說張良在橋上遇到一老人，老人故意讓他為自己撿鞋穿鞋，並約定時間再見。在屢次遲到後，張良充滿誠意地半夜就守候，終於得到了黃石老人的青睞，送給他姜子牙寫的《太公兵法》。

張良還要再問，老人笑道：「十三年後，你到濟北來見我，我就是谷城山下的黃石。」

這個故事太過玄幻，一看就是張良自己亂編的，可問題在於，張良為什麼要編造這樣一個玄幻故事？

這個問題不難回答，張良在下邳並沒有閒著，繼續做著秦朝法律不允許的「任俠」的事情，陳勝起義後，張良迅速集結起一百多位少年投奔了劉邦。由此來看，張良在下邳一直有一群小弟，顯赫的家世加上玄幻故事，足以威懾那一百多個不良少年。

劉邦本打算定都洛陽，為何最終選擇了長安？

秦朝滅亡後，劉邦曾一度想定都關中，但由於項羽一把火將咸陽化為白地，所以楚漢之爭結束後，他又看中了洛陽。

洛陽自周公營建後，作為周朝都城，享國數百年。朝堂上，群臣們各持己見，眾說紛紜。而此時，一個小人物的出現，替劉邦下定了決心。

此人名叫婁敬，齊國人，本是一名戍卒。這一年，婁敬到隴西戍守邊塞，經過洛陽時得知劉邦有意在此定都。在他看來，洛陽不適合定都，只有關中最合適。

婁敬想去給劉邦提建議，問題在於他一個小嘍囉，怎麼才能見到劉邦？

這倒難不倒腦袋靈光的婁敬，他找到劉邦身邊一個叫虞將軍的同鄉，請他幫忙牽個線。

虞將軍看他穿了一身羊皮襖，就差頭上帶個白頭巾了，調侃他道：「你想見陛下，也得先換件衣服吧？不知道的還以為你是羊倌呢！」

沒想到婁敬卻說：「我穿著絲綢衣服來，就穿著絲綢衣服去拜見；穿著粗布短衣來，就穿著粗布短衣去拜見，我是絕對不會換衣服的。」

虞將軍也很無奈，只能將他引薦給了劉邦。

劉邦倒也親民，得知有人要給自己提意見，很是開心，給他準備了一大桌子飯。婁敬也不客氣，坐下後大快朵頤，讓一旁的劉邦看得都餓了。

好不容易等他吃完飯，劉邦就問他要談什麼大事。

婁敬：「陛下建都洛陽，難道是要跟周朝學習嗎？」

劉邦：「然也。」

婁敬：「陛下學不了周朝！」

劉邦有點愣住了，為何？

眼看劉邦上當了，婁敬開始給劉邦上了一堂歷史課：

陛下獲取天下的方式和周朝不一樣。周朝的祖先來自於後稷，堯帝將邰地封給後稷，此後族人在邰地積德行善，前後有十幾代人。再後來周的祖先公劉因為逃避夏桀，又遷徙到豳地。太王古公亶父因為狄人的侵擾，離開豳地，攜家帶眷來到岐山，在岐山實施仁政，其他氏族的人紛紛前來歸附。

到了文王做了西伯，為虞國人、芮國人調解糾紛，更是眾望所歸，呂望、伯夷從遙遠的海濱來歸附文王。武王伐紂，沒有邀請別人，竟然有八百個諸侯在黃河渡口孟津聚會，要協助武王伐紂，因此才一舉滅掉了殷商。

等到成王繼位，周公帶領著官員輔佐成王，營建國都洛陽，並以此地作為天下中心，諸侯國從四面八方前來朝貢，天道蒼蒼，有德的君主得以稱王，無德的君主最終滅亡。所以居住在洛陽的君王，一定要以德來治理天下，而不是憑藉著險阻，後世的繼承人也不能驕奢，虐待自己的臣民。

等到周王室衰落後，分為東西二周，天下的諸侯不再來洛陽朝貢，周王室也無可奈何。這並不是周王室的德變了，而是天下的形勢變了。陛下從豐沛起兵，率領的義軍不過三千人，帶領著他們縱橫天下，在蜀漢稱王，後來又平定了三秦，在滎陽與項籍對峙，大戰七十，小戰四十，天下的黎民百姓肝腦塗地，父子親人暴屍荒野，幾年的時間內，死者難以計數，哀哭之聲，遍布寰宇，現在還有傷者躺在床上。陛下卻要和他們比仁德，臣以為，這不知應該從何比起。

關中之地則不同，背靠秦嶺，面對黃河，有四座險關，猶如金湯之固，即使有危機發生，還有關中的百萬大軍可以依靠。除此以外，秦地還是天下少有的膏腴之地，資源豐富。陛下在關中設立國都，即便崤山以東有亂，秦地仍可以保全，這就像跟人打架一樣，想要制服他，必須扼住他的咽喉，按住他的脊背。現在陛下進入關中設立國都，充分利用秦地的有利條件，就是扼住了天下人的咽喉，按住了他們的脊背啊！

婁敬的話聽著很有道理，但遷都這麼大的事也不是劉邦一個人能決定的，他決定聽聽大家的意見。

聽說老大想遷都，大部分人心中都有牴觸情緒，因為大家的老家都在東部，誰也不願意大老遠跑到關中去上班。

就在氣氛尷尬的時候，張良站了出來，力挺劉邦：

「洛陽東有成皋，西有崤山、澠池，背靠黃河，面向伊、洛二河，雖地勢也不錯，但方圓不過幾百里，況且土地貧瘠，容易四面受敵，這也是自周平王東遷以後，再難以振興的原因。關中則不然，東有崤山、函谷關，西有隴山、蜀地的岷山，關隘險阻，防守不成問題，況且土地肥沃，南有巴、蜀，資源富饒，北有胡地，畜牧便利。關東諸侯無事，可借黃河、渭河轉運天下之糧，以供給京城，一旦諸侯有變，亦可順流向東，第一時間將策略物資運輸到前線。婁敬說得很到位，願陛下採納。」

聽到自己的第一謀士張良也贊同定都關中，劉邦不再猶豫，當即決定動身西進，定都長安。

田橫為什麼要自殺？

劉邦一生中最重要的對手只有一個：項羽。照理說項羽死後，劉邦可以高枕無憂了，然而每當夜深人靜的時候，劉邦看著漢帝國的萬里江山圖，依然長吁短嘆。

難道劉邦心中仍有遺憾？

有的，這個讓他睡不著覺的人叫田橫。

田橫是原齊王田榮的弟弟，田榮不滿項羽分封，跳出來反抗項羽，結果卻被項羽反殺。田榮死後，弟弟田橫接過對抗項羽的旗幟，繼續跟項羽槓。隨著劉邦越來越囂張，項羽只能跟田橫講和，然後掉頭就去剿滅劉邦了。

在楚漢相爭的歲月裡，田橫先是兩不相幫，在齊地坐山觀虎鬥，後來沒想到戰火燒到了自己的身上，韓信把齊國給滅了，田橫果斷選擇了跑路，一口氣跑到了彭越那裡。

田橫和彭越的關係還是相當穩固的。但是，到了劉邦封彭越為王之後，田橫意識到彭越也靠不住。彭越已經投靠了劉邦，如果到時候劉邦想抓自己，彭越會不會為了自身利益，出賣自己？

想來想去，田橫帶領著自己的五百小弟，逃到黃海的一個小島上當了島主。

田橫想當韋小寶，劉邦卻沒有康熙的雅量，他對田橫這個曾經的叛徒很不放心，田氏兄弟在齊國很有威望，如果這小子回過頭來，慫恿齊國的反叛分子繼續造反，那可是個大麻煩。

為了消除這種潛在隱患，劉邦決定將招安田橫，田橫卻擔心被秋後算帳，婉拒了劉邦。

劉邦得知田橫不來是因為忌憚酈商，警告酈商不得報復，而後又派使者去請田橫出山，這下你總該沒有理由拒絕了吧？

使者告訴田橫：「陛下已經跟酈商說好，若是膽敢對你有非分之想，陛下就會滅他全族。陛下還說了，只要你回來，至少是個王侯，如果不回來，即刻發兵誅盡。」

話都說到這裡了，再拒絕那真就找死了。

得知老大要走，小弟們紛紛挽留，都說劉邦言而無信，千萬不能上他的當。田橫揮了揮手說：「從齊國臨淄到這荒涼的海島，你們願意追隨我，我很感激。如果我不去，劉邦一定會派大軍前來討伐，到時候大家都受到牽連，我於心何忍？」

在婉拒了眾人後，田橫帶著自己的兩個小弟，踏上了前往都城洛陽的路。一路上風塵僕僕，在距離洛陽還剩三十里地時，田橫找了一個藉口，告訴劉邦的使者：「我聽說人臣見天子前是一定要先沐浴更衣的，這樣才顯得對皇帝更加尊重。」

使者一聽，這小子很識相嘛，沒問題！

田橫帶著自己的兩個小弟進了屋內，對二人道：「想當年，我也和劉邦一樣，都是一方諸侯。如今他貴為皇帝，而我成了通緝犯，四處逃亡。我若是真去見了他，那才是我的奇恥大辱呀！更有甚者，我曾經烹殺酈食其，如今要與其弟酈商比肩而立，一起服侍他們的主子。縱使他畏懼天子的詔令不敢動我，我豈能不問心無愧？」

悲憤之餘，田橫平靜地交代道：「想來，劉邦之所以召見我，不過是想看一看我的相貌，炫耀他的威風罷了。如今劉邦身在洛陽，你們砍下我的頭送到洛陽吧，這麼近的距離，我的容貌尚未改變，可供一看。」說完拔劍自刎。

兩位小弟大哭一場，遵從田橫的遺言，帶著田橫的頭，與使者一道疾駛前往洛陽。

身在洛陽的劉邦一心想見到田橫，體驗他匍匐在自己腳下的榮耀感。田橫離島啟程、抵達洛陽郊外的消息，源源不斷地傳送到洛陽，然而，劉邦最終等來的卻是田橫的人頭！

劉邦驚詫之餘，感慨道：田橫自布衣起兵，兄弟三人相繼為王，都是大賢啊！當即拜田橫的兩位小弟為都尉，又調集兩千名士兵修築陵墓，組織葬儀，以王者的規格將田橫埋葬於洛陽郊外。

葬禮結束後，兩個小弟在田橫墓旁拔劍自刎。劉邦再一次震驚了，對二人的忠勇氣節深感敬佩。他得知田橫部下五百人還在島上，馬上派遣使者前往，想招攬剩餘的五百人回朝。

為什麼劉邦還要固執地讓那五百人回來？

我們不妨做一個邪惡的假設：田橫和他的小弟視死如歸，表現出了與劉邦堅決不合作的態度，那剩下的五百人態度也可想而知。這樣一股勢力，如果哪天上了岸，招攬齊國的反叛分子對抗朝廷，那還得了？

為了清除隱患，必須將那五百人安置在自己眼前！

不料使者抵達海島，五百部下得到田橫的死訊後，選擇了集體自殺。

田橫的死，是一種對氣節的堅持，以及對故國灰飛煙滅的無奈和絕望；當大多數人對強權低頭時，田橫和他的五百壯士昂起高傲的頭顱，表達了絕不合作的態度。

這就是人最可貴的——了解之後的拒絕，選擇之後的堅持。

呂雉為何放過了劉肥？

漢高祖劉邦有八個兒子，其中有三個兒子（趙王如意、淮陽王劉友、梁王劉恢）直接或間接死在呂后手中，然而呂后卻獨獨放過了勢力最大的庶長子劉肥，這究竟是為何？

劉肥是劉邦的長子，但沒有被立為太子，因為劉肥的母親曹氏沒有名分，只是曾經和劉邦有過一段激情燃燒的歲月而生下了劉肥。這之後，劉邦敲鑼打鼓迎娶了呂雉，曹氏母子當然就被晾在了一邊。

既然呂雉是正妻，兒子劉盈就成了太子。劉邦心裡對劉肥有愧疚，於是將齊國封給了劉肥。

齊國擁七郡，轄七十餘城，素有漁鹽之利，是漢朝最大、最富的諸侯國。劉肥做諸侯王，劉盈當皇帝，兄弟自得其樂，相安無事，然而呂后還是看他不順眼，在除掉劉如意後，她將屠刀指向了劉肥。

西元前一百九十三年，劉肥進京朝見劉盈。兄弟相聚，劉盈難得放開一次，安排席位之時覺得劉肥是兄長，將他安排到了主位，自己在一旁陪坐，倒也算是兄友弟恭。卻不料，呂后從旁邊經過，看到這一幕馬上就發怒了！

劉盈是皇帝，你劉肥一個諸侯王，怎麼能坐在主位？難道想凌駕於皇帝之上不成？

呂后二話不說，直接命人在劉肥面前桌上端上兩杯毒酒。

呂后的出現讓劉肥頗感意外，面對太后的這杯酒，劉肥受寵若驚，接過酒正準備一飲而盡，不料卻被一旁的劉盈給攔住了。

劉盈太清楚母親的手腕了，他搶過劉肥手裡的酒杯，笑意盈盈地向母后祝酒。

呂后嚇壞了，這逆子竟敢從中作梗，難道他看破了自己的心思？

不能啊！

劉盈再不聽話，畢竟是自己的兒子，絕不能讓他喝下這杯酒！

眼看著劉盈舉杯就要一飲而盡，呂后這才反應過來，撲過去打翻了那杯酒。

什麼情況？

其實這種局面，傻瓜都能看得出來，那杯酒絕對有問題！呂后這是別有居心！

想到這裡，劉肥驚出一身冷汗，他立即裝作醉酒的樣子退了出去。

出了宮，劉肥一路小跑，回到自己在京城中的公寓，馬上派人去打探呀消息。沒多久就傳回消息，呂后賜的確實是一杯毒酒！

這下子，劉肥悔不當初，一向腳踏實地的他可從來沒有想過篡位之類的事，他只想每天有吃有喝，繼續過自己幸福快樂的日子。早知道會招來殺身之禍，自己說什麼也不會跟劉盈沒大沒小地喝酒了，後悔啊！

想到這裡，劉肥馬上讓人收拾東西，準備回自己的大本營齊國。才出門，就看到有不少暗哨在盯梢。想溜？省省力氣吧！

劉肥絕望了，這時齊國的內史給他出了個主意：「太后只有皇上和魯元公主兩個孩子。如今大王您擁有七十多座城，而公主只有只幾座城，大王如果能把一個郡的封地獻給太后，來作公主的湯沐邑，太后一定很高興，您也就不必再擔心了。」

劉肥立即入宮，求見呂后。得知劉肥主動要讓出齊國最富庶的城陽郡給魯元公主，呂后很高興，這小子還是很識相嘛！

回到京城公寓的劉肥驚魂未定，他覺得這不夠，索性尊魯元公主為王太后。

是的，你沒有聽錯，哥哥劉肥主動要求尊妹妹為王太后，認了一個媽！

消息傳來，呂后很是欣慰，既然這樣，這次先放過你，回去老老實實當你的齊王吧，別給我惹事生非就行。

有了呂后的應允，劉肥收拾好東西，出了長安城，一溜煙就跑回了自己的大本營 —— 齊國。長安城真不是人待的地方，他發誓以後再也不會來這裡了。

劉肥回到齊國後，沒幾年就病死了，但這並不代表他和呂氏的恩怨就此就此完結。多年以後，劉肥的三個兒子將接過老爹的接力棒，繼續跟呂氏硬碰硬到底。

從武將到國相，
曹參是如何完成這一轉變的？

曹參和劉邦、蕭何一樣都是沛縣人，劉邦在沛縣組建隊伍後，曹參始終跟隨在劉邦身邊，南征北戰、一路殺伐。在入關滅秦、楚漢之爭的關鍵節點，我們都能看到曹參的身影。劉邦稱帝後，陳豨和英布先後叛亂，曹參積極協助劉邦平叛，發揮了關鍵作用。司馬遷說曹參的功績「凡下二國，縣一百二十二；得王二人，相三人，將軍六人。」

漢帝國建立後，因首席功臣之爭，曹參與蕭何失和，劉邦將曹參調到齊國擔任國相，輔佐齊王劉肥。

曹參前半生戎馬倥傯，四處征戰，軍政經驗豐富，但對於治國理政，實在是有些摸不著頭緒。曹參走馬上任後，面臨著嚴峻挑戰。

齊國地處東方，有七十座城邑，算是一個大國。當時天下剛剛平定，百廢待興，齊王劉肥還小，一切只能依靠曹參。剛到任時，對於如何治理這麼一個龐大的諸侯國，粗人曹參並沒有任何頭緒，一上任，他就把城裡的老同袍和知識分子都召來，問他們有沒有安撫百姓治理齊國的辦法。

大家踴躍發言，可是人太多了，嘰嘰喳喳，根本無法得出一致意見，弄得曹參也聽得一頭霧水。

這樣下去可不行啊！

這時，旁邊有一人給他出了個主意，說膠西有位蓋公，學識淵博，精研黃老學說，您不妨聽聽他的意見。

曹參立即派人帶著厚禮把他請來。兩人見面後，蓋公並沒有談什麼高深玄妙的大道理，相反，他說話很直白：「老百姓最害怕麻煩事，治理國家的辦法貴在清淨無為，讓百姓們自力更生。只要給他們一個安定祥和的環境，老百姓的創造力就會激發出來，為了追求美好生活而努力奮鬥。」

曹參頓時豁然開朗，對啊，讓老百姓好好過日子就行了，哪裡有那麼多問題？

曹參決定自己帶頭，改變執政風格。他讓出自己的辦公室，讓蓋公住在裡面，時時請教。此後的九年裡，曹參按照黃老學說的方法，不添麻煩，不亂作為，讓百姓自力更生。

周圍的人一開始還有點不適應曹參的這種工作方式，日子一長，大家也就漸漸習慣了。

在齊國的幾年裡，曹參把齊國治理得井然有序，百姓安居樂業，國內一派祥和。經民意調查，齊國百姓對曹參的評價只有兩個字：賢相，滿意度百分之百。

在這裡，我們有必要解釋一下，什麼是黃老之學？

老子曾經有一句名言，治大國如烹小鮮，這句話有很多解釋，第一種說法是，治理大國就好像烹調小魚，要掌握好火候，油鹽醬醋料要恰到好處，不能過頭，也不能缺位。

第二種是，治理大國要像煮小魚一樣，小魚的肉質細軟，烹煮的時候不能翻來覆去的亂攪動，多攪則易爛。

其實，無論是哪種說法，總結起來就是四個字：

不添麻煩！

把那些無關緊要的事情都放下，少管，少做，老百姓的日子就好過了。

不論是治一地還是一國，治理都是一個緩慢的過程，不能不停添麻煩。黃老之學主張無為而治，認為執政者應該對民間則少一些管制，少一些麻煩，老百姓其實天生就懂得如何把自己的生活過好。

「蕭規曹隨」是不是懶政不作為？

大漢第一任相國蕭何去世後，遠在齊國的曹參被指定為接班人。

相國上輔佐天子，下引領百官，職位何等重要！大家都等著曹參新官上任三把火，卻不料，打從搬進了相國府後，曹參對外只傳出一句話，一切都依蕭相國原定方針辦事，然後就沒了下文。

大家本以為曹參這是剛上任，需要熟悉情況，後面一定會推出自己的主張，可時間長了，他們想像中那一幕始終沒有出現。

不久之後，曹參公布了一條提拔官員的規矩：不善言辭的木訥者，性情厚重者，來者不拒；言辭犀利者，文字苛刻及追求聲名者，通通滾蛋。

老曹每天的生活就是在家裡喝酒唱歌，也不按時打卡上班。

時間一長，大臣們看不下去了，相約去規勸曹參，請他以國事為重。

曹參一見他們，不等他們開口就把他們拉到酒桌上：「今天不談工作，只談感情，先喝幾杯再說！」

眼看酒喝得差不多了，是時候該說正事了，可曹參又說：「不急不急，喝完這杯，還有一杯。」如是者再三，直到大臣不勝酒力，爛醉如泥。

曹參天天泡在酒中，不光大臣們著急，皇帝也有點看不下去了。本指望曹參上任後有所作為，沒想到他卻消極怠工。想來想去，他叫來了曹參的兒子，中大夫曹窋，讓他勸勸曹參。

曹窋回到家就跟老爸說：「高帝剛剛去世，陛下又很年輕，您身為相國，整天喝酒，有事也不向皇上報告，您到底有沒有考慮國家大事啊？」

曹參一聽，立刻叫人將曹窋拖出去，打了兩百大板，怒斥道：「國家大事是你該問的嗎？該幹嘛幹嘛去！」

得知曹窋捱了打，劉盈坐不住了，次日一上班，就責備起曹參來：「曹相國，你為什麼要懲罰曹窋？是我讓他問你的，你有什麼意見可以當面對我說。」

精明的曹參連忙謝罪：「原來是陛下的意思啊，請陛下原諒！」

劉盈一臉鬱悶，你打都打了，我還能說什麼？難得曹參今天正常上班，一定要抓住你問個清楚：「自從你擔任相國以來，整天就知道醉生夢死，一點都沒有蕭相國的工作作風，能解釋一下嗎？」

曹參知道是時候揭開謎底了，反問劉盈：「陛下捫心自問，自認為和高皇帝比，誰更英明神武？」

劉盈答：「我當然不如先帝了。」

曹參問：「那您覺得我和蕭丞相比，誰的能力更強？」

劉盈想了想，道：「說實話，你的能力確實比蕭相國差那麼一點點。」

曹參道：「這就對了，您與我都比不上先帝和蕭相國，而先帝與蕭相國平定天下後，各項法令都已經很完備了。臣等按部就班，讓天下百姓休養生息不就行了嗎？」

劉盈恍然大悟，連聲道：「相國說得對。」

戰爭年代已過去了，現在最重要的是與民休養生息，不添麻煩。

曹參做了三年相國，海晏河清，百姓在這種輕鬆的氛圍中努力發展生產，使漢初一片蕭條的景象漸漸得到改善。民間流傳著這樣一句話：

蕭何制法，整齊劃一；

曹參接替，守而不失；

做事清淨，百姓安心。

名相蕭何為何走上「腐敗之路」？

蕭何，西漢第一位丞相，漢初三傑之一，在劉邦奪天下、建立漢朝的過程中立下了不可磨滅的功勞。然而就是這樣一位賢相，晚年卻開始貪汙腐敗，搶奪百姓的財產，搞得民眾怨聲載道。

這又是怎麼一回事？難不成蕭何也被名利地位洗腦了？

蕭何是治國幹才，作為臣子的他勤勤懇懇，一心謀國，無暇顧及其他，很少刻意思索皇帝的心思。然而隨著異姓諸侯王被清理後，劉邦開始對位高權重的蕭何產生了猜疑。

劉邦常年在外征戰，將大後方關中交給了蕭何。蕭何勤勤懇懇，將關中治理得井然有序，累積了巨大的聲望。百姓只知有蕭相國，不知有皇帝，這還了得！

黥布謀反時，劉邦親自率軍征討。按說行軍打仗，劉邦定是日理萬機，晝夜操勞，根本顧不上後方的事，但劉邦在打仗期間卻多次派出使者回京城，詢問蕭何平日裡都在忙些什麼。

使者倒也不說別的，也就是隨便問問。蕭何見皇帝如此「關心」，除了內心感動，倒也沒覺得有什麼不正常。皇帝在前線打仗，自己在後方安撫好百姓就行了，但使者卻接踵而至。

時間一長，蕭何就有些不明就裡了，就在他百思不得其解時，有位瓜農找上門來，求見蕭何。

此人名叫召平，他求見蕭何，並非為了推銷自己的瓜，而是另有目的。

憑著豐富的人生閱歷，召平敏銳地意識到蕭何的處境已經很危險了，一見面，他就開門見山說道：「皇帝在外征戰，親冒矢石，整日風吹日晒，可謂艱辛無比。而相國您留守大後方，安然無恙，皇帝卻還要派衛隊保護您，並時不時派人慰問您，難道您就不覺得奇怪嗎？」

見蕭何不解，召平繼續說道：「相國大禍將至，您忘了淮陰侯韓信的下場嗎？」

蕭何恍然大悟，趕快讓他給出個主意。召平說，我倒是有個主意，您趕快推辭封賞，將家產捐出來。唯有如此，或許才能打消皇帝的猜忌。

蕭何聽完，急忙將皇帝的封賞及家產捐出來，送到前線去。劉邦這才放鬆了對蕭何的警惕。可沒過多久，劉邦又派人來，詢問相國最近過得怎麼樣，是否吃得香睡得安穩？

一日，蕭何偶爾問及門客，門客說：「您不久就要被滅族了！」

蕭何大駭，忙問其故。門客道：「您現在身為相國，功勞第一，除了皇帝，沒人可以和您比。您從當初入關中就深得民心，至今十多年了，老百姓都親附您。您還如此為國勤勉做事，民望一日高過一日，站在皇帝的立場，他會怎麼看您？」

蕭何一聽恍然大悟，趕快讓門客給出個主意。

門客道：「現在只剩下一個辦法，您不妨大搞貪汙腐敗，撿起屎盆子往自己頭上扣，設法把自己搞臭。只有這樣，皇帝才會對您放心。」

在門客的指點下，蕭何只能強壓下自己心中的正義感，強買京郊周圍數千戶百姓的田宅，搞得民間怨聲載道。百姓上告無門，索性攔住回京途中的劉邦告御狀，說蕭相國用強迫手段，賤價購買民眾的土地和房屋等等。

本以為劉邦聽後會勃然大怒，誰知他竟然哈哈一笑了之，好小子，終於逮到你的把柄了！

回到京城後，蕭何前來彙報工作，劉邦笑道：「想不到堂堂相國都開始打起百姓的主意了，這可是稀罕事啊！」

蕭何一臉惶恐，連忙謝罪，劉邦道：「你親自去向百姓們解釋吧！」

如此一來，這事情就算過去了。蕭何以給自己「造謠」為代價，終於換來了皇帝的諒解和信任。倘非如此，蕭何的下場也未可知。

弒父者冒頓：草原王的崛起

西元前兩百〇二年，劉邦在垓下一戰擊敗項羽，建立了一個嶄新的帝國。而此時，遙遠的北方草原，一個叫匈奴的游牧民族正在迅速崛起。冒頓以一代梟雄的姿態，正式踏上了歷史的舞臺。

冒頓原為其父頭曼單于的太子，後來頭曼單于喜歡上了一個年輕的閼氏。閼氏為頭曼單于生了個兒子，慫恿單于讓小兒子取代冒頓。

在閼氏的不斷央求下，頭曼單于終於下定決心換掉冒頓，他想出了一條計策：

當時的北方草原上還有兩個部落非常強大，一個是匈奴東部的東胡，另一個是西部的月氏。頭曼單于讓冒頓到月氏去當人質，然後找個機會除掉他。

冒頓去後沒多久，匈奴與月氏的關係惡化，月氏人很惱火，將冒頓關了起來，商量著如何處置他。

直到此時，冒頓才醒悟過來，自己掉入了一個陷阱之中。為了逃命，他偷了一匹馬，一路向東疾馳。

月氏人發現冒頓逃跑後立即派人去追。從草原到荒漠，冒頓帶著一把弓箭，不斷擊退追兵，靠著求生的本能，硬是逃回了匈奴。

頭曼單于震驚了，為了補償兒子，他把一支一萬人的精銳騎兵交給了冒頓。

冒頓沒有推辭，為了復仇，他設計了鳴鏑，一種會發出聲響的箭。他把騎兵召集到一起道：「這是一種響箭，從今以後響箭即是軍令，響箭射到哪裡，你們的箭也要跟著射到那裡，違令者斬！」

為了考驗騎兵是否服從自己，冒頓用自己心愛的戰馬來做試驗。大部分的騎兵下意識地將手中的箭射向戰馬，只有少部分人不敢出手，被冒頓下令處死。

這之後，冒頓又把自己的寵妾作為獵物，隨著他的響箭射出，一陣箭雨向他的寵妾鋪天蓋地射來，將其射成了刺蝟。看著身邊沒有將箭射出去的騎兵，冒頓冷冰冰地吐出一個字：斬！

最後一次考驗，冒頓將父親心愛的戰馬偷了出來，在外打獵時，突然將鳴鏑射向了父親的戰馬。所有騎兵下意識地做出回應，一陣密集的箭雨射向單于坐騎，沒有一個人猶豫。

冒頓知道，時機成熟了！

為了完成自己的計畫，冒頓邀請自己的父親打獵。父子二人馳騁在大草原上，追逐著飛禽走獸。眼看著父親離自己的衛隊越來越遠，冒頓意識到，機會來了！

他悄悄張弓搭箭，射向了自己的父親。身後騎兵不假思索，迅速將手中的箭射向了頭曼單于。可憐頭曼單于一世英雄，卻栽在了自己兒子手上，他對世界的最後一眼，是鋪滿天空的一片箭雨。

韓信到底有沒有造反？

韓信究竟有沒有謀反？大家各執一詞，不妨回到歷史現場看看。

漢高祖十一年（前一百九十六年），劉邦正在邯鄲親征陳豨叛亂，留守長安的呂后收到密報，說韓信陰謀勾結陳豨要造反。

此時的韓信已在長安閒居了五年，手裡也沒了兵權，但呂后不敢輕舉妄動，她找來蕭何商議。二人設計，在長樂宮中殺死了韓信。

臨死前，韓信仰天悲嘆：「悔不聽蒯通之計，以至於被一介婦人所欺，這難道不是天意嗎？」

回顧整件事會發現，這其中有太多的疑點。

疑點一：蒯通在劉邦勝負未卜時曾遊說韓信另起爐灶，卻被他果斷拒絕，為何等到了劉邦建立帝業後卻心生異志？

疑點二：韓信兩次被劉邦襲奪兵權，先是從齊王改封成楚王，再由楚王降職為淮陰侯，坐困長安，早已從中察覺到劉邦對他的猜忌與畏懼。如果他想造反，之前那麼多的機會都沒有出手，為何偏在無權無兵、蟄居長安之時謀反？

疑點三，韓信被滅族之後，依據漢帝國釋出的官方宣告，劉邦派陳豨去鎮守北部邊疆代地，臨行前，陳豨曾去拜訪韓信。韓信避開左右從人，拉著陳豨的手有一番密談：

韓信：「你率領的是漢朝的精銳部隊，現在又是皇上身邊的大紅人。不過，如果有奸佞小人在皇上身邊搖唇鼓舌，陛下就會對你產生懷疑，之後會對你展開調查，你的政敵便有機會對你進行栽贓陷害。最後，陛下會捉拿你，誅滅你三族。我願為你在京城做內應，助你取得天下。」

陳豨聽完，鄭重說了三個字：「謹奉教！」

以韓信的智慧，他怎麼可能在受到監視的情況下還與陳豨在庭院中商量謀反？這不腦殘嗎？再說，韓信與陳豨密謀時並無第三者在場，外人如何知曉具體談話內容？

疑點四，陳豨一直都是劉邦的親信，與韓信交情一般，韓信怎麼會愚蠢到貿然向皇帝親信吐露心思，而且是謀反這種危及性命的大事？

寫到這裡，答案已經呼之欲出！

那麼問題來了，劉邦夫妻為何要弄死韓信？

原因也很簡單，因為韓信太厲害了，讓劉邦和呂后睡不著覺。狡兔死，良狗烹；高鳥盡，良弓藏；敵國破，謀臣亡，這是開國功臣的宿命，韓信也不例外。

韓信死時年僅三十五歲，而這一年，劉邦已經六十一歲了。一個帶兵多多益善，能與霸王項羽抗衡的人，劉邦怎麼可能放心讓他活著？一旦自己不在了，還有誰能攔得住韓信？

一切都是天意，一切都是命運。

劉邦回朝，得知韓信已被處死後，他的反應是「且喜且憐之」，既高興又心疼。

高興是真的，心疼可能就一會兒。至於有沒有謀反，已經沒那麼重要了。

被困白登，劉邦是如何逃脫的？

西元前兩百年，劉邦御駕親征與匈奴交手，結果被圍困在白登山七天七夜。

匈奴此次出兵號稱四十萬，多半是虛張聲勢，實際兵力當然沒有這麼多，但圍困劉邦綽綽有餘；劉邦出門時帶了三十二萬軍隊，但主力部隊都被周勃帶去追擊韓王信的殘部了，劉邦帶的士兵也就十萬左右。

白登山位於山西大同附近，北方的冬季，零下十幾度很正常，當時正值冬季，劉邦沒有帶多餘的物資，更何況他們還在山上。

劉邦手下的士兵有百分之三十的人都被凍掉了手指頭，戰鬥力嚴重下降。

漢軍扛不住了，劉邦找來了身邊唯一的謀士陳平，問他可有良策？

陳平隨後獻上一條「密計」，劉邦聽罷連連稱善。

當天晚上，陳平派人帶了一大批珠寶玉器，祕密去見冒頓單于最寵愛的一位閼氏。密使還帶了一張美人像，告訴她，漢朝有一位絕代佳人，貌美如花，天下無雙。漢軍今日被圍困，焦急萬分，已經派人去接那位美女，準備獻給單于。如果冒頓單于見到這位美女，一定會一見鍾情，到時候你就會失寵了。不如趁著美女沒來時想辦法讓漢軍逃脫，到時漢軍當然不會捨得將那美女送過來了。

閼氏是女人，是女人就有忌妒心。閼氏於是給冒頓洗腦：「漢匈兩國不應該互相逼得太狠，現在漢朝皇帝被困在山上，漢人怎肯就此罷休？當然會拚命相救。就算你今天打敗了漢人，奪取了他們的城地，我們也沒法在中原久居。萬一滅不了漢軍，等救兵一到，內外夾攻，我們就危險了。」

說到這裡，閼氏淚如雨下。單于一時也不知怎麼辦才好了，問她：「那你說怎麼辦？」

閼氏早有準備：「漢人皇帝被我們圍困多日，可他們一點都沒有慌亂，這一定是有神靈在幫助他們。如此看來，我們是奈何不了他們的，您又何必逆天而行，乾脆放他們走就是了，免得日後神靈怪罪。」

冒頓單于一聽，反正自己也對漢軍的防禦工事無可奈何，不如就放漢朝皇帝一條生路，於是在西南方向留下了一個缺口。

由此也傳出了一個說法：劉邦之所以能從白登山突圍，靠的是陳平的計謀，也就是冒頓經不起閼氏的洗腦，退兵了，劉邦這才得以脫困。

這套說辭你信嗎？

要知道，那位苦心設計了包圍圈的冒頓單于，可不是什麼模範丈夫。當年做王子時，為了訓練自己的精銳衛隊，敢拿自己的老婆當箭靶子。後來為了爭奪單于的寶座，親生父親也是說殺就殺。這樣一個冷血人物，怎麼可能因為閼氏幾句話，放棄到嘴的肥肉？

這背後一定還有原因。

事情的真相是，當時劉邦雖然被圍了，但匈奴人也打得艱難。打攻堅戰本就非匈奴所擅長，何況此地還有趙國遺留下來的防禦工事，匈奴騎兵的機動優勢喪失了。

更何況，漢軍使用的勁弩射程遠，威力大，很容易就能刺穿匈奴人的甲冑，其效能遠遠優越於匈奴人的弓箭。匈奴人狂攻七天七夜卻前進不得，落入進退兩難的地步，這哪裡是放棄到嘴肥肉？分明是塊硬骨頭，而且還硌牙。閼氏一番話，正好就趁機找臺階下。

如果把視野再放大一點就會發現，就在白登山血戰的同時，周勃率領的近二十萬漢軍主力已經完全擊敗了韓王信部隊，正調頭朝著代谷殺來。如果再不撤，匈奴人即將成為夾心餅乾，想走也走不了了。

冒頓單于以退為進，雖然在戰場上沒有占到太大的便宜，卻在面子上卻贏了，劉邦從匈奴的包圍圈中衝了出來，雙方輸贏都扯平了。

亂世叔孫通：一個儒生的大智慧

秦末漢初，天下經歷了由治到亂，由亂到治的殘酷變局。無數的豪傑投身其中，卻在這場權力的搏殺中敗下陣來。儒生叔孫通作為一個渺小之人，卻能在時局的變亂中越混越發達，在王朝初建、百廢待興之際，重建國家禮儀規範、音樂制度，成為漢世儒宗。

秦末時，叔孫通因為學問淵博，徵召為待詔博士。陳勝、吳廣起義後，秦二世急召博士、儒生問計。博士、儒生連忙說道：「人臣不該有任何叛逆的念頭；若有就是謀反，就是罪該萬死，理應得到王師討伐。」

可是秦二世哪裡願意聽「造反」的事情？朝堂上氣氛瞬間凝結。叔孫通緩和氣氛的說道：「諸生之言通通是胡說八道。現在天下定、海內一，哪裡還有戰爭？上有英明天子，下有忠臣死士，更賴國家法度維繫，哪有人敢造反？雖有一些勇於滋生事端的人，也只不過是一些聚眾的強盜，偷雞摸狗罷了，陛下不必憂慮！」

一番話說得秦二世眉開眼笑，叔孫通化解了一場即將降臨的災難，隨後偷偷跑回老家，在亂世中得以保全。

楚漢相爭，項羽大勢已去，劉邦勝端初現。叔孫通自知正是出山之時，於是主動拜見劉邦，峨冠博帶，一身儒服模樣，卻讓劉邦很不爽，精明的叔孫通馬上換成短裝討好劉邦。

跟著叔孫通投奔劉邦的還有他的百十來個學生。可叔孫通平日裡只是向漢王推薦一些綠林好漢、行俠壯士，從來也不推薦他的學生。日子久了，學生們開始抱怨他：「我們追隨先生奔波勞苦，如今又投奔漢王，是想得到先生的推薦，得個一官半職。但先生的眼中只有那些赳赳武夫，不曾推薦我們啊！」

叔孫通解釋道：「漢王正冒著槍林箭雨爭奪天下，你們這些儒生手無縛雞之力，能上陣殺敵嗎？你們彆著急，且耐心等待，我不會忘了你們的，等天下安定，一定有你們大顯身手的時候。」

漢朝建立後，叔孫通感覺到機會來了，主動自薦。劉邦一看是這老頭，沒好氣道：「你能有什麼辦法？」

叔孫通一拱手：「打天下時儒生們沒用，守天下時就有用了。臣願去魯地徵召儒生，與弟子一起制定禮儀和規矩。」

劉邦問：「不會很複雜吧？」

叔孫通拍著胸脯保證：「陛下放心，保證讓您滿意。」

為了完成任務，叔孫通去魯地徵召了一批懂得朝廷大典的人。有兩個讀書人不願意來，還當面指責他：「你踏上仕途以來，前前後後跟了十幾個主人，都是以阿諛奉承而得到處貴寵。現在天下剛安定下來，死者還沒得到安葬，傷者還未得到治療，國家百廢待興，你卻一心只想著要立那些不符合古法的禮儀，我是不會跟你去的，你趕快走，別玷汙我。」

叔孫通一點也不生氣，笑道：「你們可真是些榆木腦袋，根本不懂時代的變化！」

叔孫通與徵召到的三十名儒生回到長安，在郊外練習禮儀。他們拉起繩子圈起一塊地方，立起草人，開始練習禮儀的一整套流程，如何穿衣，如何朝拜，如何尊君，君主面前如何行禮，彼此間如何行禮。簡單來說就是，講文明，樹新風。

練習了一個多月，叔孫通對劉邦說：可以請陛下過目了。

劉邦看了他們的演練，下令群臣學習這套禮儀。

漢七年十月，長樂宮興建完成，諸侯和群臣都來朝見天子。

整個過程從天亮前開始，由典禮官負責主持。所有人員按序進入殿門，根據尊卑地位排列在東西兩側。侍衛官員有的在殿下臺階兩旁站立，有的排列在廷中，持握兵器，豎立旗幟。臣子站定後，皇帝才乘坐輦車出來，眾官員舉旗傳呼警戒，引導所有參加典禮的官員依次序朝拜皇帝，並作出震恐肅敬的儀態。

儀式完畢後，緊接著舉行酒宴。這次坐定後，也全然沒有了先前的江湖習氣，全都俯伏垂首，按次序起身給劉邦敬酒祝福。御史執行禮儀規則，凡遇不遵照儀式規則舉手投足的人就將他帶出去。由此從朝賀典禮和酒宴開始直到結束，沒有出現敢大聲喧譁、不合禮節的人。

劉邦看著馴服的臣民，慨嘆道：「老子直到今日才知道天子的尊貴啊！」封叔孫通為太常，賜金五百斤。

叔孫通這時才提出，臣的學生們跟隨臣多年了，又和臣一起制定禮儀，希望陛下給他們封官。

劉邦大手一揮，準了！

回去之後，叔孫通把劉邦賞的五百金又分給那些弟子們，弟子們皆大歡喜：「先生真是聖人也，懂得什麼是當務之急。」

叔孫通這個人歷來評價不一，有的人認為，此人朝秦暮楚，不值一哂；也有人認為，此人忍辱負重，終成大器，譬如司馬遷就說他是知進退的「一代儒宗」。

劉邦廢除太子劉盈，為什麼沒有成功？

西元前兩百零二年，劉邦統一天下，呂雉苦盡甘來，尊位皇后，兒子劉盈也順利成為了一朝太子，成為劉邦的「合法繼承人」。

然而不久之後，劉邦卻整天嚷嚷著小兒子劉如意像我，劉盈不類我，以此為由要廢掉太子劉盈，改立與戚夫人的兒子劉如意為太子。

戚夫人是劉邦在戰場上遇到的，能歌善舞，善解人意，很得劉邦的寵愛。在劉邦看來，劉盈太過仁厚，性格上偏柔弱，這樣的人如果繼承皇位，怕是搞不定周圍這些人。劉如意雖然年齡小一點，但從性格上來看更像劉邦。所以，劉邦雖然把劉如意封為趙王，但是沒有讓他去趙國，而是留在身邊。在戚夫人的嘮叨下，劉邦逐漸有了換太子的念頭。

問題在於，太子劉盈是呂后的兒子，有娘家人支持，而且沒犯什麼錯誤，哪那麼容易說換就換？

無論如何，劉邦決定試一試。叔孫通得知後堅決反對：「陛下你難道忘了，晉國因為驪姬廢了太子，導致晉國亂了十幾年；秦國沒有立扶蘇，導致秦國滅亡。太子仁慈，海內皆知，怎麼可以隨便廢呢？如果要廢的話，就先殺了我吧！」

劉邦只好說，行啦，我只是開玩笑而已。

叔孫通逮到機會繼續說，太子是國家的根本，根本一旦動搖，天下就會震動，這種事情怎麼能開玩笑呢？

劉邦實在無言了，但他明白群臣的心都向著劉盈，只能暫時放下此事不提。

鬱悶而惶恐的呂后跑去找張良，請他想個一勞永逸的辦法。

張良本不想再參與政治爭端，但礙於呂后的權勢，只能委曲求全，給呂后出了個主意，請出商山四皓，讓四位隱士來輔佐太子。

有一天，劉邦舉行宴會，太子劉盈帶著商山四皓進宮赴宴，這四人年齡都在八十歲以上，鬍子頭髮都已經花白，劉邦就問這四個老頭是誰，詢問之下才知道這四人就是劉邦一直請不來的商山四皓。

劉邦大吃一驚：「多年來我一直徵召你們，你們都避而不見，如今為何又來追隨太子？」

四人答：「陛下一向不尊重士人，動輒辱罵，我們都義不受辱，所以避而不見。如今聽說太子仁孝，恭敬愛士，天下人都願為太子效力，所以我們才出山幫助太子。」

劉邦聽後喃喃道：「那就有勞你們好好輔佐太子了。」

宴會結束後，劉邦望著這四位老人離去的背影，對一旁的戚夫人說：「我本來想行廢立之事，但現在太子羽翼已成，已經動不得了。呂后將會是你的主人了。」

為什麼連張良、蕭何都改變不了劉邦的主意，而商山 F4 只露個臉就成功了？

我認為，在各種反對聲中，劉邦的壓力已相當大，而商山 F4 就是壓倒他的最後一根稻草。

劉盈即位時只有十六歲，他能掌握住帝國的航向嗎？顯然不能，只能依靠母親。呂氏集團羽翼已成，劉盈作為正牌太子，身後還有沛縣的功臣集團。反觀劉如意，年齡比劉盈還要小，能依靠的只有自己的母親，而戚夫人身後沒有任何政治勢力的支持。

劉邦雖然寵愛戚夫人，但腦子並不糊塗，一個沒有人支持的太子，將來這皇位必定是坐不穩的。正如叔孫通所言：「太子，天下本，本一搖，天下振動，奈何以天下為戲乎！」

史上最悽慘的皇后，一輩子都是處女身

在政治場上角逐、較量，犧牲是常有的事情，呂后為了控制國政做過許多事情，其中一件就是犧牲了外孫女的一生幸福。

張嫣是呂后的外孫女，魯元公主的女兒，父親是宣平侯張敖。張嫣的外祖母是皇太后，舅舅是皇帝，母親是公主，按理說她應該有著一個美好的生活，然而在她十一歲時便淪為了外祖母鞏固權力的政治工具。

那一年，呂后為了親上加親，控制國政，將自己的小外孫女嫁給了自己的兒子漢惠帝劉盈，張嫣就這樣嫁給了自己的舅舅。

劉盈為人敦厚，平時很喜歡這個頗為懂事的外甥女，經常逗她玩耍。但那種喜歡完全是出於對外甥女的關愛、呵護，是親情上的喜歡，而絕非男女之情。

劉盈對母親的許多做法都耿耿於懷，特別是「人彘」事件發生後，他徹底絕望了，夜夜笙歌，沉迷於酒色之中，自暴自棄。但對這段畸形的、敗壞人倫的婚姻，他充滿了厭惡和反感，出於對外甥女的保護與尊重，他自始至終不想褻瀆那份純真和美好，所以至死也沒有和張嫣圓房。

婚後不久，呂后便著急想要讓張嫣懷孕生子，但十一歲的張嫣顯然沒有這個能力。著急的呂后想出一個辦法，將漢惠帝與宮女生的孩子給張嫣，對外界謊稱這個孩子是張嫣的孩子。這個孩子就是劉恭，後來被立為皇太子，而他的親生母親早已被呂后處死。

幾年後，劉盈駕崩，呂后當機立斷讓劉恭繼位，史稱前少帝。當時劉恭年紀還小，呂后繼續臨朝稱制，稱皇太后，外孫女張嫣稱皇后。小皇帝劉恭懂事後，得知張嫣並非自己的親生母親，自己的親生母親早被殺了，

十分生氣，揚言長大之後要復仇。呂后得知後，索性廢了劉恭，將其幽禁並處死。

劉恭死後，劉弘繼位，史稱後少帝，朝中大權仍然掌握在呂后手中。

西元前一百八十年，呂后執天下八年而崩，周勃、陳平等諸臣誅滅呂氏，並以後少帝劉弘以及濟川王等非惠帝之子的名義全部誅殺。獨留孝惠皇后張嫣，廢徙北宮（未央宮之北）。立代王劉恆為帝，是為漢文帝。

張嫣的宮廷生活是孤獨寂寞的，因為沒有夫妻生活，她沒有享受過做女人的快樂和痛苦，沒有留下一男半女。她被廢後一直住在北宮的幽靜院子裡，整整待了 17 年，直至走完她可憐又可悲的一生。

張嫣死後，為她斂屍的宮人驚奇地發現她依舊保持著處女身。她十一歲進入深宮，四十歲離世，這二十九年中，她耐住了寂寞，守住了孤寂。她本應有一個幸福的人生，卻淪為呂后政治鬥爭的犧牲品，落得如此尷尬又淒涼的下場。

世界上最早提出細菌戰的人竟是一個漢奸

提起細菌戰，很多人都會想到日軍七三一部隊，不過很多人不知道，世界上最早提出細菌戰的人是漢朝的一個宦官。

西漢初期國力不濟，朝廷被迫對匈奴實行和親政策。當時匈奴著名的冒頓單于病死，其子稽粥立，號老上單于。為了穩住匈奴，漢文帝派了一位宗室女與匈奴和親，並讓太監中行說作為陪同侍臣一起去。

中行說不想去，匈奴蠻荒之地，風俗和漢朝不同，去了就是送死，但朝廷點名讓他去。怨恨之下，中行說撂下一句話：「為漢患者，必是我中行說也！」

漢文帝只當他在說氣話，不以為意。沒想到中行說一到匈奴，立刻投誠，深受老上單于寵信。

中行說竭力勸說匈奴不要太看中漢朝的衣服和食物。他告訴老上單于：「匈奴人口抵不上漢朝一個郡，然而匈奴之所以強大，原因就在於衣食與漢人不同，不必依賴漢朝。漢人的食物確實美味可口，可問題在於大漠不產糧食，要想吃五穀，只能向漢人購買。長此以往，我們的口糧就得受漢朝制約，這哪能行？」

我們的馬奶酒和羊肉串哪裡比漢朝的油潑麵差了？

老上單于聽完，一拍大腿，對啊，我們的服飾和飲食雖然粗糙了些，可是簡單實用啊！

為了讓匈奴人不再迷戀漢朝的絲綢，中行說穿上漢人的衣服在雜草棘叢中騎馬跑了一圈，將衣服劃破，以此證明漢朝的絲綢不如匈奴的皮衣結實耐用。

為了提升匈奴人的教育程度，他先是推行漢文化，給匈奴制定文字語言，教匈奴人識字算術，教他們如何造冊統計戶口，如何計算牛羊數量。因為中行說，匈奴人逐漸擺脫了蒙昧野蠻的狀態，對漢朝的威脅也與日俱增。

在中行說的慫恿下，老上單于頻頻發兵南下侵擾，給文帝回書中口氣傲慢，對漢朝使臣也威逼利誘，動不動要錢要糧食，讓漢朝苦不堪言。

臨死前，中行說還為匈奴人出了最後一個計策，發動了中國歷史乃至人類史上的第一次細菌戰。他發現一些池塘中有病死的馬、羊等屍體，水中含有劇毒，士兵誤飲了池塘的水，輕則拉肚子，嚴重者就會死亡。

受此啟發，他建議匈奴人收集病死的動物屍體，經巫師詛咒後埋在漢軍途經的河流上游水源地，漢軍在遠征途中飲用了這種被汙染的水，確實有不少人中毒乃至丟了性命。坊間傳聞，漢武帝的愛將霍去病據說就是喝了這種水生病去世了，讓無數人惋惜不已。

東方朔的口才有多厲害？

漢武帝即位初年，向天下徵集賢良之才。東方朔寫了份個人履歷，這份履歷共用了三千片竹片，寫得洋洋灑灑，武帝花了兩個多月才看完。雖然履歷寫得不錯，但武帝很吝嗇，只給了個小官。

這個職位難得施展才華，更談不上見到皇帝。東方朔心生一計，故意嚇唬那些給武帝餵馬的侏儒們：「陛下說你們既不能種田又不能打仗，所以打算殺掉對國家沒有任何的用處你們，你們還不向皇帝求情！」

侏儒們聽後便哭著向武帝求饒，武帝怒了，我沒說過這話！隨後召見東方朔，知道假傳聖旨該當何罪嗎？

此兄厚著臉皮說：「我也是沒辦法，侏儒身高三尺，我身高九尺（相當於一百九十公分），薪資待遇卻一樣，總不能撐死他們而餓死臣吧？皇上如不喜歡用我，就放我走吧，省得浪費京城的稻米。」

武帝聞言捧腹大笑，遂任命他侍詔金馬門，不久又升為侍郎，隨從左右。

在武帝身邊，東方朔能夠很好地把這種小聰明發揮到極致。武帝曾讓人任意拿一件東西蓋在盆下，讓大家猜裡面是什麼東西。有人將一隻壁虎放在盆下，讓大家猜，沒人能猜中。東方朔毛遂自薦：「臣學過《易》，我來試試！」

他用草擺卦，而後說道：「是龍又沒有角，是蟲牠又有足，走走看看，善於爬壁，不是壁虎是蜥蠍。」

武帝道：「猜的好！」賜他布帛十匹。又使東方朔猜其他的東西，結果無一不中。

東方朔得寵，這讓因滑稽得寵的伶官郭舍人嫉妒得不行。他對武帝說：「東方朔狂言，是僥倖中的，並非具有真實術數。臣願令東方朔再猜，如果能猜中，臣願受鞭撻一百。如果猜不中，請賜給臣布帛。」

武帝應允，郭舍人拿了樹上寄生的芝菌蓋在盆下，讓東方朔猜。東方朔掐指一算，道：「是用茅草結成的圈圈，放在頭上做頂東西的墊子。」

郭舍人樂了：「我就知道東方朔猜不中。」

東方朔道：「生肉是生吃的魚片，乾肉是脯，附著於樹的是寄生的芝菌，盆下是芝菌。」武帝於是讓人將郭舍人歐打一頓。

武帝曾游上林苑，看到一棵奇怪的樹，問東方朔。東方朔答：「此樹名叫善哉。」

武帝暗中讓人在這棵樹上作個標記。過了幾年，再問東方朔，東方朔答：「樹名叫瞿所。」

這下子，武帝總算抓到把柄了，他怒道：「東方朔你騙我很久了，你現在說的樹名與以前說的不同，這是何故？」

東方朔不慌不忙，從容應對：「大的叫馬，小的叫駒；大的叫雞，小的叫雛；大的叫牛，小的叫犢。人剛生下來叫幼兒，年齡大了叫老人。這棵樹過去叫善哉，現在叫瞿所。老與少，死與生，萬物成敗，哪有一定之數？」

武帝聽了他的解釋，更覺得東方朔的口才和反應非同一般。

為了寫《史記》，司馬遷有多拼？

司馬遷出生在一個史學世家，父親司馬談曾擔任太史令。太史令掌管天文曆法、記事修史，負責管理國家的檔案文獻和各地的文書資料。司馬遷自小就在古籍史料中耳濡目染，興趣也在家庭氛圍薰陶中自然而然地產生。

司馬談有一個夢想，他要整理中華民族數千年的歷史，要寫一部規模空前的史著，要為往聖繼絕學！

建元年間，父親到首都長安任職，司馬遷則留在老家，一邊學習誦讀古文，一邊有大把的時間玩耍。稍稍年長之後，司馬遷離開故鄉，來到了父親的身邊。父親讓他跟隨博士孔安國學習《尚書》，董仲舒學習《春秋》，同時也親自指導他閱讀典籍和史料。

當時的漢朝，正在走向屬於自己的巔峰時代，漢家男兒意氣風發，從降服宿敵匈奴，至平亂南蠻、西夷，再至征伐交趾，漢軍鐵騎無往不勝，建功立業，用鐵和血維護了自己的尊嚴。這一切，都深深影響著司馬遷。

司馬談一直在蒐集閱讀史料，為修史做準備。看著司馬遷一天天長大，司馬談開始有意將自己正在做的事業逐步交給兒子。他告訴司馬遷，讀萬卷書不如行萬里路，書本終究是局限的，世界那麼大，你不想去看看嗎？

在父親的鼓勵下，二十二歲的司馬遷走出家門，開始了人生的壯遊，既為了開拓眼界，更為了考證歷史古籍，收集一手資料。

在淮陰，他打聽韓信的故事，傳說韓信的母親逝世，選了個很高的墳地，旁邊可住萬戶人家，他實地一看，果然如是。

他曾南上江西的廬山，一覽大禹疏通九江後的波瀾壯闊，又到了浙江的會稽山，想像著大禹曾在這裡大會諸侯，勾踐在這裡臥薪嘗膽。

在汨羅江畔，他也曾久久駐足，感懷屈原的高尚品性和悲慘遭遇。

在箕山，他踏訪許由的墓，對這位品性高潔的隱士心生敬意。

在沛縣，他聽老人講起漢高祖劉邦發跡前的故事，樊噲本來是以殺狗為業，最終成為軍中猛將，曹參曾是獄吏，卻做到相國，他們的人物形象在老鄉居們口中一下子鮮明起來了。

在齊魯大地，他感受著濃厚的孔子教化遺風，親自到孔子墓前祭拜，震撼於孔子故里的禮儀傳承。

二十五歲之前，他已經幾乎完成了全國巡禮，那些名山大川和燕趙俊傑激盪著他的心胸，解放了他的性情。遊歷中的所見所聞，讓司馬遷形成了自己對事物的見解和判斷。

宋人馬存曾評價司馬遷的這段旅程，說他的壯遊不是一般意義上的旅遊，而是盡天下大觀以助吾氣，然後吐而為書。

二十八歲，為父親守完喪後，他成為一名太史令，除了陪同皇帝巡遊之外，有更多查閱歷代重要資料的機會。

三十二歲時，他完成了太初曆的修訂，也是這一年，他終於覺得這些年的儲備可以敢動筆一試了，於是正式開始寫《史記》。

李陵之禍是他人生中的重大災難，為此幾乎命懸一線，但他撐過去了。在那段黑暗的日子裡，他想到文王拘於囚室而推演《周易》，仲尼困厄之時著作《春秋》，屈原放逐才有《離騷》，左丘失明乃有《國語》，孫臏遭臏腳之刑後修兵法。之後，他才更堅定地「就極刑而無慍色」，一心「發憤著書」，終於完成了這部史學鉅著。

冒頓給呂后寫情書，呂后這樣回覆

漢帝國在經歷了白登之圍的恥辱後，從此開啟了中國歷史上無奈的和親時代。然而這種政策雖然換得了一時的和平，但也助長了匈奴的囂張氣焰，劉邦死後，不安分的匈奴又開始挑釁漢帝國。這一次，他們送來了一封信，收件人正是呂后。

信中寫道：「我是孤獨寂寞的君王，出生在溼地草澤，成長於廣闊原野、牛馬成群之鄉，多次到達漢朝的邊境，希望能夠到漢朝遊覽。陛下現在孤身一人，寂寞獨居，我們兩人，身為一國之主，彼此都不快樂，沒有什麼可以自娛自樂的，不如你就嫁給我，正好可以互補有無，不知你意下如何？」

這哪裡是求愛信？分明就是侮辱！

《水滸傳》中，丘小乙唱過一首歌，跟這個意思差不多：你在東時我在西，你無男子我無妻。我無妻時猶閒可，你無夫時好孤恓。

我們兩個現在都是單身人士，好不寂寞，不如在一起了吧！

呂后怒了，面對朝堂上的文武百官，她將信扔在地上，恨恨道：「匈奴小兒欺人太甚！我要發兵出擊匈奴，諸位意下如何？」

話音剛落，只見一人挺身而出，脫口而出：「臣願帶領十萬兵馬出擊匈奴，殺他個片甲不留！」

呂后一看，原來是自己的妹夫樊噲，樊噲一帶頭，其餘的人也看出了風向，個個慷慨激昂，唾沫橫飛，給樊噲點讚：「還是樊將軍厲害啊，此次出征，定能將匈奴人打到不知所措！」

呂后聽得很滿意，一片馬屁聲中，獨有一人站了出來，喊了一聲：「我反對！」

大家目光掃過去，正是中郎將季布。

只見季布昂首挺胸，大聲道：「就憑樊將軍剛才這句話，就該把他拉出去砍了！」

季布語驚四座，呂后臉色鐵青。季布倒是很淡定，不慌不忙道：「當初高祖皇帝率三十二萬兵馬出征匈奴，尚被圍困白登山。當時你樊噲身為上將軍，都不能解圍，現在居然大言不慚地說十萬兵就能擺平匈奴，這不是睜眼說瞎話嗎？這種口出狂言之人難道不該拉出去斬首嗎？」

季布的一番話震住了在場所有人。是啊，當初劉邦帶著三十二萬軍隊親征，結果在白登山上困了七天七夜。連劉邦都沒有把握能打贏匈奴，你樊噲何德何能，敢誇下這海口？

呂后很生氣，宣布退朝。

生氣歸生氣，對於雙方實力，呂后心中還是有一把尺的。季布的話雖然不留情面，但也不是沒有道理。漢朝建國已有十年，隨著劉邦的去世，當初從血與火的戰爭中脫穎而出的名將如韓信、彭越、英布早已離世，放眼望去，朝中能打仗的人寥寥無幾。

放眼國內，帝國百廢待興，百業待舉，一窮二白的漢朝再也不能保證打贏一場大規模戰爭了。

經過一番激烈的內心掙扎後，呂后不得不向匈奴低頭。她派大謁者張釋寫了一封言辭謙卑的回信：

「單于還記得老身，賜我書信，令我誠惶誠恐。可我現在已經年邁氣衰，頭髮跟牙齒都開始掉了，走起路來也搖搖晃晃的。我想單于一定是誤聽了別人的話，要跟我這樣的老太婆結秦晉之好，單于您這不是在汙辱自己嗎？老身反省一番，自以為沒有做過什麼對不起單于的事，您還是放過我吧。我送給您兩輛馬車，八匹駿馬，望您笑納。」

霸氣的呂后以這種忍氣吞聲的方式，為漢帝國儲保存實力，化解了一場國家危機。

看漢文帝如何「寵殺」親弟弟

劉恆即位時，劉邦的八個兒子僅剩了兩個，即漢文帝劉恆與淮南王劉長。

劉長的母親叫趙姬，當年被張敖牽連，生下他不久後就自殺了，所以劉長是由呂后一手拉拔大的。受環境的影響，劉長自小嬌生慣養，天生神力，據說力能扛鼎，跟霸王項羽有得一拼。

劉恆即位後，對這個異母的弟弟格外遷就。劉長卻得寸進尺，不僅完全不領兄長寬厚之情，反而變本加厲，更加狂傲無禮。

有一次，劉恆去上林苑打獵，劉長吵著要一同前往，而且要跟皇帝哥哥坐同一輛車。更不合常理的是，劉長常常當眾直呼劉恆為大哥，而不稱陛下。

面對大臣們的質疑，劉恆唯有苦笑：「他還是個孩子，不要跟孩子一般見識。」

劉長長大後，得知了自己的身世，認為母親自盡是因為審食其沒有和呂后據理力爭，一怒之下拿了一把鐵錘藏在袖子裡，上門將審食其錘死了。此事一出，直接轟動了整個長安城，但劉恆卻力排眾議，將其赦免。

回到封國後，劉長更加狂妄，每次出門都要按照皇帝的警衛規格，連車駕上的遮陽傘都要按照皇帝專用黃緞傘蓋。

眼看著劉長越來越無法無天，劉恆這才著手處理，他讓舅舅薄昭給劉長寫了一封規勸信，結果劉長看完，更是火冒三丈，他招呼了七十多個小嘍囉，準備了四十多輛馬車，準備舉兵謀反。

還沒等他動手，朝廷就收到了消息，立刻派人將劉長逮捕押到長安。

事情發展到這一步，又到了劉恆的表演時間。面對大臣們的喊殺聲，劉恆卻執意要留劉長一命，還說自己這個弟弟食量大，一路上不准虧待他，必須保證每天供應五斤肉，酒兩斗，還讓劉長昔日的妃嬪十人隨行伺候。

劉長被發配後，袁盎來勸諫，說陛下一直嬌寵淮南王，沒給他準備一個嚴厲的師傅，我擔心陛下會落下一個殺親兄弟的罪名啊！

劉恆聽完，卻是無動於衷。果不其然，劉長被發配的一路上，途經各縣負責押送的人都不敢給劉長開啟囚車的封門。劉長也不願意遭受這樣的折辱，絕食而亡。

得知劉長死了，劉恆這才對著袁盎說，都怪自己當初不聽你的話，害死了自己親弟弟，隨後問袁盎有沒有補救之法。

袁盎聽完，立刻就懂了皇帝的意思。人都死了，補救是補不回來的，皇帝這是想找人背黑鍋，順便出口氣啊。

他提議說，把丞相和御史大夫殺了就好了，畢竟當初處置劉長，他們都提議處死。

劉恆知道，丞相和御史大夫不能殺，沿途各縣負責押送劉長的人員是可以殺的。這些人不給劉長開啟囚車封門，致使劉長自盡，該殺，於是將這些人全部處死。

劉恆自以為對待兄弟算是仁至義盡了，大家應該挑不出什麼毛病，可沒想到，幾年以後，民間忽然流傳起一首有關淮南王劉長的民謠：「一尺布，尚可縫；一斗粟，尚可舂，兄弟二人不相容。」

意思再淺顯不過了，別以為大家看不出來，你劉恆不就是害怕劉長跟你爭皇位，才想盡辦法除掉了他嗎？

漢文帝上當受騙記

在普通人的印象中，漢文帝向來躬行節儉，從未興建過一所宮室、苑囿，就連身上穿的衣服也都是幾十年如一日。但其實，世人眼中的好皇帝劉恆也曾有過上當受騙的經歷。

西元前一百六十六年，一個名叫公孫臣的人給朝廷上書，說漢朝如今是土德旺盛之期，不久將有黃龍降臨成紀（今甘肅東南部）。現如今陛下要做的當屬改正朔，易服色。

公孫臣的話卻讓漢文帝興致頗高。他當即下令召公孫臣入宮，當堂與丞相張蒼辯駁。

張蒼對這些封建迷信不以為然，然而不久之後，朝廷接到官員奏報，稱有百姓見到了「黃龍」。

張蒼傻眼了，而公孫臣藉各種祥瑞混得風生水起。

眼看公孫臣得到重用，一個叫新垣平的趙地方士坐不住了，在惡補了專業術語後，他也來到長安，給漢文帝普及神的旨意。

一個叫新垣平的人見公孫臣發達了，心裡不淡定了，跑去對劉恆說：「臣觀天象，發現長安東北角有一團揮之不去的五彩神氣。臣知道，東方是神仙居住的聖地。如今東北角驚現神氣，想必是上天感念陛下所作所為，準備降福漢室，陛下宜早建五帝廟。」

漢文帝果然動心了，找來能工巧匠為上古五帝修廟。在新垣平的指導下，渭陽五帝廟正式落成，劉恆在這裡舉行了規模空前的郊祀大典，拜新垣平為上大夫，賞賜了不少好東西。

新垣平從中嘗到了甜頭，開始信口雌黃，一會兒說有神人獻杯，一會兒又說會有日食。有一次，新垣平不知到哪裡找來五個人，給文帝演了出「五帝下凡」的戲碼。臨走前，五帝順帶給漢文帝贈送了一個刻有「人主延壽」的玉杯。沉迷其中的漢文帝，為此嘖嘖稱奇。

這一天，新垣平又告訴劉恆，說今天會出現日食。正在眾人疑惑之際，果然發生了日食！

不過很快，新垣平就玩過頭了。

有一次，他對劉恆誇下海口說，他看見東北的汾陰河邊有寶氣，該不會是周代遺失的九鼎吧？

劉恆十分激動，這可是大寶貝啊！立即派使者去建立祠廟，想找出周鼎。

然而這一次，新垣口中的九鼎沒能找到。

劉恆臉色有點不太好看了。

這時，朝中有人舉報新垣平，說他是個騙子，所有的一切都是他在背後搞鬼。劉恆還不太信，結果在嚴刑峻法之下，這傢伙居然什麼都招了。

漢文帝感到無比恥辱，立即誅殺新垣平。

被活活餓死的西漢首富

一天夜裡，漢文帝劉恆做了個夢，他夢見自己快要升天，卻總差一把後勁，怎麼努力也升不上去。這時有一個黃頭郎在他身後推了一把，終於升上去了。

夢醒後，漢文帝對夢境始終耿耿於懷。有一次，他在漸臺見到有個御船水手頭戴黃帽，衣帶在背後打了個結，正是他夢中遇見的人。文帝召來一問，此人名叫鄧通，諧音「登通」，於是認定鄧通就是幫助自己登天的貴人。

漢文帝自感這是自己的幸運之至，特地提拔鄧通，先後賞賜他十多億的錢財，官拜至上大夫。鄧通由此從一個普通人躍升為富豪，甚至成為「錢幣」的代名詞。

鄧通沒有什麼特殊的才能，唯一的本事就是會拍馬屁，總能把漢文帝拍得恰到好處。漢文帝給鄧通大量的賞賜，沒事總往鄧通家裡跑。

鄧通也投桃報李，小心謹慎侍奉著漢文帝，就連節假日也不回家，陪伴在漢文帝左右。

有一次，文帝背上生了一個瘡，膿血流個不停。鄧通覺得報答皇帝的機會到了，親自守候在皇帝身邊，侍疾問藥，殷勤備至，為了減輕文帝的痛苦，鄧通甚至用嘴幫皇帝吸出膿血。

文帝心中非常感動，有一天他問鄧通：「天下誰最愛我？」鄧通恭順地答道：「誰最愛您，我想沒人會超過太子吧？」

後來有一次，太子劉啟來看望文帝的病情，文帝想試探太子的孝心，要他幫自己吸膿血。劉啟猶豫了一下，一臉不願意。文帝不由得感嘆道：

「鄧通比太子更愛我啊！」

太子這才知道了鄧通經常為文帝吮吸膿血的事，從此對鄧通懷恨在心。

有一天，文帝讓算命先生給鄧通相面，算命先生說此人最終要被餓死。漢文帝聽後不以為然：「能使鄧通富貴的人是我，怎麼可能會餓死？」

為了駁倒算命先生的論斷，證明自己的眼力和權力，文帝將遠在西南的蜀郡嚴道銅山賜給了鄧通，允許他自行鑄造錢幣。

賜給一座銅山並允許其鑄錢，這就相當於給了鄧通一臺印鈔機，想印多少就印多少。鄧通也很爭氣，透過自己的老實本分、誠實守信，他所鑄造的錢幣因分量足、質地優而廣受大眾喜愛，鄧氏錢遍布天下。

漢文帝去世後，太子劉啟成了漢景帝，上位伊始，他立即著手清算鄧通，不但免了官職，還抄沒了鄧通的所有家產。曾經富甲天下的鄧通竟流落街頭，最終在飢寒交迫中死去，正應了算命先生的那句話。

司馬遷將鄧通列入《佞幸列傳》，但跟歷史上有名的那些佞臣比起來，鄧通其實有點冤。鄧通做事很謹慎，他不交結官員，不張揚，不結黨營私，在一眾寵臣中可謂是鳳毛麟角。

用儒家經典《春秋》怎麼審理案件？

很多人不了解，在古代，儒家經典文獻還可以用來審理案件。

這個結論乍看之下有些荒唐，要知道，司法裁決彰顯公平正義，靠一部古書怎麼能斷案？這不是開玩笑嗎？

這可不是開玩笑，讓我們從頭說起。

秦朝末年天下大亂，劉邦攻下咸陽之後與百姓約法三章，定了一條規矩：「殺人者死，傷人及盜抵罪。」

劉邦登上皇帝的寶座之後，僅憑這「約法三章」是無法治理天下的，但當時沒有完善的法律制度可以借鑑或者繼承，面對那些法律條文沒有規定的案子，該怎麼審理呢？

董仲舒提議用儒家經典《春秋》中的思想進行判案，凡是法律中沒有明文規定的，法官可以援引儒家經義作為裁判的依據。值得留意的是，這裡面「春秋折獄」的確切含義是援引《春秋公羊傳》，畢竟董仲舒可是鑽研公羊學的高手。

實際怎麼執行？我來舉幾個例子。

小王的父親與老張吵架，後來發展到鬥毆。老張拔出佩刀，刺傷小王的父親。小王見狀急忙抄起一根木棍回擊老張，不料卻誤傷了父親。

本案的爭點是，甲以杖擊丙，原為救父，不意竟誤傷己父，是否應構成「毆父罪」？如果證實了，根據漢朝法律規定，毆打父母要判處死刑。

西漢廷尉張湯審理這一案子時，左右為難，不知如何裁斷，於是向董仲舒請教。

董仲舒回答：「父子血脈相連，兒子見到自己的父親被人毆打，挺身而出解救危難，實屬情非得已。在混戰中誤傷至親，不存在主觀故意的可能。《春秋》記載了一則故事，有個年輕人叫許止，為了給父親治病，親自熬藥，沒有先嘗嘗就給他父親喝。結果導致其父吃錯藥而病故。當時的法官鑒於許止沒有弒父的動機，所以沒有追究他的刑事責任。小王誤傷其父案和許止餵藥案件一樣，不存在毆父的動機。所以不應該處以梟首之刑。」

不久，廷尉張湯又向他請教一個案子：

某甲沒兒子，在路邊撿了個棄嬰，收養下來，叫某乙。某乙長大成人之後殺了人，回家後就把犯罪經過如實告訴了養父某甲。某甲知道事情不妙，就把養子某乙窩藏起來。現在案情都清楚了，我們為難的是，不知道該把某甲定什麼罪？

這個案子如果放到今天，恐怕沒什麼好糾結的，這無疑是窩藏罪嘛。

可在當時卻讓人左右為難，因為這兩個人不是普通關係，而是父子啊，是親情倫理中最重要的關係，漢朝崇尚孝道，這可怎麼辦？

董仲舒看完卷宗後說：某乙雖然不是某甲的親生兒子，但這種父子關係我們是應該肯定的。《詩經》說：「螟蛉有兒子，土蜂背起牠。」按照《春秋》精神，父親應該為兒子隱瞞過錯，兒子應該為父親隱藏過錯。所以，養父藏匿犯了罪的養子，這是合乎《春秋》之義的，不當判罪。

很快，皇帝的詔書也下來了，同意董仲舒的判決：「那就沒某甲什麼事了。」

董仲舒由此總結出一條審判原則 —— 原心論罪，在定罪量刑的時候應分析行為人的動機和目的。如果動機是好的便可從輕處理，甚至可以免罪；如果目的不純，即使有好的結果，也要受到嚴厲的懲罰。

可別覺得董仲舒不懂法，或是拿孔子的典籍隨意發揮，事實上，董仲舒的這個邏輯在儒家之中非常貼近孔子思想，如果孔子聽到了也會豎起大拇指的。

這種原心定罪的思想不單在漢代，在整個中國歷史上都得到過廣泛的認同。比如《聊齋志異》裡有個很著名的故事叫《考城隍》，說有位宋先生靈魂出竅，到了陰曹地府參加公務員考試，結果考上了城隍。

宋先生之所以能成功上岸，全憑他寫出了一句擲地有聲的好句子：「有心為善，雖善不賞；無心為惡，雖惡不罰。」

千古騙局：看負心漢司馬相如是如何把卓文君騙到手的？

司馬相如與卓文君的故事流傳千古，千百年來大家都為他們的愛情唏噓不已，一曲《鳳求凰》餘音繞梁，使這對有情人終成眷屬。然而真實的事情是這樣的嗎？

翻開史書，我們會發現這實際上是司馬相如設計好的一個騙局。

先說故事。話說有一年，司馬相如回到蜀地，恰巧那裡的富豪卓王孫宴請賓客。縣令王吉和司馬相如一起參加了宴會，眾人都被司馬相如的儀表和風度所吸引，酒酣耳熱之際，王吉把琴拿過來，請司馬相如彈一曲助興：「聽說長卿你喜歡奏琴，能不能給大家演奏一曲？」

司馬相如假意辭謝了一番，這才撫琴調弦，撥弄起來。才子一出手，果然雅韻鏗鏘，抑揚有致，正是《鳳求凰》。

琴音裊裊，繞梁入室，博得了眾人的好感，更讓隔簾聽曲的卓文君傾倒。

卓文君是富豪卓王孫的女兒，因丈夫剛剛去世，回到娘家守寡，她聽到司馬相如的琴聲，如痴如醉，又見他的儀表不凡，心生好感。此後兩人經常來往，產生了愛慕之情，隨後決定私奔。

卓文君的父親覺得自己面子上過不去，只得接濟司馬相如和卓文君，得到資助的司馬相如和卓文君從此幸福地生活在了一起。

故事很美好，可惜卻是司馬相如精心設計的。

司馬相如的特長是文學創作，他原本投奔了梁王，可惜好景不長，喜歡辭賦的梁孝王死了，底下這群人也就散了。司馬相如只好打包行李，回老家成都，日子過得很是窘迫。

好在他有個老朋友王吉，此時已做了臨邛縣令，邀請相如到他那裡去住幾天。臨邛這個地方雖小，但經濟發達，富人很多，其中一個叫卓王孫，家裡有礦。他有個女兒叫卓文君，年紀輕輕就守了寡。

如果窮鬼司馬相如主動上門打招呼：「富豪，我們做朋友吧！」一定會被趕出來。他和王吉都是聰明人，兩人仔細謀劃，演了一齣雙簧。

王吉先是做出特別尊敬司馬相如的樣子，每天都去他下榻的地方拜訪。剛開始的時候，司馬相如還出來見他，後來乾脆稱病，讓隨從去道歉，打發王吉離開。王吉非但不生氣，反而更加恭謹。

卓王孫心裡開始犯嘀咕：「王縣令這麼尊敬那個司馬相如，他一定很了不起。」於是大擺筵席，請王吉和司馬相如赴宴。

接下來就是追求卓文君的段子了，王吉藉機讓司馬相如展現了琴藝，吸引躲在幕後的卓文君。在追求卓文君有些眉目時，司馬相如又買通卓文君的侍女，表露愛慕之意，這愛情便像烈火一樣熊熊燃燒起來。

卓文君也曉得父親是不會答應這門婚事的，但是愛情的力量如此偉大，居然讓這位富家千金動起了大膽的念頭 —— 私奔！

卓文君跟著司馬相如到了成都老家，這才發現他家徒四壁，一貧如洗。無奈之下，兩人只得回到臨邛，開了家酒館，一個當壚賣酒，一個吹火打雜。

好巧不巧，這家酒館就開在了老岳父家的對面，卓王孫氣壞了，這是故意給自己難堪啊！

老岳父氣不過，但又無可奈何，只得出錢資助兩人。

至此，一切水到渠成。

你以為故事到這裡就結束了嗎？

多年以後，司馬相如得到漢武帝賞識，復出為郎。他看中了長安茂陵的一名女子，想納她為妾。卓文君知曉後傷心欲絕，寫下一首《白頭吟》：

皚如山上雪，皎若雲間月。

聞君有兩意，故來相決絕。

今日鬥酒會，明旦溝水頭。

躞蹀御溝上，溝水東西流。

悽悽復悽悽，嫁娶不須啼。

願得一心人，白頭不相離。

竹竿何嫋嫋，魚尾何簁簁！

男兒重意氣，何用錢刀為！

司馬相如看完妻子的詩，深悔自己的行為，再不提納妾之事，當然也有可能是怕失去老岳父家的錢財。

古文經學 PK 今文經學，他們到底在爭論什麼？

經學之中今文學派與古文學派之爭歷時甚久，可謂是兩千年學術史上的第一大案。如果深究其源頭，會發現這個爭論起源於秦始皇焚書坑儒。

西元前兩百一十五年，秦始皇下令禁止民間私藏經書。在當時的歷史浪潮下，如果想讓自己的書免於被毀滅的厄運，唯一可行之法有兩種，一種是將書記在腦子裡，一種是將書藏起來。

漢朝建立後，儒學復興，秦博士伏生從家裡的夾牆中取出藏匿的《尚書》，由於部分竹簡損毀，加上有些竹簡的皮繩斷裂後難再辨識，最終僅得《虞書》、《夏書》、《堯典》、《禹貢》等二十八篇。伏生后二十八篇《尚書》在齊魯授徒講學，由於伏生的《尚書》用當時流行的文字隸書書寫，這就是今文學派，故被歸為今文派。

與之相對，古文經則是指秦以前用古文，也就是秦以外的其他六國文字書寫，而由漢代學者讀出並加以訓釋的儒家經典，這些典籍往往得自於孔壁。

據《漢書．藝文志》記載，漢武帝末年，魯恭王劉餘拆毀孔子家的房子，在孔子舊宅的地基上擴展宮室。當拆牆壁時，發現牆的夾壁內藏有許多竹簡，經過整理發現，這些竹簡記載的都是《尚書》、《禮》、《論語》、《孝經》等，一共有幾十篇之多。

與當時經書的通行本比較，《尚書》和《禮》中的好些篇目是通行本裡所沒有的，文句也多有出入。從抄錄的字型看，通行本用的是漢代流行的隸書，而新發現的古本是用先秦時的大篆和籀文等字型書寫的。所以時人把那些古本經書叫做「古文經」，把當時的通行本叫做「今文經」。

今文學派與古文學派的主張、傳承方法及出處均有所不同，雙方各立陣營，交相問難，逐漸形成了經學的兩大學派。

今文經學家認為「六經」都是由孔子所做的，古文經學家則認為「六經」只是古代的史料，孔子只是對其進行了整理。

今文經學家以孔子為政治家，尊孔子為有帝王之德而無帝王之位的「素王」，所以今文經學家偏愛經文中的微言大義；古文經學家卻以周公為「先聖」，認為孔子只是「述而不作」的「先師」、歷史學家，是古代文化的保存者。

此外，今文經學家和古文經學家的思維方式也有很大的差異。今文經學家喜好將陰陽五行、天人合一、災異讖緯；古文經學家更注重名物制度和文字訓詁。

西漢時，今文經學因為被立於學官，一直占據著統治地位，古文經學雖然也在民間流傳，卻一直沒有大的發展。

後來王莽掌握朝政大權，自比周公要恢復周制。劉歆在王莽的推薦下復出，極力倡導古文經學。王莽篡位後，古文經學第一次戰勝了今文經學，成了當時的顯學。

新朝覆亡後，古文經學旋即被罷黜，但在民間一直有傳承。東漢時，朝廷組織召開白虎觀經學辯論會，想彌合今古文經學的異同，章帝主持會議，親自裁決五經經義。班固等人將會議內容整理成《白虎通義》一書，兩派經學在名義上終於取得初步了統一。

漢文帝：從代地到未央宮，走得有多驚險？

陳平、周勃、灌嬰等大臣剷除諸呂后，商量了半天，決定迎接代王劉恆進京當皇帝。

二十三歲的劉恆看到朝廷派來的使者，著實嚇了一跳。要知道，朝廷那幫還活著的人都是玩陰謀的高手，他們剛剛誅殺諸呂、血洗京城，這次突然迎自己入京，到底是何目的？

想到這裡，劉恆趕快找來自己的智囊團，匆匆召開了一個內部討論會。

郎中令張武認為這當中變數太多，不建議去，中尉宋昌卻不這麼看，他告訴劉恆，劉氏的帝位源於天授，不是靠人力奪來的。即使大臣們另有圖謀，百姓也不一定會聽他們的。現在朝內有朱虛侯、東牟侯等宗室大臣，外有強大的宗室諸國，那幫人不敢另生他念。

更何況，如今高祖皇帝僅存的兒子中，只剩下大王您和淮南王劉長了。大王您年長，聖賢仁孝之名廣布天下，大臣們為了穩定天下大眾之心，也不得不擁立大王您啊，大王不必猜疑！

兩邊都有道理，劉恆一時間也不知道該聽誰的了，他想起了自己的母親薄氏。

薄氏安分守己活了這麼多年，面對這種關乎家族性命的選擇，沒有任何可供參考的經驗。她也不知道天上掉下來的是餡餅還是炸彈。

好，乾脆去問巫師吧，問問老天爺是什麼意思。

巫師占了一卦，結果是大橫之兆。

劉恆一臉茫然，這是什麼意思？

巫師告訴劉恆，大字加一橫就是天字，意思是你要當天王了。

劉恆繼續裝傻，我現在不就是王了嗎？還有什麼王可以當？

巫師告訴他，這裡所謂的天王，就是天子呀！

劉恆心中一陣激動，連老天爺都同意了，看來這事情十之八九是真的了，還等什麼呢？趕快出發吧！

張武攔住了劉恆：老大，保險起見，還是先派個人去長安城打探一下情況吧！

劉恆想了想，決定派舅舅薄昭出馬。

到了長安城，陳平等人熱情接待了薄昭，拍著胸脯向他表示，我們絕對是誠心誠意為了漢朝政權和天下的安定，才擁立代王劉恆當皇帝。不要再猶豫了，趕快來當接班人吧。

薄昭回去後，把自己這一路的見聞都告訴了劉恆，最後得出一個結論：我看那幫大臣們都是誠心誠意的，這事情應該假不了！

聽了舅舅的彙報，劉恆這才放下心下來，決定出發。

隊伍到高陵時，劉恆仍不放心，派宋昌前去探路。而此時，陳平和周勃帶著朝中所有官員已經排好隊伍，在渭橋專門等候。

宋昌回報劉恆，說大家都排好隊了，就等您呢，我們趕快走吧！

劉恆這才放下心來，繼續前進。一行人到達渭橋時，以陳平和周勃為首的滿朝文武嘩啦啦全部跪倒，恭迎劉恆。

劉恆有些受寵若驚，連忙下車，向眾人還禮。

現場的氣氛很和諧，雙方客氣了一番，周勃忽然來到劉恆的身旁，小聲說：可否借一步說話？

宋昌此時正站在劉恆身邊，立刻警覺起來，搶先一步對周勃說：為什麼要私下談？太尉如果談的是公事，請當著大家的面說；如果談私事，不好意思，此時不是談私事的時候！

周勃一臉尷尬，只好獻上皇帝的玉璽、印章以及符節。

一行人簇擁著劉恆進了長安城，劉恆並沒有急忙地入宮，而是先到了代國駐長安辦事處。陳平等人隨即上演了一場勸進大戲，劉恆這才同意登基。

一行人將小皇帝劉弘請了出去，而後舉行了隆重儀式，恭迎劉恆入宮。

這一夜對於劉恆而言，注定是一個不眠之夜。此次進京，劉恆帶了兩個心腹，一個是宋昌，一個是張武。兩人都是代國的老臣，能力資歷都沒得說，辦事也牢靠。如今在這群狼環伺的宮城內，自己能信任的只有這兩個人。

當天晚上，劉恆火速提拔宋昌為衛將軍，管理南北軍。作為京城中兩大武裝力量，南北軍在剷除諸呂的行動中起到了關鍵作用，劉恆也深知，只有掌握了槍桿子，皇帝的位子才能坐得安穩。

張武被提拔為郎中令，主管皇宮內務事，這樣自己好歹也能睡個安穩覺了。

兩個心腹，一內一外，掌握了京城的主動權。

劉恆正式坐上龍椅，釋出詔書大赦天下。一個混亂的時代結束了，一個名為「文景之治」的黃金時代已悄然降臨！

緹縈救父的背後

漢文帝十三年（西元前一百六十七年）五月，齊國的糧食局局長、太倉令淳於意被人檢舉下獄，按律要處以肉刑。他的女兒緹縈上書皇帝，痛陳肉刑之苦，還說願意賣身為宮中婢女，替父贖罪，以待其父改過自新。漢文帝被緹縈的上書所感動，廢除了肉刑，後世將這一故事視為漢文帝仁厚的典型。

但其實，這事情細究起來會發現沒那麼簡單。

先說第一點，緹縈一個民間女子，怎麼有機會直達天聽？

其實，淳於意的身分可不簡單，他可是被司馬遷重點關注，和扁鵲同在一篇列傳裡的名醫。

淳於意被釋放時，劉恆問他給哪些人看過病，淳於意回答：我給齊王的太后、齊王、濟北王、淄川王、陽虛侯、濟北王的寵妃、濟北王的奶媽、齊王的孫子、齊王寵妃的哥哥等人都看過病，趙王、膠西王、濟南王、吳王都來請我，我怕治不好被他們抓起來，都不敢去。

由此可見，淳於意不僅名氣大，還有著廣泛的人脈關係。緹縈的呼聲能被漢文帝聽到，並不是她文筆多好，而是有地方諸侯的幫忙，各級官僚一路給她幫忙協助。

再來聊一個問題：漢文帝是如何廢除肉刑的？

根據史料記載，主要有以下幾條：

黥（在面部刺字）改為剃光頭，脖子戴上鐵圈，去築城服役；

劓（割鼻子）改為鞭笞三百；

斬左足改為鞭笞五百；

斬右足改為棄市，也就是在鬧市中當場處死。

等等，有沒有搞錯，砍右腳居然變成了死刑？

是的，你沒看錯，這就是漢文帝的反向操作。表面上是廢除了肉刑，但實際上花樣更多了，留下了很大的操作空間。比如鞭打三百，刑罰的輕重就完全掌握在了執法者手中，他可以根據自己的好惡和上級的意圖控制板子的力度，很多人根本耐受不住，反而因傷致死。《漢書．刑法志》就說，這種做法「外有輕刑之名，內實殺人」。

漢景帝繼位後，頒布了「定箠令」，規定了笞刑所用刑具的長度、質料、大小及受刑部位（屁股），而且行刑中執杖者不得換人，但還是阻止不了被打死的情況發生。

接著，笞刑走上了「中國特色封建主義刑罰」之路，明朝時執杖人要接受訓練，用皮革做成兩個人體模型，一個裡面放磚頭，一個裡面包紙，然後穿上衣服。放磚頭的模型是來練習「外輕內重」手法的，要求做到看起來打得很輕，衣服都沒有破損，但其實裡面的磚頭都被打碎；包紙的模型是用來練習「外重內輕」手法的，要求做到看起來打得很重，但其實包裹裡的紙都不曾毀損。

七國之亂都是下棋惹的禍

漢景帝三年（西元前一百五十四年）正月，帝國發生了一件大事，吳王劉濞組織了七國聯軍起兵叛亂了！

消息傳來，朝野大驚，漢景帝連忙和晁錯商量出兵事宜。慌張之餘，不知道他有沒有過後悔，因為劉濞起兵，他要負主要責任。

將時間倒轉到劉啟當太子時，那一年，劉濞派了兒子劉賢進京拜見文帝。

對於這位遠道而來的姪子，文帝當然是熱烈歡迎，安排他跟太子劉啟聯繫聯繫感情。

那時候又沒什麼娛樂設施，兩個年輕人渾身荷爾蒙無處發洩，決定下棋！

孰料劉啟的棋藝很差，根本不是劉賢的對手，連輸了好幾盤後，兩個人發生了矛盾糾紛。劉啟是個暴脾氣，抄起桌上的棋盤，朝劉賢的腦袋上狠狠地砸了過去。

劉賢的腦袋頓時血流如注，當場身亡。

這下子，事情鬧大了。

文帝得知這一消息，感覺非常棘手。人家大老遠來拜見自己，結果被自己的兒子衝動之下給打死了，到哪裡說理去？吳王劉濞能善罷甘休嗎？

雖說王子犯法與庶民同罪，可是問題在於，這可是朕的兒子，漢帝國的太子，難道真要為了你一個小小的藩王之子償命？

想來想去，劉恆也沒有好的辦法，決定將此事低調處理，派人將吳太子收殮了送回吳國，大家就當沒看見。

千里之外的劉濞左盼右盼，結果盼來的卻是自己兒子的棺材，當然是無比憤怒：「天下一宗，死長安即葬長安，何必來葬？」

自此，劉濞和劉恆感情破裂，吳國和朝廷離心離德。每到入朝覲見的時候，劉濞都是稱病不朝，拒絕接受中央指令。

劉恆對劉濞的不合作深表不滿，下令逮捕吳國使節，來一個抓一個，來兩個抓一雙。

自己的使者接連被扣，劉濞內心深感不安。此時的他正在暗中為謀反做著準備，不過時機還不成熟，還不能跟皇帝翻臉。

這年秋天，朝廷依慣例舉行朝賀，劉濞派使者前往長安，希望能消除劉恆對自己的敵意。

使者到了長安，照例替劉濞請病假。劉恆很不高興，朝賀是國家大事，吳王長期請病假，這麼多年都不露面，什麼意思？

使者答：「吳王現在確實沒病，但朝廷數次逮捕吳國的使者，吳王心裡害怕啊。至於當初吳王是怎麼得的病，陛下您心裡是有數的，何必一定要說出來呢？過去的事都已經過去了，希望陛下網開一面，捨棄前嫌，給吳王一次改過自新的機會。」

劉恆聽完，臉色有些尷尬。當初確實是自己包庇了兒子，吳王心裡有氣，也在情理之中。既然吳王已經服了軟，那索性就找個臺階下，給他一個機會吧，這事情算過去了。

劉恆給劉濞送了一根枴杖，告訴他，既然老了，那就多注意身體，不用來朝請了。

到景帝時，吳王劉濞隨著自己實力的增強，再加之殺子之恨未報，反跡越來越明顯。御史大夫晁錯建議削奪諸侯王的封地，收歸朝廷直接統治，景帝欣然同意，大張旗鼓地開始削藩。

吳王劉濞眼見時機成熟，誅殺朝廷派來的兩千石以下官員，以「誅晁錯，清君側」為名，聯合六國正式發動叛亂。

漢景帝一夜風流，卻大漢王朝讓延長壽命

都說風起於青萍之末，浪成於微瀾之間。歷史上的眾多重大歷史事件，往往開始於一些小事情。

新莽末年，群雄並起，天下大亂。一片混亂之中，一個叫劉秀的農家青年在南陽郡起兵，最終結束了亂世，成就了一番帝業，開啟了東漢王朝。

劉秀能為大漢王朝延長壽命兩百年，其實可以追溯到他的六世祖漢景帝。

漢景帝後宮妃子不多，一隻手就可以數完，在一次醉酒之後，漢景帝來到了寵妃程姬的後宮，想寵幸程姬。不巧的是，那天程姬來了例假，無法服侍漢景帝。

但程姬又不能抗旨不去，怎麼辦？左思右想，她把目光盯到一個叫唐兒的侍女身上，乾脆將唐兒打扮一番，送到皇帝那裡侍寢。

漢景帝在醉眼朦朧之中根本沒看清對方，一夜風流後，漢景帝才發現身邊的女子並非程姬，但他並不感到意外。畢竟，整個後宮的女子，都是為皇帝所準備的，對他而言，誰來侍寢都一樣。

這之後，程姬依然受寵，不過唐兒因為這次意外臨幸，後來生下了一個兒子，劉發，封長沙王。

雖然劉發貴為皇子，可母親只是身分卑微的侍女，根本不受寵，所以比起其他兄弟，劉發不僅封地面積狹小，而且還都是貧瘠之地。

無奈，劉發只能硬著頭皮去封地生活。直到有一次，劉發回長安為父親漢景帝祝壽，席間為討父親歡喜，劉發跳了一支舞。他跳舞時故意動作笨拙，非常不協調，逗得大家哈哈大笑。

漢景帝問他原因，劉發回答：「臣國小地狹，不足迴旋。」

漢景帝聽後深感慚愧，當場就把武陵、零陵、桂陽三郡送給劉發，併入了長沙國的版圖。

這之後，劉發一脈就在長沙紮下了根。後來的漢武帝為了鞏固皇權，實行推恩令，劉發一脈逐漸沒落。到劉秀的父親劉欽一輩時，已經只是當地一個小縣令了。

劉發雖然沒有什麼政治作為，但他的後代中出了一個佼佼者。漢景帝在酒後犯下的一個小小錯誤，卻沒想到拯救了漢朝江山。

漢朝最敏感的問題

漢景帝時，朝堂上發生了一場很有意思的學術辯論，兩個儒生唇槍舌劍、你來我往，甚至聊到了漢朝最敏感的問題，被漢景帝及時打斷。

這兩個儒生一個叫轅固生，齊國人，以研究詩經而聞名，另一個儒生黃生研究黃老之學的。兩人爭論的焦點就是湯武革命到底對不對？

眾所周知，商朝的開國之君商湯推翻了夏桀，周朝的開國之君周武王推翻了商紂，這就是湯武革命。關於這兩次改朝換代，有人認為湯武革命是以有道伐無道，解救百姓於倒懸之中，也有固執的人認為湯武革命並不是承受天命，而是以下犯上的弒君行為。

黃生第一個發言：「湯王、武王並不是秉承天命繼位天子，而是弒君篡位。」

轅固生當即反駁：「不對，夏桀、殷紂暴虐昏亂，天下人的心都歸順商湯、周武，商湯、周武贊同天下人的心願而殺死桀、紂，桀、紂的百姓不肯為他們效命而心向湯、武，湯、武迫不得已才立為天子，這不是秉承天命又是什麼？」

黃生說：「帽子雖然破舊，但是一定戴在頭上；鞋雖然新，但是必定穿在腳下。這是何故？正是上下有別的道理。桀、紂雖然無道，但是身為君主而在上位；湯、武雖然聖明，卻是身為臣子而居下位。君主有了過錯，臣子不能直言勸諫糾正他來保持天子的尊嚴，反而藉其有過而誅殺君主，取代他自登南面稱王之位，這不是弒君篡位又是什麼？」

轅固生索性來了一招釜底抽薪：「如果按你的說法，高皇帝取代秦朝即天子之位，也是不對的嗎？」

話題聊到這裡，黃生徹底尷尬了，一旁的景帝趕快打斷了兩人的爭論：「吃馬肉不吃馬肝，不算不知肉的美味；談學問的人不談湯、武是否受天命繼位，不算愚笨。」

於是爭論止息，此後學者再無人膽敢爭辯湯、武是受天命而立還是放逐桀紂篡奪君權的問題了。

漢景帝不說你愚蠢，不說你沒學問，只是在這個問題上採取了迴避態度。想想看，漢景帝如果同意轅固生的說法，那將來漢朝要是無道，是不是其他人也可以推翻？如果贊同黃生的說法，夏桀商紂是無道昏君，臣子也不應該推翻他們，那就直接否定了漢朝的合法性，這實在不好回答！

董仲舒是如何改造儒學的？

西元前一百三十四年，漢武帝下詔徵求治國方略，董仲舒上天人三策，得到了漢武帝的信賴，從此儒學成為官方正統思想。

董仲舒年輕時就開始以研究《春秋》為志業，學的是公羊學。《漢書》記載，這位儒學大師太過專注，三年都不曾到園圃中觀賞風景，於是有了「目不窺園」的說法。在平時的生活中，董老夫子也是完全恪守禮法，所謂「進退容止，非禮不行」，因此得到了一眾學士的稱讚和尊敬。

武帝登基後，董仲舒後天人三策，讓他的治國理政思路登上了廣袤的政治角力場，並大勝四方。

雖然董仲舒將儒學提到了官學的位子上，但他的做法也遭到了不少儒生的質疑，說他所提倡宣揚的儒學，早已偏離了孔孟的本意和初衷。

那麼問題來了，董仲舒是如何改造儒學的？他又在儒學中塞了哪些私貨？

在第一次策對時，董仲舒開宗明義宣揚災異之說，並把這種說法的權威推給了《春秋》。

他在其著名的《舉賢良對策》中提到：「如果君主暴虐，上天就會以一些自然災害為警告或責罰他。」他在自然災害與政治之間建構起因果連繫，天有災異，則源於天子失政，這就是「天人感應」學說的中心觀點。

猛一看還挺唬人的，天下一旦有大的災亂，必定是皇帝做錯了事，臣子還能以上天的口吻「勸諫」君主，君主也會放下身段下個「罪己詔」意思意思。

當初漢武帝之所以會接受董仲舒「天人感應」的說辭，就是為了給天子權威尋找依據，天子受命於天，諸侯受命於天子。董仲舒還存了用天威限制皇權的打算，卻被漢武帝看穿。

要知道，孔子本是敬鬼神而遠之的，而董仲舒吸納了陰陽家的五行志說，糅合民間流傳甚廣的災異之說，開始大肆宣揚天人感應。總之一句話便是人在做天在看，本意是為了恐嚇皇帝，讓人君畏懼上蒼，唯此足以戒之。

為政者和皇帝寧信其有，便會下詔反思，並選舉賢良方正、直言極諫者，策問為政之方，而朝野諸儒亦紛紛藉災異議論朝政，表達自身的施政主張，以此左右人事或政局變動。

此外，董仲舒還吸收法家「三綱」思想及先秦正名學說，提出「大一統」論，這一條很對漢武帝的胃口，於是在思想界也樹立了儒學的權威。

董仲舒往學說裡塞的私貨，不僅幫助儒家成了唯一被認可的官方學派，也開啟了儒學神學化的大門。可幾十年下來，天人災異之說完全被後學儒生們玩壞了。一部分人是相信確有其事，另一部分人則機智地發現，在朝廷也接受這一觀念後，只要一有災異，他們便能抓住它大作文章。

於是好好的天人感應，最終被玩成了讖緯神學，更加不合乎常理，結果將儒學的發展引入了荒誕的歧途。讖緯之學在東漢時期愈演愈烈，大大影響了儒家學說的正常發展。

賈誼究竟是不是懷才不遇？

我們在高中時學過一首詩：「宣室求賢訪逐臣，賈生才調更無倫。可憐夜半虛前席，不問蒼生問鬼神。」賈誼雖有文學天才，命運卻不佳，未得到漢文帝的重用，結果英年早逝。

因為這首詩，賈誼被許多人視為懷才不遇的典型，司馬遷在《史記》中更是把他和戰國時期的愛國詩人屈原合在一起，寫了《屈原賈生列傳》。

但也有很多人提出質疑，漢文帝為什麼最終沒有重用他？賈誼到底是不是懷才不遇？

先來回顧一下賈誼的履歷：

賈誼，洛陽人，西漢初年著名的政論家、文學家，十八歲即有才名，二十餘歲被文帝召為博士，成為智庫成員，不到一年又被破格提為太中大夫。二十三歲時，因遭群臣忌恨，賈誼被貶為長沙王的太傅，後被召回長安，為梁懷王太傅。梁懷王墜馬而死後，賈誼深自歉疚，三十三歲憂傷而死。

從以上簡介可知，二十一歲即為太中大夫，大致相當於現在副省部級，關鍵是可以直接給君主提出建議，大名鼎鼎的東方朔就擔任的是這官職，可見是皇帝的近臣無疑，漢文帝根本沒有埋沒他。

再看文章，賈誼寫過不少著名的政論文，如《陳政事疏》、《論積貯疏》、《過秦論》等，向皇帝提出了不少改革時弊的政治主張。漢文帝很欣賞他的文才，但他提出的建議，只能微笑帶過了。

這又是為何？

很簡單，漢文帝對賈誼所論不是不聽，而是沒有可操作性。要知道，漢文帝上位全賴於周勃、陳平等老臣，當年周勃一個「左袒」，便將呂氏集團連根鏟盡。沒這幫人，漢文帝劉恆只能在代地終老，所以，作為一個剛當了兩年皇帝的劉恆，如何敢得罪這幫功臣？

更何況，賈誼的政治主張太激進，已經得罪了功臣集團，遭到了他們的排擠。漢文帝只能委屈他一下，左遷為長沙王太傅，但秩祿比先前高了不少。可是賈誼卻理解不了皇帝的良苦用心，到長沙後情緒就低落了。

蘇東坡寫過一篇《賈誼論》，對此看得很清楚：「賈生，洛陽之少年。欲使其一朝之間，盡棄其舊而謀其新，亦已難矣。」

賈誼去做長沙王的太傅，遠離朝堂，明面上是貶謫，但更像是下放基層鍛鍊。讓他去地方幫助諸侯處理政務，累積了經驗後再回來做，豈不是好事一樁？

但賈誼並不這樣想，他為自己的理想和抱負不能實現而悲傷，在去赴任的路上，他心裡非常委屈，在湘江自愛自憐；過湘水時，他寫了一篇《吊屈原賦》來憑弔屈原，實則藉此感懷自身。

幾年後，梁懷王不慎墜馬而死，賈誼認為自己身為太傅，沒有盡到責任，對梁懷王之死深深自責，最終在憂鬱中死去。

書生大多都有一通病，認為自己有治國之才，恨不得朝為田舍郎，暮登天子堂，比如李白同學最喜歡做這種夢。但事實上，文學才能同治國之才是兩回事，提建議跟實際執行更是兩回事。賈誼不能理解皇帝的用心，在谷底時自怨自艾，最終憂鬱成疾，怪誰呢，文帝還是周勃？

春秋三傳是怎麼回事？

《春秋》是中國古代記事史書的通稱，據說為孔子所作。「春秋」一詞，本是東周列國史官所撰編年史的通稱。

傳說孔子寫《春秋》的目的就是要懲惡揚善，撥亂反正。為達到這個目的，孔子在寫作時非常講究遣詞造句，文字非常簡潔，這就是後人說的微言大義。可是這麼做存在一個問題，如果沒有注釋，後人根本無法理解孔老夫子的微言大義，比如某一段話為何這樣說，用這個詞又代表了孔子怎樣的情感傾向等等。

這可怎麼辦？

別著急，後來的學者捲起袖子，做起了解讀工作，用自己的方式去做注解，其中最有名的要屬左氏、公羊、穀梁三家，這三家後來合稱為「春秋三傳」。《春秋經》加上《左傳》《公羊傳》《穀梁傳》，是謂「一經三傳」，《春秋》作為教材被稱為「經」，那些教輔則被稱為「傳」，另有鄒氏、夾氏二家，早在漢朝即已失傳。

《公羊傳》和《穀梁傳》，據說一開始都是傳自孔子的學生子夏。子夏傳給了公羊高，公羊高傳給了兒子公羊平，公羊平傳給了兒子公羊地，公羊地傳給了兒子公羊敢，公羊敢傳給了兒子公羊壽。公羊壽和另一個齊地的人胡毋子把這一脈的學問記錄成書。因為這一脈理論主要是公羊氏傳下來的，所以後來就稱為《公羊傳》。

穀梁赤也是受教於子夏，他學成之後，加上自己對《春秋》的理解形成了一套理論，傳給一個叫孫卿的，孫卿又傳給了申公，申公傳給江翁。後來傳到一個叫榮廣的魯地的人，這個人再傳給了蔡千秋。因為這一脈的宗師是穀梁赤，所以後人就把這一派稱為《穀梁傳》。

據說，孔子的學生子夏得了孔子《春秋》親傳，又傳授給公羊高和穀梁赤，而後分別一代代口傳心授，到漢初才形成文字，就是《公羊傳》和《穀梁傳》。

《左傳》原名《左氏春秋》，到西漢班固時才改稱《春秋左氏傳》，據傳是魯國的史官左丘明所寫，當然後人也有爭議，但這種幾千年前的事情爭論來爭論去也沒有標準答案。《左傳》或者《春秋左氏傳》，後來一般認為就是左丘明對《春秋》的解讀。

我們在很多地方看過關公讀春秋的雕像，其實關公讀的並不是孔子整理的《春秋》，而是左丘明寫的《左傳》。

春秋三傳中，要說起閱讀體驗，《左傳》給人的感覺最好。《公羊傳》和《穀梁傳》是評論史書，價值不大，而《左傳》側重敘事，裡面有大量歷史故事，文字活潑，史料嚴謹，也是研究中國春秋戰國歷史的重要史料。

比如在《春秋》中，孔子簡單寫了一句「鄭伯克段於鄢」，《左傳》對此事的來龍去脈做了詳細的記述，讀起來簡直就是一篇傳奇小說。

西漢時，《公羊傳》和《穀梁傳》互相爭雄，被立為官學，而《左傳》的地位一直不高，直到魏晉以後才漸重於世。至於真正升格為「經」，與《公羊傳》《穀梁傳》並列，則要到唐代了。

伏生：《尚書》再造者

歷史長河中的文物古蹟，每一件都有它的守護者。

西元前兩百一十三年，秦始皇焚書坑儒，對收藏違禁書籍的人處以滅族的酷刑。《尚書》也在此列，好在它遇到了伏生。

伏生是秦漢之際人，自幼嗜古好學，博覽群書，尤喜記先王之事、長於政事的《尚書》。得知秦始皇的焚書令後，伏生冒著誅殺之罪，將《尚書》暗藏於家中牆壁的夾層內，才使得這部儒家典籍得以傳之後世，為中華文明的薪火相傳保留了種子。

不久之後，陳勝、吳廣揭竿起義，後有劉邦、項羽爭雄，伏生外出逃亡，流落他鄉。

秦亡漢立，天下安定，伏生回到家鄉，從夾壁中找到了所藏的《尚書》。只是因年代久遠、蟲蛀雨浸，《尚書》早已是殘簡斷章，毀損過半，原來的百餘篇只剩下了二十九篇。

儘管殘缺不全，但它是民間歷秦火後僅存的孤本，尤顯珍貴。伏生把僅存的《尚書》抄錄整理後，在齊魯一帶廣收門徒，講授《尚書》。齊魯一帶的儒生聽說後，紛紛前來拜師，其中比較出名的有歐陽生和張生兩人。

漢文帝時期，詔求天下能教《尚書》的學術專家，結果發現就剩下濟南伏生一個人了。

這種碩果僅存的老先生，朝廷當然要接到長安供養起來。然而，當時的伏生已經九十多歲了，步履蹣跚，無法遠行。思賢若渴的漢文帝便派晁錯到伏生家中，當面學習《尚書》。

當晁錯千里迢迢趕到濟南時，才發現自己還遇到了一個難題：山東人伏生說的話，河南人晁錯根本聽不懂。好在伏生有個女兒叫羲娥，也曾研習《尚書》，於是就在一旁做翻譯。

就這樣，透過伏生的講授、羲娥的轉述，歷經數月，晁錯終於將《尚書》記錄了下來。這就是現存的今文《尚書》二十八篇、傳四十一篇。

伏生之功，不僅在藏書，更在傳書。如果沒有伏生，《尚書》很可能在兩千多年前就已經失傳了。即使流傳下來，如果沒有他加以傳授和解釋，那麼我們也很難弄清它的含義。所以後人評價說：「漢無伏生，則《尚書》不傳；傳而無伏生，亦不明其義。」因而伏生又被人稱作「尚書再造」。

由於伏生對傳承《尚書》的特殊功績，後世將他與董仲舒相提並論，並稱為「董伏」。

晁錯：這口黑鍋我背不動

西元前一百五十四年，漢景帝的恩師、大漢帝國三公之一的御史大夫晁錯穿著朝服，在一臉茫然中被腰斬於長安街東市。

漢景帝之所以要殺自己的老師，是因為在晁錯的建議下，漢景帝下令削藩，卻引發了「七國之亂」。七國打著「誅晁錯，清君側」的旗號起兵反叛，漢景帝只能犧牲自己的恩師以求平息事態。

可是結果呢？七國並未因此退兵，朝廷只得動用武力才平息了七國叛亂。

由此，幾乎所有人都對晁錯報以同情，大家一致認為，晁錯是冤死的！

晁錯冤嗎？當然冤！從第一寵臣到第一背黑鍋王，晁錯做錯了什麼？

晁錯和賈誼同歲，都是大才子，他是漢文帝親自選拔的第一後備幹部，派到太子的東宮當差。劉啟非常賞識他，言聽計從，稱他為「智囊」。

劉啟繼位後，晁錯一飛沖天，很快就被提拔為御史大夫，位列三公。漢景帝對晁錯的信任幾乎達到了言聽計從的地步，弄得其他高級官吏幾乎都成了裝飾。

從漢文帝開始，朝廷就對地方諸侯王的勢力擴張很是頭痛。晁錯是堅定的削藩派，數次上書建議削藩。漢文帝很欣賞他，但因為時機不成熟，沒有理睬他的建議。

自古以來，削藩都是一件風險極高的事，除非遇見一些大魄力、大智慧的皇帝，也許能夠削藩成功。一旦失敗，滿盤皆輸。

可是晁錯知道，各地諸侯王擁有高度獨立的行政、經濟和軍事能力，地方勢力逐漸膨脹，削藩勢在必行。

漢景帝繼位後，晁錯再次建議削藩，而且態度更堅決。他說：「今削之亦反，不削亦反。削之，其反亟，禍小；不削，反遲，禍大。」

既然諸侯王遲早要造反，何不早早下手？

漢景帝想了想，還是拿不定主意，找來所有公卿、列侯和皇族開會討論。由於前丞相申屠嘉吐血而亡的事情仍歷歷在目，朝堂之上無人敢反對晁錯，唯有竇嬰提了反對意見，但反對無效，《削藩策》正式通過。

漢景帝隨後下詔，削奪趙王、膠西王、楚王和吳王的封地。詔令一出，諸侯譁然，晁錯瞬間成為了天下公敵。十多天後，吳王劉濞聯合楚王劉戊、趙王劉遂、濟南王劉闢光、淄川王劉賢、膠西王劉卬、膠東王劉雄渠等七王，打出「誅晁錯、清君側」的旗號，聚眾三十餘萬人舉兵西向發動叛亂，史稱七國之亂。

漢景帝慌了，晁錯則建議漢景帝仿效劉邦御駕親征，親自對付叛軍，自己坐鎮長安城留守。

晁錯的政敵袁盎連夜進宮見漢景帝，說自己有退敵之計：殺晁錯，退封地，七國之亂自然平息。

漢景帝沉默了很久，說了一句話：「也只能這樣了，我不能為了一個人而放棄全天下。」

以前上級對他有多寵信，現在他背的黑鍋就有多大。

當然，漢景帝不會自己承擔擅殺晁錯的責任，他下令丞相陶青、廷尉張歐等成立聯合調查組，嚴查晁錯。

調查結果很快出爐，晁錯辜負了陛下的信任，勾結敵對勢力，喪失理想信念，大逆不道，依法判處腰斬，全家滅門。

漢景帝大筆一揮：同意。

那年冬天，晁錯在上朝途中被逮捕，腰斬於市。

衛青、霍去病為何能屢屢擊敗匈奴騎兵？

匈奴對中原王朝的襲擾問題由來已久，早在戰國時，匈奴即是秦、趙、燕三國北部的強敵。漢帝國建立後，劉邦親率大軍，出征匈奴，不料卻被匈奴大軍圍困於白登山。幸虧有陳平獻計，才解白登之圍，全身而退。

此後，呂后、文帝、景帝都選擇了和親與防禦的政策。冒頓單于曾給呂后寫過一封信，極盡羞辱之詞，呂后也只能強顏歡笑，忍氣吞聲。每一次匈奴人南下侵擾，漢軍只能躲在烽燧長城後被動防禦。

到了漢武帝時代，衛青與霍去病反守為攻，多次出擊，大破匈奴主力，將匈奴趕到了西伯利亞的苦寒之地。

那麼問題來了，衛青、霍去病到底採取了什麼戰術，打得匈奴毫無還手之力？

元朔二年（西元前一百二十七年），漢武帝派衛青、李息出雲中以西至隴西，大敗匈奴的樓煩、白羊王於河套以南，這就是著名的收復河南地。緊接著，漢武帝設朔方郡和五原郡，並下詔募民屯田，建立了反擊匈奴的前線基地。

這一舉動非常重要，有了這個保障基地，漢軍可以放心大膽地出擊匈奴。

此後匈奴渾邪王南下歸漢，漢朝在其原統治地區先後設定武威、酒泉、張掖、敦煌四郡，這就是著名的「河西四郡」。河西走廊水草豐茂，有「西北糧倉」之稱，漢朝在這裡施行屯田強邊之策，解決了後勤補給問題。

游牧民族為戰鬥而生，跨上馬就是戰士，拿起弓就能投入戰鬥，這是中原王朝無法比肩的優勢。漢武帝充分準備，建立了能與匈奴匹敵的騎兵，比如在決定性的漠北之役中，衛青、霍去病各領五萬騎兵，兩人才能放開手腳大幹一場。

光有後勤基地和騎兵還不夠，還得有一流的戰術。大漢是幸運的，正當漢武帝需要軍事人才時，衛青、霍去病橫空出世！

對付匈奴人，衛青自有一套戰術，他擅長充分利用騎兵的高機動性，以投降的匈奴人為嚮導，找水草豐茂之處行軍，深入草原數百里奔襲匈奴各部，以迅雷不及掩耳之勢發動奇襲，打匈奴人一個措手不及。

靠著這套戰術，衛青屢立奇功，從一個奴隸一路升遷為大將軍，再封長平侯。

霍去病的戰術較衛青更是青出於藍而勝於藍，他追求更快的行軍和更大範圍的機動，一次奔襲往往可達兩千里！他第一次上戰場就敢帶著八百人長途奔襲，在茫茫大漠裡奔馳數百里尋找敵人蹤跡，關鍵是還能滿載而歸。

元狩年間，霍去病只帶了一萬騎兵入河西，轉戰六日，過焉支山上千里，在茫茫草原大漠上準確捕捉不斷流動的匈奴力量重心，先後跟五個匈奴小王接戰，動作之快、行動之速讓匈奴人也望塵莫及。如果說以前是漢軍在茫茫草原上盲目尋找匈奴，如今卻變成了匈奴人到處尋找霍去病的蹤影。

這種高速的運動戰讓霍去病不能以一當十，向敵軍最薄弱環節發起雷霆一擊。面對這種全新戰法，匈奴根本就抵擋不了。

需要注意的是，霍去病的功業是建立在漢朝強大國力的基礎之上的，如果沒有漢武帝舉國之力支持，霍去病縱是天才也難有用武之地。

推恩令是怎麼回事？

武帝登基後，加強中央集權、削弱地方權力，成為擺在他面前的一大難題。當初劉邦認為秦朝之所以二世而亡，很重要的一個原因就是沒有分封同姓子弟為諸侯王。所以他稱帝後徹底實行分封制，將邊遠地區分封給自己的子孫和兄弟，讓地方上的宗室子弟拱衛中央皇權。

然而經過幾代人後，皇帝與劉氏諸王之間的血緣關係越來越淡薄。那些地方上的諸侯王則不斷擴充實力，儼然形成了與中央朝廷分庭抗禮之勢。

在此背景下，漢景帝採納了御史大夫晁錯的削藩建議，結果引發了「七國之亂」。

漢景帝雖然平定了七國之亂，但削藩導致了軍事叛亂，這讓朝野對這種明目張膽的削藩政策並不看好。

輪到漢武帝了，前車之鑑赫然擺在眼前，該如何收拾這幫諸侯王呢？

正當武帝絞盡腦汁想尋覓一個合適的解決之道時，一個人叫主父偃的人出現了，他為漢武帝想了一個辦法，這就是歷史上第一大陽謀：推恩令。

賈誼施行的削藩為何推行不下去？晁錯的父親當年就說過，削藩刻薄寡恩，沒有親情，容易引發諸侯們的反抗心理。

主父偃認為，既然削藩有違漢家以孝治國的標榜，那麼不妨反過來，把仁孝做到極致。具體怎麼做呢？

在此之前，諸侯國都是按照「嫡長子繼承制」這一慣例，將自己的地盤傳給唯一繼承人，其餘的兒子一般沒有封地。而主父偃提出的「推恩令」，則是授予天下諸侯「推行皇帝恩典的權力」，他規定：諸侯王死後，除嫡長子繼承王位外，其他王子也可分割王國的一部分土地成為列侯。

推恩令表面上看是皇帝廣施恩澤，讓宗室子弟雨露均霑，實際上卻是讓諸侯王手中的「蛋糕」越分越小，再也無法與朝廷分庭抗禮。

推恩令剛一頒布，各地的諸侯紛紛響應，特別是那些非嫡長子的子弟們頓時看到了希望，所以推行起來非常容易。比如齊國分為七份，趙國分為六份，梁國分為五份，淮南王分為三份，原先的王國立即變成一百多個列侯。

這就是被稱為最大陽謀詭計的推恩令，它的奇妙之處就在於，朝廷沒有直接對諸侯王動手，而是以律法的名義，確保了諸侯王每一個子嗣的權益。實際上，土地也越分越小，有些列侯還會無子嗣繼承而歸了朝廷。因而，此舉被稱為帝王統治史上最大的陽謀。

不知道大家有沒有想過這樣一個問題：既然「推恩令」這麼好用，為什麼後世的帝王在面對藩王問題時，沒有一個人去抄漢武帝的作業呢？

難道是後世君主讀書少，不知道此等妙計？顯然是不可能！

任何命令的順利推行，都需要強大的實力作為後盾。「推恩令」之所以會推行無阻，並不是它有多獨特，而是經過文景兩代帝王的布局與努力，到了漢武帝時，各地的諸侯們已經沒有實力與朝廷對抗了。

朱買臣之妻——比竇娥還冤的女人

唐朝天寶元年，大詩人李白被唐玄宗徵召入京，臨行前他寫了名為《南陵別兒童入京》的詩，其中有一句這樣寫道：「會稽愚婦輕買臣，餘亦辭家西入秦。仰天大笑出門去，我輩豈是蓬蒿人！」

這裡有一個典故，講的是西漢時朱買臣和他妻子的故事。

朱買臣家境貧寒，自幼喜歡讀書，整天抱著書不離手。為了維持生計，他只好靠打柴維生，但也僅夠填飽肚子。妻子自從嫁給他後，每天跟著丈夫上山砍柴，生活苦點也沒什麼，可是丈夫有個奇怪的習慣，每次挑著柴走路時總喜歡大聲吟誦文章，從來不管身邊是否有人，被鄉鄰譏笑他是「神經病」。

時間一長，老婆受不了了，要跟他離婚。朱買臣說：「你再等等，人家以前給我算過命，到五十歲就大富大貴，現在我已經四十多歲了，這麼多年都過來了，就差這一小段時間了。」

老婆卻不吃他這一套，說：「像你這樣的早晚得餓死，還想什麼功名富貴！你趁早休了我，我不跟你一起受罪了。」

朱買臣沒轍，只能寫了一封休書，聽任妻子改嫁。

此後朱買臣一個人上山砍柴，路上還是誦書不止。有一次，前妻和丈夫去上墳，意外地遇見朱買臣。妻子非常善良，見前夫十分落魄，請他吃了一頓飯。

幾年後，朱買臣到長安謀生，但他的事業並不順利，隨身攜帶的糧食吃完了，眼看就要淪為乞丐，幸好同鄉嚴助拉了他一把。

嚴助是漢武帝身邊的紅人，有他的推薦，朱買臣終於等來機會，受到賞識和重用，後又立下戰功，位列九卿，果然飛黃騰達了。

發跡之後的朱買臣回了趟老家，又見到了自己的前妻。兩人過得並不好，均是修路的苦工，朱買臣讓人把夫婦兩個接到太守府，安置在園中，每天提供吃的喝的。

當時有人稱讚朱買臣，說他胸懷寬廣，對前妻不計前嫌，充滿愛心。但事實果真如此嗎？

聰明人一看就明白，朱買臣是在雪恥。當年妻子不顧一切離開他，讓朱買臣恨之入骨。如今自己發達了，一定要讓她看一看，看看她如何錯過了一支「潛力股」。

前妻受不了這份刺激，上吊自殺。

很多人說前妻是羞愧自殺，但我覺得，不必對她報以如此大的惡意。一個女子，嫁給一個窮酸丈夫，陪他吃糠咽菜數十年，卻在最後時刻離他而去，不能共享他後來的富貴，這確實是一個遺憾。但我們不能因此就對她幸災樂禍，極盡嘲諷之能事。

以朱買臣妻子這樣一個普通婦女，看不到自己丈夫的光明前途，太正常不過了，更何況朱買臣後來的發跡也是充滿著偶然性的。從前妻偶遇朱買臣請他吃飯來看，她的本性並不壞。

前妻再嫁後，本來可以安心過自己的小日子，卻被迫住進太守府中，看著他耀武揚威，還要接受他的嗟來之食。但凡有骨氣的人，都不可能長久地住下去。看似好心，實則用心險惡。

所適不良，所嫁非人，奈何奈何！

怎麼也捧不紅的角色——李廣利

漢武帝一生提拔過很多外戚，如衛青、霍去病就在反擊匈奴、開拓西域的戰爭中大放光彩。然而隨著兩人相繼去世，漢武帝又提拔自己的大舅子李廣利討伐匈奴，期待著他能夠再續衛霍的輝煌。

然而很遺憾，無論漢武帝怎麼捧他，李廣利就是捧不紅。

太初元年（西元前一百零四年），漢武帝命李廣利到大宛國的貳師城取良馬，委任他為貳師將軍。李廣利帶著六千騎及郡國數萬惡少年西征，沿途的小國都很害怕，各自堅守城塞，不肯供給漢軍食物。漢軍攻下城來才能得到飲食，攻不下來的話，幾天內就得離開那裡。

就這樣一路損耗到了蔥嶺以西，大宛都城還沒見到，漢軍就已經喪失了戰鬥力，只跟上來幾千人，飢餓不堪。李廣利也缺乏勇氣，沒有霍去病孤注一擲的勇略，就在大宛門口旅遊一圈，空手而回。

第一次伐大宛就這樣失敗了，李廣利帶著不到十分之三的軍隊灰頭土臉的回到敦煌，氣得漢武帝勒令其不得東過玉門。

李廣利害怕了，直接留在了敦煌。

等到李廣利準備充足，二征大宛，這次帶了六萬多人，牛十萬頭，馬三萬匹，驢、駱駝以萬數計算。西域諸邦見漢軍強大，除了輪臺抵抗被滅國外，大多開城迎接，漢軍順利抵達大宛。

不過尷尬的是，一年後戰爭結束，回程時糧食又出問題了。西域諸國人少糧少，難以供應漢軍，所以李廣利不得不將軍隊分成幾波，從西域南北道分開回國。但因為官吏貪汙問題嚴重，還是餓死了不少人。

但漢武帝卻裝作沒看見，照樣對李廣利等人大加封賞，封他為海西侯，食邑八千戶。

天漢二年（西元前九十九年），李廣利第三次受命，領三萬騎兵出酒泉，擊匈奴右賢王於天山，得首虜萬餘級。但他們在回師路上被匈奴大軍包圍，雖然最後得以逃脫，死亡率卻高達六七成。

天漢四年（西元前九十七年），李廣利率六萬騎兵、七萬步兵，出朔方；強弩都尉路博德領軍萬餘，與李廣利會合。匈奴且鞮侯單于率十萬軍隊與李廣利接戰。李廣利不敢作戰，掉頭就走，被單于跟在屁股後面追擊了十餘日。

雖然李廣利的戰績很差，但漢武帝依舊寵信李廣利，給他各種立功機會，讓他帶大軍與匈奴進行戰爭。然而事實一再證明，衛青、霍去病的軍事天才是不可複製的。李廣利只是一個庸才，是怎麼也捧不紅的。

徵和三年（西元前九十年），李廣利率七萬人出五原擊匈奴，卻遇上巫蠱之事，李廣利全家被捕入獄。李廣利得知後心中十分慌亂，為了立功贖罪，強行進軍單于庭，以求僥倖之勝，結果先勝後敗，只能降了匈奴。

李廣利投降後，匈奴狐鹿姑單于知道他是漢朝大將，將女兒嫁給他，對他的尊寵超過了早於他很久就投降匈奴的衛律。這引起了衛律的嫉妒，於是買通巫師向單于進讒言，殺掉了李廣利。

李廣利原以為投降可以換一條命，苟安於世，結果卻遭到如此下場，臨死前罵道：「我死必滅匈奴！」

坦白說，李廣利不能說平庸，至少是漢武帝手上拿得出手的將領，然而等他登上歷史舞臺時，身後的帝國早已被戰爭拖垮，隊伍裡充斥著大量死囚地痞等未經專業訓練的隊伍。無論他如何努力，也無法複製二十二年前衛、霍二人的漠北之功了。

郭解，一個江湖老大的崛起和覆滅

黑幫老大古已有之，至少是在兩千年前的武帝時期就有，只不過那時不叫黑幫老大，而叫游俠。其中有一位比較另類，他的外祖母給薄太后和周亞夫算過命，他和司馬談、司馬遷父子相識，他能讓衛青在漢武帝面前為他說話，他的「粉絲」為他付出過生命！

他就是當時的超級游俠 —— 郭解。

漢武帝曾頒布過一個政策，要求各地政府將資產超過三百萬錢的豪強都遷徙到茂陵，郭解就在名單之列。

這天上班時，衛青找到劉徹向他求個人情：河南人郭解家貧，不夠標準，可不可以不遷？

劉徹有些訝異，一個普通百姓竟然要大將軍親自為他求情，看來這人能量不小啊，此人非遷不可！

郭解就這樣出現在了漢武帝的眼前。

郭解是河南軹城人，年輕時是個狠角色，殺過人，在通緝令中經常排前三。雖然早年做了不少作奸犯科的事，但郭解還有另一面。他為人仗義，朋友有難，他慷慨相助，出錢出力，絕無二話。為朋友復仇，他甚至不惜以命相搏；在熙熙攘攘的鬧市中，他勇於揮刃直取仇人首級，是那種該出手時就出手，風風火火闖九州的男子漢。在地方上，郭解的話比官府管用，而且他還能操控官府，替人免除勞役。慕名而來的死忠粉絲越來越多，都以能和郭解交朋友為榮，江湖上開始流傳著這樣一句話：平生不識郭大俠，縱稱英雄也枉然！

郭解就這樣有驚無險地在道上混了幾十年。

洗白是每個黑道人物的最終歸途，郭解也不例外。隨著年紀漸長，郭解的個性也變得沉穩和善了許多，不像年輕時那麼血氣方剛，不過他無與倫比的號召力還是引起了官府的警惕。剛好皇帝要修茂陵，遷一批地方豪強過去，地方官乘機將郭解的名字也報了上去。至於郭解有沒有三百萬家財，這不重要。

得知消息後，郭解第一時間找人幫忙說情，最後找上了大將軍衛青。從這裡也不難看出，郭解的人脈關係確實了得。

不過很可惜，劉徹並不打算放過這個在地方上有著廣泛號召力和組織力的大俠，郭解最終還是沒有逃脫被搬家的命運。

臨行前，軹城的大戶給郭解設宴送行，大家隨便就湊了一千多萬錢，這個數額遠遠超過了遷豪令的三百萬。一個江湖老大能有這麼大的威望，既是郭解的幸運，也注定了他後來的悲劇。

郭解被迫遷走後，眾多小弟卻憤憤不平，就在郭解離開後不久，家裡又出了一件命案。郭解的姪子打探到，當初力主遷徙郭家的是縣裡一名楊姓官員，一怒之下殺了楊姓官員，還割下了他的頭。

這下可惹禍上身了，官員家屬來到長安準備告御狀，沒想到郭家人又追了過來，把告狀的人殺死在長安城。

堂堂天子腳下發生了這種惡性事件，這讓皇帝的面子往哪裡擺？一個游俠竟有如此能量，如此囂張，這還得了？

儘管這一切都不是郭解授意，甚至不知情，但郭解真能明哲保身嗎？

劉徹立即下令緝拿郭解叔姪，幸好早有人通風報信，郭解只能踏上了亡命天涯的路途。逃亡的日子苦不堪言，好在郭解名聲在外，每到一地，只要報上姓名，就有仰慕他的人提供免費食宿，為他尋覓避難之所。

郭解顛沛流離、東躲西藏的日子並沒有過太久，官府還是循著蛛絲馬跡抓住了他。

然而，官府審了很久，卻一直無法給郭解定罪，因為郭解年輕時背負的那些命案，大多發生在朝廷大赦之前。等郭解成為老大後，他殺人便不再親自動手，很多案子也牽扯不到他身上。

案子到了這裡，似乎審不下去了。

一天，縣裡召開郭解的案情分析會，本地大老紛紛給郭解說好話，說他為人俠義，好打抱不平，是個好人哪！

不料，會場上坐著一個耿直的儒生，他見大家都為郭解開脫，當場就拍了桌子：郭解為非作歹觸犯國法，何謂賢？

這話讓在場的人都很尷尬。郭解的一個小弟也是暴躁易怒，為了報復這個儒生，他找了個機會將其殺死，還割掉了儒生的舌頭。

這下子，郭解又成了焦點，無奈他的確不知道凶手是誰，官府只能如實上報皇帝，說郭解無罪。

劉徹瞇起了眼睛，真的無罪嗎？

御史大夫公孫弘站了出來，說郭解不過是一介布衣，卻任俠妄為，玩弄權謀之術，為一點小事就傷人性命。這次的殺人事件他雖不知情，但實質上卻比他親自殺人更為嚴重，影響也更為惡劣，應該以大逆不道之罪論處！

作為朝堂上的三把手，公孫弘的意見很有代表性。儒以文亂法，俠以武犯禁。劉徹作為帝國領導者，當然不會容忍有俠客階層的存在。

很快，郭解的判決結果下來了：被告人郭解，犯組織、領導、參加黑社會性質組織罪、故意殺人罪，情節嚴重，證據確鑿，判處死刑，剝奪政治權利終身，並滅族！

名動江湖的大俠郭解最終落得個滿門抄斬的悲慘下場。他的死亡代表了游俠的衰落，自此以後很長一段時間內，只有歌頌游俠的詩篇，卻不曾出現真正的游俠。

衛子夫受寵幾十年，為何最終自盡而死？

《灰姑娘》的故事大家都耳熟能詳，而在漢朝就有這樣一位灰姑娘，她本是歌女出身，卻因為一場機緣被皇帝看中。在她盛寵時，民間甚至還流傳了一首歌謠：「生男無喜，生女無怒，獨不見衛子夫霸天下。」

衛子夫出生於河東平陽，家境寒微，母親衛媼是平陽侯府的女奴。一個陽光燦爛的日子裡，她邂逅了漢武帝，年輕的漢武帝被她的歌聲征服，在自己的車上直接臨幸了她。

作為這一切的幕後策劃人，平陽公主當然了解弟弟的脾性，既然皇帝喜歡，那就跟著進宮吧。臨走時，平陽公主拍著衛子夫的背，臉上已不再是主人對下人的表情：「將來妳若是富貴了，可別把我給忘了呀！」

衛子夫一腳踏入了漢武帝後宮的圈子，但現實卻並不是她想像的那般美好。打從進入漢宮之後，整整一年，她再也沒有見過漢武帝的面。她就像隱藏在森林中的一片樹葉，根本得不到劉徹的注意，那一日的臨幸，成了她一生中最為珍藏的記憶。當她在燈下獨自神傷，為自己的命運而流淚之時，可曾有人給這個可憐的女人一點同情？

一入宮門深似海，果然如此。

沒有愛情滋潤的女人，猶如沒有雨水澆灌的花朵，時間一長就會枯萎。一年後，宮中按照慣例，要清退一批久不承歡的宮女。衛子夫得知消息後，託各種關係，終於見到了劉徹。

一見到他，衛子夫哭得梨花帶雨，淚如雨下。既然不喜歡自己，當初為何要帶自己入宮？如果真的不愛了，不如放手，還自己自由吧！

對於男人而言，女人的眼淚是溫柔的武器，何況又是這樣一位楚楚可憐的女子。劉徹一時動了憐香惜玉之心，再次臨幸了她。

這一次，命運之神向她招了手。

此後的衛子夫接連為劉徹生了三個女兒一個兒子，兒子劉據被立為太子。

母以子貴，衛子夫被立為皇后。

衛子夫一人得道，衛氏家族也從此改頭換面，衛子夫的哥哥衛長君、弟弟衛青都成了皇帝身邊的侍從人員。尤其是衛青，因出擊匈奴有功被封長平侯，官居大司馬大將軍，成了朝中炙手可熱的人物。

鮮花著錦、烈火烹油，說衛氏是京城第一顯貴，恐怕沒人會反駁。

可惜，美好的事物都是暫時的，包括女人的容顏。色衰而愛馳，隨著衛子夫的年老色衰，漢武帝開始戀上了其他女人，王夫人、李夫人先後霸占了武帝的龍床。

當漸漸失去寵愛後，衛子夫沒有像阿嬌一樣任性胡鬧，而是選擇了坦然接受，接受紅顏易老的事實。

然而世事難預料，敬小慎微的衛子夫終究沒能躲得過那場災難。

巫蠱之亂中，太子劉據兵敗自殺，武帝派人收回象徵皇后實權的皇后璽綬。雖然沒有廢后，也沒有讓她搬出椒房殿，但衛子夫早已明白了自己的結局。

隱忍了一輩子的她選擇了自殺，以這種最堅決的方式向武帝發出抗爭。

整個衛氏家族都在這場大洗牌中退出了歷史舞臺，黃門蘇文、姚定漢用一副小棺材收斂了衛子夫的遺體，將她葬在了桐柏亭。

當了三十八年皇后，自始至終她都沒有迷失本性，雖然堅決，卻也活得乾乾淨淨。

史上最長命帝王，折磨八個皇帝

漢高祖十一年（西元前一百九十六年），陸賈第一次到番禺（今廣州）拜訪南越王趙佗，勸趙佗向漢朝稱臣。

趙佗穿著越人服飾，擺出一副倨傲不恭的樣子。陸賈見到趙佗，從容道：「足下這是要大禍臨頭了。當今皇帝承天意，定天下，連霸王項羽都不是他的對手。聽聞足下在嶺南稱王，不助天下誅暴逆，皇帝本想派兵攻打，但憐惜百姓勞苦，暫且休戰，命臣前來賜予印綬。您應該北面稱臣，否則大漢派大軍收復南越，易如反掌。」

趙佗問他，我與蕭何、曹參、韓信相比誰更有才能？

陸賈說，您似乎較有才能。

趙佗又問，那和你家皇帝相比呢？

陸賈正色道，皇帝一統天下，中原之人數以億計，地廣萬里，足下所統領的不過是漢朝的一個郡，怎能與皇帝比？

趙佗大笑說：「假如我當時也在中原，哪見得就比不上你家皇帝呢？」

一番爭論過後，趙佗接受了大漢皇帝的冊封，成了漢帝國的南越王。

趙佗本是河北真定人，陸賈到來時，他已入越二十餘年。當初秦滅六國後，秦始皇派屠睢率五十萬大軍南征百越之君，此戰很不順利，南征秦軍遭受重創，主帥屠睢被殺。任囂與趙佗再次率軍入越，三年內擊潰百越的反抗力量，終於將嶺南納入秦王朝的版圖。

然而好景不長，秦末天下大亂，嶺南尚有幾十萬秦軍不知何去何從。任囂審時度勢，想在嶺南獨霸一方，但他重病纏身，只好將自己苦心經營的嶺南託付給好搭檔趙佗。

趙佗沒有辜負任囂，他命人切斷通道，嚴守關口，在嶺南自立為王，史稱南越武王，將南越治理得井然有序。

劉邦當了皇帝後，下詔封趙佗為南越王，趙佗也接受了劉邦的冊封，漢越相安無事。

呂后掌權後，對南越一改懷柔政策，禁止出售中原鐵器和牲畜，尤其不可運送雌性的馬牛羊。趙佗很不爽，自稱為帝，發兵攻打長沙國邊邑。呂后派兵討伐南越，雙方形成對峙。

漢文帝劉恆即位後，雙方關係有所緩和。劉恆先是對趙佗在老家的親族加以撫卹，又派人修繕趙佗先人的墳墓，再次派陸賈出使南越，勸說趙佗去帝號，歸順朝廷。

趙佗熱情接待了老朋友，給漢文帝回了一封信。他在信中說：「老臣在南越四十九年，如今已有孫兒。然而夙興夜寐，寢不安席，食不甘味。目不視靡靡之色，耳不聽鐘鼓之音，只是因為不能侍奉漢室。而今陛下哀憐我，恢復南越王的封號，又准許貿易往來，老夫即使死去，屍骨也不朽滅。我已除去帝號，不敢與漢室為敵。」

雙方化干戈為玉帛，此後保持了數十年的和平。在他統治南越期間，秦漢帝國換了八個皇帝，直到漢武帝建元四年（西元前一百三十七年），趙佗的孫子趙眛即位。照此推算，趙佗活了一百多歲，稱得上是名符其實的「長壽翁」了。

《史記》為什麼不完整？

要說中國人的「聖經」，非《史記》莫屬。它是震古爍今的史學鉅著，與《資治通鑑》並稱為「史學雙璧」，還是二十四史之首，開創了中國傳記文學的先河。無數人對它推崇備至，魯迅評價它為「史家之絕唱，無韻之離騷」；錢穆先生不僅自己能背誦史記，還要求子女熟讀；曾國藩一生熟讀多次，評價說「先哲經世之書，莫善於《史記》。」

《史記》上到遠古五帝、下到漢武帝，貫穿王侯將相、諸子百家、經傳文化、天文地理……三千年的歷史全囊括其中，是一部百科全書式的史學經典。

但你可能不知道，《史記》有一大遺憾，它是不完整的。

武帝繼位之初，帝國建立已有七十餘年，社會財富大量增加，國力充實。武帝是個不安分的主，他內興制度，外攘四夷，遠通西域，將帝國推向了巔峰。

司馬遷親歷了當時的燦爛與輝煌，感到非常興奮。他繼承父親的遺志，準備將這三千年的史事變化記錄下來。

徵和二年（西元前九十一年），司馬遷終於完成了自己究天人之際、通古今之變、成一家之言的夢想。《報任安書》載：「上計軒轅，下至於茲，為十表，本紀十二，書八章，世家三十，列傳七十，凡百三十篇。」

《史記》最初名為《太史公書》，共計五十二萬餘字。他很清楚，自己不虛美、不隱惡的寫法必定會引起武帝的震怒，所以他將《史記》抄錄了兩份，正本藏之名山，副本留在長安。

果不其然，武帝看到《史記》記述了不少自己做的壞事，大怒，將其刪改得面目全非，尤其是《孝武本紀》被整篇刪除。後人無可奈何，只能擷取《封禪書》並在開頭補寫六十字而成，以補所缺的《孝武本紀》。

副本如此，那麼正本呢？

司馬遷生前將《史記》的正本藏交給了自己的女兒，直到漢宣帝時，司馬遷的外孫楊惲開始把該書內容向社會傳播，但是篇幅流傳不多，很快就因為楊惲遇害中止。

《史記》成書後，由於它「是非頗謬於聖人，論大道則先黃老而後六經，序游俠則退處士而進奸雄，述貨殖則崇勢利而羞賤貧」，在兩漢時一直被視為離經叛道的「謗書」。

再加上《史記》中有大量宮廷祕事，朝廷對《史記》保管甚嚴，只有極少數人才能看到。

除此之外，《史記》還曾多次被修補刪改。如西漢時期的博士褚少孫就曾續補《史記》，東漢時朝廷讓楊終將《史記》刪為十多萬字發表。班固曾被皇室賜予《太史公書》副本，其中就少了十篇。

因此，我們今天看到的《史記》，其中有很多篇目已經不是司馬遷的原文，最初的《史記》早已隨司馬遷而永遠埋入歷史的風塵之中，誰也無從知曉。

但我們今天依然要感謝司馬遷，他以自己殘破的生命，換來了一個民族完整的歷史；他以自己難言的委屈，換來了千萬民眾宏偉的記憶；他以自己莫名的恥辱，換來了華夏文化無比的尊嚴。

漢武帝真的「罷黜百家，獨尊儒術」了嗎？

提到武帝一朝的歷史，很多人都會想起高中課本上的一句話：「罷黜百家，獨尊儒術」。從此，儒學成為官方的顯學，深度融入現實政治當中，指導著帝國的各方面。

然而，漢武帝好大喜功，窮兵黷武，外多欲內施仁義，揮霍無度，以至於赤野千里，民不聊生，怎麼看都不像是尊儒。

那麼問題來了，漢武帝在長達五十六年的執政過程中，真的「罷黜百家，獨尊儒術」了嗎？

其實不然。

秦用法家，導致二世而亡，漢初以黃老治國，無為而無不為。雖有矯枉過正之嫌，但至少這種思維讓大漢順利度過了危險期，經過休養生息，帝國恢復了繁榮。

漢文帝確實喜好黃老之術，連帶著竇太后也頗愛《老子》。太后早盲，但常讓宮女讀給她聽，後來更令諸竇子弟與景帝及三公大臣列侯皆學黃老。

當時，黃老才是官方的正統學說，儒家是在野的挑戰者。武帝繼位時雄心勃勃，想要開創一番事業，但掌權的竇太后治黃老言，不好儒術，干涉了朝政，漢武帝的第一次改革就這樣被澆滅了。

與此同時，剛繼位的漢武帝遇到了大儒董仲舒，他為武帝上了賢良對策，以「大一統」說動了漢武帝。武帝於是開始尊儒術，表彰六經，設五經博士。

然而，這並不代表漢武帝徹底倒向儒學，罷黜了其餘學派。武帝雖然喜好儒術，但亦好刑名，日常行政仍尚法任刑，用多文法吏，以刑名繩下，在治理上多用酷吏。劉徹內心認同並付諸行動的，乃是「霸王道雜之」的漢家制度。至於儒學，只不過是裝飾罷了。信奉黃老之術的丞相汲黯，有一次忍不住當場戳破他的真面目：「陛下內多欲而外施仁義，奈何欲效唐、虞之治乎！」

這句實話弄得武帝惱羞成怒，當場黑著臉罷朝而去。

劉徹為漢帝國打造的「漢家制度」，其實是儒法結合，外儒內法，所謂「緣飾以儒術」。

綜上，漢武帝時期的「罷黜百家，獨尊儒術」不過是一場愚弄大眾的騙局，是他對天下人的一種政治姿態，他真正想要的是：「儒家中的君權至上，法家的酷吏政治。」

一人 PK 六十+，桑弘羊舌戰群儒

始元六年（前八十一年）二月，長安城迎來了一場規模極高的國策制度辯論會，我們先來看一下各方選手：

正方辯手：以御史大夫桑弘羊為核心，包括御史丞、丞相史等人在內的官僚集團。

反方辯手：來自民間的六十餘名賢良文學，即知識分子。

雙方交鋒的核心一開始是民間疾苦的問題及建議，但是很快，話題就轉到了鹽鐵官營制度的存廢上。雙方唇槍舌劍、你來我往，猶如高手過招，七十多歲的桑弘羊舌戰群儒，那真是精采！

事實上，鹽鐵會議所爭論的內容可謂五花八門，他們所討論的深度和廣度在兩千年的歷史上也是絕無僅有的，很多問題直到今天也沒有定論。

他們吐槽農具品質太差，說政府督造的鐵具都是些不精緻的粗用具，只求完成上級布置的鑄造任務，完全不考慮農民使用是否便利。老百姓拿著政府鑄造的鈍刀，連草都割不斷。農民大老遠跑到城裡購買農具，還常碰上主管鐵器專賣的官員不在店內，只能空手而歸。買不到鐵製農具，窮困潦倒的百姓只好回歸到用木具耕地、用手除草的時代；

他們抱怨政府法律太嚴苛，主張德治，認為行仁政就可以無敵於天下。特別是漢武帝任用的一些酷吏，如杜周、張湯、王溫舒等人，枉顧法律，隨意陷害無辜群眾，動不動就一人犯罪，全族株連，搞得人心惶惶，動亂不安，因而激起了百姓的反抗。他們一再引證歷史教訓，批判嚴刑峻法，指為亡國之道，把嚴刑峻法看作是秦王朝滅亡的原因；

他們反對向匈奴用武力，主張休兵止戰，以和為貴。他們認為，匈奴

遠處漠北，對於他們的騷擾活動，應該以德服人，我們天朝上國物產豐盈，無所不有，大不了多給他們點財物，給他們送個女人也就是了，打好雙邊關係最重要，何必非要打打殺殺的呢？

儒生們口若懸河，對國家大政方針政策大肆批評，作為政策制定者的桑弘羊當然很不爽，甚至開始嚇唬對方：

「儒墨文學」之徒當年依附於淮南王劉安與衡山王劉賜，結果二王被定性為謀逆，那些人也禍及宗族。

老桑背後的意思再明顯不過，政治不是一般人能玩轉的，上面這些人就是你們的前車之鑑，要引以為戒！

丞相史也站出來力挺桑弘羊：大司農顏異，反對武帝發行「白鹿皮幣」，死於腹誹罪；博士狄山，反對攻擊匈奴，被武帝送去前線，讓匈奴人砍了腦袋。你們這些人吃朝廷的飯卻批評朝廷的政策，生在盛世卻訕謗自己的皇帝，萬一哪天出門被拍板磚，可怪不得別人！

桑弘羊還拿秋蟬做了個比喻：「你們這幫傢伙，見過夏末叫得歡的蟬嗎？秋風一來就全沒了聲息。你們現在口不擇言，等到禍患臨頭，再想閉嘴，可就晚了！」

大概是後面被逼急了，桑弘羊甚至鄙視「賢良文學」出身低賤，說他們沒有資格議論國家的大政方針：

你們這些「文學」，能說不能做，身為下民卻訕笑上官，窮困潦倒卻非議富者，別有用心，信口開河，不過是沽名釣譽，想以搏直名罷了。

他嘲笑「賢良」：俸祿不足一把米的人，不配談論治國之道；家中存糧不到一石的人，沒資格談論天下大事！

儒生們當然是很有骨氣的，他們反駁道：「堵塞民眾進諫的管道，禁錮言論自由，每日裡阿諛奉承，皇帝從來聽不到批評之詞，這就是秦王朝滅亡的原因。所以聖人執政，必先除掉這些花言巧語傾覆國家之人。如今你們竟然用亡國之言來嚇唬我們，實在是太可悲了！」

桑弘羊嘲諷儒生窮困潦倒，衣冠不全，不配談論國事，儒生這樣埋怨他：「身分低賤，不妨礙有才智；貧困潦倒，不妨礙有德行。你們這些肉食者只知斂財，公卿積錢億萬，大夫積錢千金，士積錢百斤。百姓飢寒交迫，沿路全是流民，我們儒者衣冠不整，有什麼好丟人的！」

這場辯論會，從春寒料峭的二月一直持續到了烈日炎炎的七月。在桓寬的記載中，七十四歲高齡的桑弘羊在會上遭遇言語圍攻，知識分子們沒有一絲尊重這位兩朝元老的意思，紛紛向他發難，痛罵他做的鹽鐵專賣是與民爭利，君子不齒。

知識分子在道德立場上秒殺桑弘羊，表面上是占了上風，可實際上，這些知識分子們只知洶洶反對，滿口仁義道德，雖然看出了不少問題，卻提不出任何建設性的方案。

桑弘羊的態度很明確，你們說要取消鹽鐵專營，我就問一個問題：如果不執行國營化政策，一旦外族入侵，我們拿什麼去保衛國家？

結果，儒生們無人能答。

鹽鐵會議以儒生宣布勝利而告終。

事後，參會的儒生們均被賜予公大夫爵位，其中一些人還被授了縣令之類的小官。儒生們自以為得到了一次一展抱負的機會，朝廷能夠改變以往的政策，不料朝廷最後只是廢止了酒類專賣與關內的鐵官，並沒如同他們所期盼那樣全面廢止鹽鐵、平準、均輸等政策，完全恢復到了文景時的政治。

汗血寶馬真的存在嗎？

汗血寶馬的故事流傳了兩千多年，傳說牠能「日行千里、夜行八百」，甚至傳說牠高速奔跑時流出的汗是血色的。也不知道司馬遷有沒有見過，他在《史記》中寫道：「西域多善馬，馬汗血。」

漢武帝元鼎四年（西元前一百一十二年）秋，有個名叫「暴利長」的敦煌囚徒，在當地捕得一匹汗血寶馬獻給了漢武帝。漢武帝得到此馬後欣喜若狂，稱其為「天馬」，還寫下了一首《天馬歌》：

「太一貢兮天馬下，沾赤汗兮沫流赭。騁容與兮跇萬里，今安匹兮龍為友。」

為了得到更多的汗血寶馬，漢武帝兩次發兵大宛國。

一開始，漢武帝派百餘人的使團，帶著一具用純金製作的馬前去大宛國，希望以重禮換回大宛馬的種馬，卻被大宛國王拒絕。更不巧的是，漢使歸國途中金馬在大宛國境內被劫，漢使被殺害

漢武帝大怒，決定出兵爭奪，他命李廣利率領騎兵數萬人，行軍四千餘公里到達大宛邊境城市，不料初戰失利，只好退回敦煌，回來時人馬只剩下一兩成。

三年後，武帝再次命李廣利率軍遠征，帶兵六萬人，馬三萬匹，牛十萬頭，還帶了兩名相馬專家前去大宛國。此時大宛國發生政變，不得不與漢軍議和，允許漢軍自行選馬，並約定以後每年大宛向漢朝選送兩匹良馬。

汗血寶馬固然名貴，也使很多人垂涎欲滴，但調動帝國資源發動一次大規模的遠征，絕非漢武帝腦袋一熱就決定的，他的心裡有一個「通西域

以斷匈奴右臂」的策略構想，有一個「圖制匈奴」的長遠規劃。

三國演義中，呂布的坐騎赤兔馬據說就是汗血寶馬，能日行千里，還能夜走八百，所以有「人中呂布，馬中赤兔」之說。

從漢朝到元朝，上千年裡，中原大地上一直都有汗血寶馬的身影。據說成吉思汗的坐騎也是汗血寶馬。可是元朝以後，汗血寶馬突然消失了。

近千年來，我們只聞其名，不見其影。於是有人開始懷疑：汗血寶馬真的存在嗎？如果存在，真的是會流汗如血嗎？

幸運的是，在汗血寶馬的祖居之地 —— 中亞的土庫曼，我們依然可以找到這種馬的身影，不過數量非常少，純種的汗血寶馬全世界只有兩千多匹，常常被當作國禮餽贈。

汗血寶馬的學名叫阿哈爾捷金馬，是世界上最古老最純正的馬種之一，距今已有三千多年的歷史。由於其高貴的體態和出色的品質，汗血寶馬備受歡迎。

還有一個問題，汗血寶馬的名稱怎麼來的？真的會流出血嗎？

傳說，土庫曼有一條神祕的河，凡是喝過這裡河水的馬，疾速奔跑之後就會流汗如血。也有外國專家認為，「汗血」現象是受到寄生蟲的影響，這種寄生蟲尤其喜歡寄生於馬的臀部和背部，因而馬皮在兩個小時之內就會出現往外滲血的小包。

還有一種說法是，汗血寶馬的皮膚較薄，高速奔跑時體內血液溫度可以達到四十多度，血液在血管中流動容易被看到。另外，馬的肩部和頸部汗腺比較發達，馬出汗時往往先潮後濕，對於棗紅色或栗色毛的馬，出汗後區域性顏色會更加鮮豔，給予人「流血」的錯覺。

從長安到西域有多難？

漢武帝時代，大探險時代的序幕正式拉開，張騫、傅介子……一代代冒險家們懷抱著激情與夢想踏上了通往西域的道路。他們以無畏的勇氣，向著未知世界出發，硬生生鑿空了西域！

這是屬於華夏的地理大發現。

那麼問題來了，如果你是一個漢朝人，想從長安去趟西域，路上到底有多難？

單槍匹馬一定是闖不了西域的，必須跟隨漢朝使節團，最好跟一位大人物，比如傅介子。

先看地圖，樓蘭離長安六千一百里，龜茲離長安七千四百八十里，大宛離長安更是有萬里之遙。這一路上要跨越令人談之色變的白龍堆、三壟沙，要隨時防備可能出現的北邊匈奴人、南邊羌人的襲擊，還有無數未知的危險和困難。

使節團出了玉門關，隨時都有可能會陷入險境，意外險是沒有的，意外倒是隨處可見。

從玉門關到樓蘭，中間相隔一千六百里，要穿越如無數條黃土巨鯨擱淺的雅丹魔鬼城，跨過兩片大沙漠，一個是三壟沙，一個是白龍堆。

三壟沙是三座沙山，沙很滑，風也大，南北長達一百公里，北接雄偉的庫魯克塔格山，南方則是一望無垠的庫木塔格大沙漠；白龍堆是羅布泊東部漸漸乾涸後，留下的一片不毛之地，方圓上千公里。白龍堆的白色鹽鹼層相當厚，如同鱗片，硬如頑石，哪怕是駱駝行走，幾天下來也會四蹄流血。

三壟沙和白龍堆是漢朝西出玉門的必經之路，長達數百里。當年李廣利兩次征伐大宛，大部分漢軍沒有倒在鬱成之戰或輪臺之戰中，而是倒在了這兩道天險中。

大漠中缺糧缺水，加上部隊軍紀渙散，長官只顧自己發財，不愛惜士卒，幾乎每一步，都有人倒下，再也起不來。

只有跨越三壟沙和白龍堆天險，才能抵達水草豐饒的羅布泊。漢朝的羅布泊可不像今天，早已變成一片白茫茫的鹽鹼地，當時的羅布泊還不是死亡之海，而是生命之海，這裡河流縱橫，綠樹成蔭，非常適宜人類居住，正是它滋養了樓蘭國。

而樓蘭，就位於羅布泊的西邊。

跟著使節團一路西行，出了玉門關，進入荒涼的塞外，頂著大風或烈日，跨過三壟沙和白龍堆，如果你體力好，一個月後可以看到一座城市。

這個時候我要恭喜你，因為你看到的就是傳說中的古城——樓蘭國！

樓蘭是離開玉門的第一站，別看樓蘭離漢最近，但她與玉門關、陽光的距離，足足有一千六百里！

樓蘭國位於今天新疆巴音郭楞州的若羌縣，別看只是一個縣，面積卻有兩個江蘇省那麼大。樓蘭在全盛時期的勢力範圍非常廣，基本覆蓋了塔里木盆地東部的地盤，是名副其實的西域強國。無論你是去輪臺龜茲烏孫的北道，還是去于闐莎車疏勒的南道，都要在樓蘭中轉。

如果你還能說一點樓蘭話，恭喜你，你可以輕鬆融入當地生活了！

當年張騫出使西域有多難？

建元元年（西元前一百四十年），剛剛登基的劉徹雄心勃勃，為了牽制匈奴，他決定加強與西域諸國的聯繫。

當時，西域諸國均在匈奴人凶悍的馬蹄下戰戰兢兢度日，月氏人更是不幸被匈奴破了國，月氏王的頭顱甚至被匈奴人拿來飲酒。

流離失所的月氏殘眾無力報仇，一部分西遷至伊犁，稱為大月氏。

劉徹意識到這也許是一個機會，如果能夠聯繫月氏，兩國聯手同時向匈奴宣戰，必定可以重創匈奴。

可問題在於，出使月氏必須要經過匈奴的領地，誰能完成這個任務？

一個叫張騫的青年站了出來：「我願往！」

西出陽關，漫漫黃沙，這一切都不能阻止張騫一行人前進的腳步，然而途徑匈奴的地盤時，一行人還是不幸被捉住，押送到匈奴單于面前。

單于想要張騫歸化，令他為匈奴效力，這一留就是十多年。這期間，在單于的強迫下，張騫娶了匈奴女子為妻，還生了兒子。

整整十年，派出的使節音訊全無，劉徹都快要忘記自己曾派出這樣一支隊伍了。然而張騫不會忘記。十年來他持漢節不失，未曾有過一刻忘記自己的使命。

十年後，張騫終於抓準時機，逃離了匈奴。

為了躲避匈奴的追兵，張騫一行人不敢停歇，一路向西，途徑大宛、康居，終於到達了目的地 —— 月氏。

然而現實卻讓張騫失望了，十多年過去，月氏人早已忘卻了往日的仇恨，他們在大夏的庇護下過上了來之不易的安樂生活。無論張騫怎樣勸說，月氏人都不為所動，不肯與匈奴開戰。

張騫在月氏待了一年，依然毫無結果。無奈之下，張騫只能踏上回國的路途。

歸途中，為了避免再次被匈奴人扣留，張騫等人特地選擇從羌人領地繞路。不料此時的羌地早已被匈奴占領，張騫又一次被擒。

張騫絕望了，他知道這一次自己在劫難逃，不料此時匈奴內部出了件大事，軍臣單于身死，匈奴大亂。

機不可失，張騫再次逃離，終於回到了闊別十數年的中原。

他穿一身胡服，滿臉鬍渣，臉上刻滿了滄桑，手中的旌節早已磨光了穗子，卻依然高高舉起。

一路上，他頂著烈日酷暑，跨越了大漠戈壁。當他再次望見巍峨的長安城時，心中感慨萬千！

一進長安城，他撲通一聲跪倒在地，聲嘶力竭地嚎哭起來。

我回來了！

張騫回來了。

這個杳無音信、幾乎被遺忘的男人，終於回家了。這一年，距離他從長安出發，已經過去了整整十三年。

十三年前，他奉劉徹的旨意，帶著一隊人踏上了西行之路。擎一支旌節，他懷抱聯繫月氏的夙望，奔走於茫茫大漠；扶一陣駝鈴，他闊別長安的歌舞昇平，遊蕩於寒沙衰草。

這一路上，有大漠戈壁，有天山白雪，有嗜殺野蠻的匈奴人。多少次，他暈倒在大漠，最後又艱難地爬起；多少次，他差點命喪黃泉，又僥倖活了過來。飢餓、寒冷、孤獨、死亡的威脅都沒有讓他放棄，縱然生死一線，他都堅強的挺了過來。

從月氏回來後，張騫被羌人捕獲，獻給了匈奴主子。趁著匈奴內亂，張騫再次越獄成功，但這次隨他成功逃出的，只有堂邑父一人而已。

一路驚心動魄盡數掩埋於風沙之中，落在史書上只短短幾行字：「初，騫行時百餘人，去十三歲，唯二人得還。」

張騫回國之後

元朔三年（西元前一百二十六年），一個滿臉鬍渣、一身胡服的成年男子進入長安城後，撲通一聲跪倒在地，聲嘶力竭地嚎哭起來：我回來了！

周圍人紛紛聚攏過去，才得知他就是十三年前奉劉徹旨意出使西域的張騫。

得知張騫回來後，長安城十分激動，劉徹十分激動，他親自接見了張騫，詳細了解此行的見聞。隨後，張騫被封為太中大夫，忠心的堂邑父也被封為奉使君，以表彰他們的功績。

你以為這就是張騫的全部人生了嗎？

不！

張騫一生注定沒有安穩的日子，憑著對匈奴和西域各國的了解，此後的張騫謀劃並多次參加了對匈奴的戰爭，與大將軍衛青和年輕的驃騎將軍霍去病在抗擊匈奴的主戰場上並肩作戰，幫助大軍尋找水源。

西元前一百二十三年，張騫因為軍功顯赫及出使西域的特殊貢獻受封為「博望侯」，登上了人生顛峰。

按理說，此時的張騫有足夠的資歷躺在長安城過富足的生活，可是他並沒有就此止步。

剛剛封侯拜爵的張騫來不及休息，就向漢武帝提出了又一個探險計畫，他要去證實他在地理方位上的一個大膽判斷，為漢王朝尋找一條通往西域的新途徑。

原來，張騫當初在大夏國有一個驚人的發現，他看見那裡的商人出售產自中原蜀地的竹杖和布匹，並告訴他這些物品是從身毒（位於今印度境內）販運過來的，他由此斷定四川和身毒之間有一條路線。

張騫告訴武帝，如果能打通從蜀地到身毒國的道路，不僅可以開闢一條路線，避開匈奴攔截的危險，而且還可以將我大漢的文明遠播域外！

得到武帝的贊同後，張騫再次出發，一行人兵分四路，在地形複雜的西南大山中探索前進，因遭到當地土著的追殺阻撓，最後只能放棄。現在我們都知道，中國和印度之間隔著一條世界上海拔最高的山脈 —— 喜馬拉雅山，也是東亞大陸與南亞次大陸的天然界山，根本過不去。

回到長安的張騫內心充滿著壯志未酬的矛盾與惆悵，回到長安後，武帝派張騫和李廣出擊匈奴，不料李廣孤軍奮戰，被敵軍圍困。等張騫趕到時，李廣幾乎全軍覆沒。此役因張騫貽誤軍機而遭致慘敗，雖然僥倖保住了一條命，但爵位和功名一夜之間化為烏有。

吃了敗仗、被削職為民的張騫，還會得到武帝的信任和重用嗎？

張騫失侯罷官期間，屢次被武帝詔見，很快他就接到了一項新的任務：聯繫烏孫夾擊匈奴！

元狩四年（前一百一十九年），張騫再度出使西域。這一年，距離他上一次出使西域已經過去了整整七年。

張騫一行從長安出發，經過河西走廊，出玉門關進入西域，沿著天山的北邊到了烏孫國。一番交涉，烏孫王服了，派使者護送張騫回國，並送來數十匹西域良馬。張騫派往周邊國家的副使也各自有所收穫，他們帶著各國使者回訪長安，讓武帝體驗了一次萬邦來朝的感覺。

張騫病故後，漢朝使者前仆後繼地奔向廣闊的西域，東西方之間，一條綿延萬里的國際路線正式開通，史稱「絲綢之路」。

猛將灌夫：勸酒是個危險活動

西元前一百三十一年冬，一起喝酒引發的衝突事件，導致原中郎將灌夫和他的家屬全部被處決，前將軍魏其侯竇嬰也被牽連，斬首棄市。

這一切，都是因為一場中國式的勸酒。

有一年，丞相田蚡迎娶燕王的女兒，王太后下詔，要列侯和宗室前去祝賀。竇嬰也接到了邀請函，他找到好朋友灌夫，想和他一起去。

灌夫非列侯，亦非宗室，本無資格入席，魏其侯竇嬰卻非要強拉他一道去。

酒宴上觥籌交錯，推杯換盞，大家喝得很痛快。田蚡身為主人，起身為客人們敬酒，賓客們也都離開坐席，伏在地上答禮。輪到魏其侯竇嬰敬酒時，只有少數故舊離席還禮，大多數人只是稍微起身。

眼見世態炎涼，灌夫怒火中燒，再次開始藉酒發揮。他起身依次敬酒，到田蚡時，灌夫倒了一大杯酒，道：「請丞相滿飲此杯！」

田蚡拒絕喝滿杯，酒後的灌夫一點客氣都沒有，要求田蚡必須全部喝下，然而田蚡堅持不喝。

一般來說，酒局喝的不是酒，是面子。

灌夫感覺自己丟了面子，胸中憋著一口氣，又不好發作，於是又晃到臨汝侯灌賢，也就是灌嬰的孫子面前，拿起一杯酒，要給灌賢敬酒。不料灌賢此時正在與將軍程不識說悄悄話，沒理他。

憋了一肚子氣的灌夫終於爆發了：「平時你詆毀程不識不值一錢，今天長輩給你敬酒祝壽，你卻像個娘們一樣在那說悄悄話，不識抬舉！」

場面一度很尷尬，田蚡只好站出來好言相勸：「程不識和李廣是同事，你這樣當眾羞辱程將軍，李將軍的面子上恐怕也不好看吧？」

當時李廣在軍中的威望很高，深受各方推崇。不料灌夫的脾氣上來，誰的面子都不給：「你少來這一套！今天就算砍我的頭，用刀劍穿我的胸，我也不在乎，什麼程將軍李將軍，老子才不管呢！」

在場的其他人看事情越鬧越大，藉口上廁所，紛紛離去。竇嬰一看情況不對，準備叫灌夫一起走。

自己辛苦準備的婚禮被灌夫給攪和了，田蚡怎麼願意吃這個虧？他一揮手，下令把灌夫拿下。

一旁的管家籍福看情況不對，出來打圓場，先是替灌夫道了歉，然後又按著灌夫的脖子，讓他跟田蚡道歉，結果灌夫硬是不肯。

田蚡怒了，叫來了在場的長史：「今天這裡招待宗室貴賓，是太后特地下的詔。灌夫侮辱賓客，違逆了太后的詔令，是對太后的大不敬！」

說罷，命人以尋釁滋事罪將灌夫抓了起來，蒐羅灌夫的劣跡，派人分頭追捕灌氏家族的親屬，全部以殺頭罪論處。

竇嬰坐不住了，到處找人向田蚡求情，結果吃了閉門羹。為了徹底擊敗田蚡，竇嬰只好劍走偏鋒，在皇帝面前大肆攻擊田蚡的短處，以求圍魏救趙。

田蚡則反脣相譏：「我的愛好無非是聲色犬馬，而你竇嬰和灌夫之流卻喜歡招集天下豪傑，不分晝夜地探討天下時局，我倒為你們擔心！」

隨著太后參與進來，事情的發展開始走向不可控的方向，灌夫被滅族，竇嬰也因欺君被斬首示眾。

同是超級強國，漢朝與羅馬如何評價彼此？

作為同時代東西方並立的兩大強國，漢朝與羅馬經常被人拉出來對比，惹得口水紛飛。

「條條大路通羅馬」，古羅馬帝國可謂是西方文明史的巔峰，法律制度、理性精神、商業文明，無一不讓後世垂範。

「秦時明月漢時關」，遼闊的疆域、燦爛的文明，漢朝的盛世氣象也是中華在數千年的歷史歲月中一座瑰麗的奇峰。

拋開誰更強大的爭論，我們來聊一個有意思的話題：同是超級強國，漢朝與羅馬如何評價彼此？

答案可能會讓很多人感覺不可思議，當時的漢朝與羅馬雙方不僅沒有多少敵意，反而進行了一番「互相吹捧」。

這可不是我亂說的，而是有史料記載的。

先說一下漢朝對羅馬的評價。

漢朝承認羅馬是西方大國，甚至以大秦命名，這或許賦予了大漢帝國對遠方那個神祕帝國傳統的尊重。中國有關大秦的數據，最詳盡的史料來源為《後漢書．西域列傳》：「大秦國一名犁鞬，以在海西，亦云海西國。地方數千里，有四百餘城，小國役屬者數十，以石為城郭。」

除了大國形象，在當時的人眼中，大秦國富饒、華麗，珠寶雲集。《後漢紀》稱，大秦國多金銀、真珠、珊瑚、琥珀、琉璃、金縷罽、雜色綾、火浣布等人間寶物，宮殿建築，金碧輝煌。

對於羅馬的政治模式，漢朝人的印象也比較準確。

據《後漢紀》、《後漢書》記載，大秦都城有宮殿五所，各相去十里，國王每日至一宮聽事，五日一輪，周而復始。百姓有欲言事者，可隨時投書國王；國王之下，設三十六相或三十六將，悉數與會「乃議事」；並稱其「王無常人」，遇到重大變故、災異，可再推賢者為王。

《三秦記》中將這種政治模式稱為「讓賢而治」，葛洪認為大秦是令人嚮往的理想國度。

那麼羅馬對漢朝又是如何評價的呢？

同樣的，羅馬對漢朝也極為尊重。

早在春秋戰國時期，羅馬就知道中國的存在。強大而傲慢的羅馬軍團以秋風掃落葉的速度橫掃歐、亞、非三大洲，擁有無盡財富和無邊疆域，卻對這個神祕的國度心生嚮往，稱之為「賽里斯」，取「絲綢」之意。

在他們眼中，漢朝「平和度日，永無戰爭，人口眾多，幅員遼闊，充滿智慧，法律嚴明，充滿正義，物資豐富」。

羅馬人痴迷於中國生產的絲綢，凱撒大帝是第一個接觸到絲綢的羅馬皇帝。歷史記載，凱撒和埃及豔后克里奧帕特拉都喜歡穿絲綢衣服。有一天，凱撒穿著絲綢長袍出現在劇場內，一下子就吸引了周圍所有人的目光，讓貴族們無比羨慕。

漢朝最偉大的一次辯護

西元前九十九年，飛將軍李廣的孫子李陵隨李廣利出擊匈奴，自信滿滿的他獨自率領五千精兵出發，在浚稽山遭遇匈奴大軍八萬騎兵，苦戰八天八夜，最終寡不敵眾，為保全部下的性命投降匈奴。

消息傳來，朝野震驚，漢武帝龍顏大怒，李家從秦將李信開始，就是朝堂上的股肱之臣，飛將軍李廣終其一生都在北方邊境與匈奴人硬碰硬，到他李陵頭上，竟然能做出變節這種事？是可忍孰不可忍！

劉徹在朝堂上大發雷霆，大臣們繼續搧風點火，都說李陵叛國，罪不容誅。

這是一場醜陋的表演，在劉徹嚴厲的目光審視下，在政治正確的高壓下，所有人爭相往李陵身上造謠，一個一個義正詞嚴、慷慨激昂，大叛徒、人民公敵之類的詞彙不絕於耳。

一片謾罵聲中，只有一個人靜靜地站在角落，冷眼旁觀著這一切，眉頭緊鎖，不發一言。

劉徹很快就發現了角落裡的這個人。太史令司馬遷，你來說說吧！

所有人的目光一致望向司馬遷。

司馬遷輕咳一聲，站出來為李陵說話：李陵平素對親人孝敬，對士人誠信，為了國家能奮不顧身，有國士之風。現在李陵出了問題，那些平日裡貪生怕死，只知道保全自己身家性命的臣子，就跳出來大肆汙衊他，誇大他的罪行，太讓人痛心了！那些無能之輩，你們有什麼資格在這裡指責李陵，你們又為這個國家做了什麼？

李陵率領五千步兵，深入匈奴之地，對戰匈奴八萬騎兵，殺敵萬人，傷敵無數。匈奴以傾國之兵追擊，轉戰千里，直到李陵矢盡路窮，將士們仍然頑強苦鬥，拚死一搏，能讓士卒如此效死的將軍，即便是古代名將也不過如此。他雖然兵敗陷入敵營，但其功績足以光耀千古。他之所以沒有慷慨赴死，不過是想留下有用之身，尋找適當的機會，再次報效朝廷罷了。

司馬遷的發言頗有道理，但正在氣頭上的劉徹哪裡聽得進去？惱羞成怒的劉徹判處司馬遷死刑。

司馬遷在開口辯護的時候，難道不知道自己的辯護後果嗎？

他當然知道，但他更希望漢武帝不要偏聽偏信，不要被憤怒衝昏頭腦。

可惜他什麼都想到了，就是沒想到漢武帝對他的不滿積蓄已久，最終來了場大爆發！

他做出了自己的辯護，可惜他得罪的是漢武帝，帝國最高司法長官，他的辯護使他孤立。

從結果來看，這是一次失敗的辯護，然而我們不能因此苛責司馬遷，他盡到了一個朋友的義，也完成了一次精神上的蛻變。

漢武帝的封禪夢

漢武帝一生雄才大略，文治武功，功積顯赫，和秦始皇有得一比。拋開功業，他還有一個愛好和秦始皇類似，那就是封禪。

何為封禪？

封就是祭天，禪就是祭地。把封禪合在一起就是祭祀天地，這在古代是帝王的特權。

為什麼要封禪？

封禪是受命之君對上天的應答，是皇帝自認為功業圓滿後進行的最高級別的祭天典禮，同時向天下臣民表示，他的崇高地位來自「君權神授」。

從這裡也能看出來，封禪是有門檻的，不是所有皇帝都有資格做這件事。早在三皇五帝甚至之前的遠古時代，就有著關於泰山封禪的各種傳說，秦桓公的相國管仲就說過遠古時代的偉大君主如神農氏、黃帝、炎帝、堯舜禹等等都曾在泰山封禪。

但從周朝失勢以後，泰山封禪便中斷了，不過這些人都是傳說中的人物，到底有沒有封禪泰山，誰也卻無法確定。

司馬遷在《史記．封禪書》中提到：「帝王在政期間，如果出現太平盛世，或者天降祥瑞，即可封禪。」

大致來說，想要封禪，必須滿足三個條件：

第一，更朝換代，國家統一；

第二，政績卓著，要國泰民安、國富民強；

第三，有祥瑞出現。

歷史上第一位真正舉行過封禪儀式的是秦始皇，他為封禪樹立了超高的標準，沒有功德是不敢擅自封禪的。這也是為什麼封禪的帝王那麼少的原因，連帝王典範的唐太宗都思忖再三，最終還是放棄了封禪。

漢武帝之所以喜歡頻繁封禪，除了誇耀功德之外，還有一個特殊的目的 —— 昇仙。

漢武帝一生迷信神仙，追求長生，他身邊聚集了很多方士，不少方士都跟他講過黃帝封禪昇仙的故事。最早是一個叫李少君的方士，他告訴武帝：「透過封禪可達到不死的境界，黃帝就是先例。」

還有一次，有人在汾水南岸得到一個大鼎，公卿大臣視如「寶鼎」，認為是一種祥瑞。方士也認為，「寶鼎出而與神通」，應舉行封禪典禮，「上封則能仙登天矣」。

這些話說得漢武帝心裡癢癢的。

方士還給他講了一個故事：「相傳黃帝到泰山封禪，天上出現一條龍，把鬍鬚垂到地面上，黃帝順著這個鬍鬚往上爬，騎上龍背化仙而去。」

武帝對黃帝成仙的故事十分痴迷，還發過一句感慨：「要能像黃帝那樣得道成仙，那我拋棄妻子兒女就像脫鞋子一樣了。」

隨著時間的流逝，武帝對封禪泰山的願望也更加強烈，可問題在於，誰也不知道封禪泰山的禮儀流程該怎麼做。

漢武帝很著急，他請了很多參謀確定相關儀式，然而參與討論的儒生們都說這儀式不對。他們重新根據儒家經典當中關於祭祀天地的禮儀做了一套儀式，重新交了上去。

然而武帝對這套方案很不滿意，認為太拘泥於《詩經》、《尚書》，創新能力不夠。劉徹把封禪的禮器給儒生們看，儒生們紛紛說不合古制，但要問應該怎麼做呢，他們又說不出來。

武帝很不爽，讓你們拿方案，半天拿不出來，我自己做一個你們又說不對，要你們有何用？一怒之下索性讓他們全都滾出去了。

踢開不中用的儒生後，武帝根據自己的理解做了套儀式，正式到泰山封禪。此後的幾年中，武帝頻繁外出封禪，夢想著像黃帝一樣昇仙，然而終究是鏡花水月罷了。

皇帝的母親竟是再婚

在很多人的印象中，古代的禮教甚嚴，皇家最在乎的就是「顏面」二字。然而凡事總有例外，比如雄才大略的漢武帝，他的生母就是先嫁了平民，後來卻離婚改嫁進入皇宮，最終貴為皇后。

王娡的人生幾乎顛覆了古代社會的遊戲規則，那她是如何完成了從已婚婦女到帝國皇后的華麗轉身呢？

其實在漢朝，婦女改嫁是很普遍的事，改嫁的婦女不僅不會受到世人的譴責，還能夠得到再婚丈夫的尊重。不僅如此她們還擁有戶主繼承權和爵位繼承權，這種特權在考古發掘出土的漢簡《二年律令》中有明確記載。

王皇后名叫王娡，是漢初異姓王燕王臧荼的外曾孫女，臧荼後來因反漢被劉邦所滅，所以王娡出生時已是一介平民。

王娡長大成人後，嫁給了一戶金姓人家為妻，生了一個女兒名叫金俗，日子過得簡單而溫馨。如果王娡就這樣平淡地度過一生，大漢王朝只會多一位家庭主婦，少一位呼風喚雨的皇后。

很快，這種平靜的生活就被打破了。一個算命先生給王娡的母親臧兒算了一卦，告訴她：王娡有大富大貴的命，能生天子，就這麼嫁了，真浪費！

臧兒一聽，瞬間精神都來了，可這時的王娡早已嫁為人婦，還生了一個女兒，這可該怎麼辦呢？

臧兒硬著頭皮跑去金家要求離婚，把女兒退回來。金家當然是不肯，好不容易娶到的老婆，哪能就這麼輕易還回去？兩家人開始爭執。不過臧兒還是動用了各種關係，跳過離婚冷靜期，順利辦理了離婚手續。

而後，她拜託熟人把王娡送到了長安，隱瞞了王娡的婚史，將她送到了太子宮裡做了一名宮女。

大概王娡確實有幾分姿色，加上她待人接物察言觀色，讓年輕的太子劉啟充分體會到了女人成熟的溫柔，王娡很快就獲得太子劉啟的寵愛。沒過多久，她為劉啟生下了三個公主，並在劉啟繼位第二年，為他生下了一個男孩，乳名叫劉彘。

這個名字大家可能不太熟，但他另外一個名字世人皆知：劉徹！

王娡身分高了一等，成了王美人，運氣不錯，得劉啟的寵愛。可後宮受寵愛的美女何止一人，王娡怎麼才能脫穎而出呢？

王娡很有心計，她編了一個謊話，說自己懷孕時，曾做過一個夢，夢見太陽鑽進了她的肚子裡，後來沒過多久，就生下了劉徹。

這個故事既無法被證實也無法被證偽，但卻很合劉啟的胃口，至少在他心裡留下了深刻印象。

劉啟登基成為漢景帝後，皇后薄氏一直沒有生育，但由於她是漢景帝祖母薄太后的同族，礙於祖母的面子，劉啟一直沒有廢除薄皇后的后位。

當時漢景帝最得寵的妃子是慄姬，慄姬之子劉榮是漢景帝的長子。原本王娡是沒有機會再往前一步的，然而薄太后去世後，失去靠山的薄皇后被廢，皇后之位空了出來。

王娡不甘心，此時的她面臨了人生中最大的危機，都知道慄姬善妒，如果自己無法上位成功，兒子和自己的命都可能不保。這個時候就看出王娡的本事了，她果斷投向了漢景帝的姐姐——館陶長公主劉嫖，和長公主結成了兒女親家，同時也結成了政治同盟，順利扳倒了慄姬，成功上位。

金屋藏嬌的陳阿嬌，為什麼被漢武帝嫌棄？

說起陳阿嬌，不得不提「金屋藏嬌」。

劉徹四歲時，館陶公主劉嫖曾把他抱在膝蓋上問：「徹兒，你想娶媳婦嗎？」然後指著左右宮女問哪個最適合，劉徹都說不好。劉嫖又指著自己的女兒問他：「娶表姐阿嬌好不好？」

劉徹笑道：「如果能娶到阿嬌做妻子，我一定建一座金屋讓她住。」劉嫖聽後大喜過望，便向景帝提出要求，最終促成這門親事。

由於館陶公主在擁立劉徹稱帝的過程中立了大功，出於對姑母的感激，劉徹上臺之初就封陳阿嬌為皇后，專寵她一人，多次給與陳家大量的賞賜。

這時候的阿嬌集萬千寵愛於一身，成了全天下所有女人羨慕的對象。她沒有參與過宮闈角逐就成為皇后，可以說出場就是巔峰。

可就是這樣一副好牌，最終讓阿嬌弄得一塌糊塗。

阿嬌從小沒有吃過苦，是在溫室裡長大的，母親是館陶公主是皇親國戚，其人膽大包天。阿嬌遺傳了母親的性格，在和劉徹相處的日子裡少了幾分謙遜，多了幾分驕橫，一味索求無度。

在後宮中，阿嬌更是飛揚跋扈，悍然壟斷侍寢權，不允許其他嬪妃「雨露均霑」。可惜阿嬌的肚皮實在不爭氣，一直沒能生下一兒半女。

母親館陶公主坐不住了，到處給阿嬌尋醫問診，前前後後總共花了九千萬錢。可是大夫找了一大堆，補品吃了一大堆，阿嬌的肚子卻是半點反應都沒有。

看過宮鬥劇的你一定知道，要想在後宮中站穩腳跟，除了皇帝的寵愛，還得有皇子支撐。母憑子貴，如果沒有孩子，在後宮中將會是何等悽清冷落，不光是自己在後宮地位保不住，還會失去聖心。

阿嬌太過嬌縱，又喜歡吃醋，每一次遇到問題只會跟劉徹大吵大鬧，最後鬧得不歡而散。

除此之外，館陶公主的摻和也加速了劉徹對阿嬌的反感。

幫過女婿的丈母娘很容易插手女婿的家事，當女婿的表現不盡如人意時，丈母娘就會忍不住提醒：「你小子有今天，可都是我們家幫的，沒有我，你還在膠東玩泥巴呢，做人可不能沒有良心！」

不過很可惜，這種提醒每每讓劉徹很惱火，面對驕縱的阿嬌和跋扈的丈母娘，劉徹感覺自己壓力山大。

很多時候，劉徹都會問自己，如果自己不是皇帝，阿嬌會嫁給他嗎？

想來是不會的，他與阿嬌屬於政治婚姻，兩個人能走到一起，不過是各有所圖而已。館陶公主需要與皇帝聯姻來維持自己的權力和地位，而劉徹也需要館陶公主的大力扶持，以便在皇位爭奪戰中逆襲。

每一次，劉徹受了氣，總會到母親那裡傾訴。母親總會耐心勸他：「你現在剛剛即位，羽翼未豐，大臣人心不服，還需要長公主協助，所以還得籠絡她們。」

擦乾眼淚，劉徹回去後只能繼續哄阿嬌。

心情鬱悶的時候，劉徹經常到外面馳騁遊獵，偶爾也會到自己的姐姐平陽公主府上坐一會。有一次，他在姐姐家遇到了舞女衛子夫，溫柔善良的衛子夫填補了劉徹內心的不安和空缺。隨著衛子夫生下皇子，阿嬌徹底失寵了。

沒有子嗣，愛情也離她而去，阿嬌已失去理智，她開始相信巫術，企圖幫助她重回以往。劉徹平生最討厭巫蠱之術，知道後大怒，最終廢掉了陳阿嬌皇后之位，令其遷居長門宮。

被廢後的阿嬌更覺悽清落寞，她花重金請來大才子司馬相如，寫下了極具深情的《長門賦》：

夫何一佳人兮，步逍遙以自虞。魂逾佚而不反兮，形枯槁而獨居。言我朝往而暮來兮，飲食樂而忘人。心慊移而不省故兮，交得意而相親。

伊予志之慢愚兮，懷貞愨之歡心。願賜問而自進兮，得尚君之玉音。奉虛言而望誠兮，期城南之離宮。修薄具而自設兮，君曾不肯乎幸臨。

這篇文章寫的是一位女子在深宮翹首盼望，久候情人不來的失落，塑造了一個美麗而哀愁的女子形象，紅顏憔悴，我見猶憐。

然而，人心終非如初見，帝王心腸不可挽，倒是讓司馬相如又再次出名，以史上最貴的言情文稿費，留下一篇著名的閨怨詩。

史上最著名私生子

元狩六年（西元前一百一十七年），整個帝國都陷入哀傷中。

從長安城向外望去，送葬的隊伍一眼望不到頭，將士們從首都到茂陵排列成陣，默默為他送行。

大漢最高領導者、漢武帝劉徹的情緒也很低落，眼角有閃光的淚花。

亡者被追諡為「景桓侯」，並被允許安葬於正在修建的武帝陵寢一旁。

這種高標準的待遇，只為紀念少年英雄霍去病。

從身分上講，他是一位私生子。

從古至今，私生子一直都是不被世人認同的一種存在，這種不受法律保護的愛情結晶，常常受到世人另類眼光的看待。不過逆境往往更能激勵一個人成功，歷史上有不少私生子成功逆襲，改寫了自己的命運，在史書上留下了濃墨重彩的一筆。

比如霍去病。

霍去病的母親是平陽公主府的女奴衛少兒，可惜遇人不淑，被平陽縣小吏霍仲孺引誘，生下了霍去病。不料霍仲孺卻是個薄情寡義之人，始亂終棄不負責任，不敢承認與衛少兒私通之事，霍去病只能以私生子的身分生活。

然而，上天並沒有拋棄他，隨著衛子夫得寵，霍去病也迎來了自己的機遇。十七歲時，霍去病被漢武帝任命為驃姚校尉，跟隨自己的舅舅衛青去漠南抗擊匈奴。

沒想到，霍去病完全沒有被茫茫大漠所震懾，反而如同自帶 GPS 系統一樣，拋下大軍，獨自帶著八百兵士長途奔襲數百里，直搗匈奴巢穴，斬殺單于祖父輩的人物一名，俘虜叔父一人、大小官員共兩千餘人。

這場處子秀充分展現了他的出色的軍事才能，驚豔了整個帝國。武帝驚喜無比，當即封霍去病為「冠軍侯」，稱讚他作戰驍勇，勇冠全軍。

十九歲，霍去病率領一萬精兵出擊占據河西地區的匈奴。千里大漠是霍去病的舞臺，他閃電奔襲其間，一路高歌猛進，以摧枯拉朽之勢，在六天內殲滅匈奴五個部落，殲敵近萬人，擒獲大量俘虜。

傳奇還在繼續。

這年夏天，漢武帝乘勝追擊，展開收復河西之戰。霍去病直接坐上漢軍統帥的位置，連飛將軍李廣都成了他的部下。霍去病深入匈奴境內，打得匈奴措手不及，毫無抵抗之力。

經此一役，匈奴人不得不退回到焉支山北，大漢帝國終於打通河西走廊，控制了通往西域的門戶。曾經在漢帝國面前耀武揚威的匈奴人不得不收起帳篷，驅趕著牛羊牲畜，在轔轔的車馬聲中向更遠的地方遷徙。匈奴的歌手彈著嗚咽的馬頭琴，唱起了哀慟的輓曲：「失我祁連山，使我六畜不蕃息；失我焉支山，使我嫁婦無顏色。」

二十二歲，霍去病再次領命，深入漠北尋殲匈奴主力，直追到狼居胥山。在這裡，他舉行了祭天封禮，從此「封狼居胥」成為古代武將的最高榮譽。

他的一生彷彿就是為戰爭而生，像一道閃電一般劃過天際，匆匆而去，卻為後世留下了無盡的光芒。

漢朝人吃什麼？

如果你一不小心穿越到漢朝，最重要的事是什麼？如果你去問一個吃貨，答案必定是吃飽肚子最要緊的啦！

但現實往往很殘酷，因為漢朝的食物一定不如今天豐富。我們現在吃的大部分食物，在漢朝根本沒有傳入！

番茄、馬鈴薯、玉米、青椒、番薯，不好意思，一樣都沒有！

葡萄、石榴、黃瓜、蒜、旱芹、香菜、核桃、蠶豆、芝麻、豌豆、胡椒、大蔥和洋蔥？

那你得選好時間，要穿越到武帝朝，問問張騫從西域回來了沒有。

想吃麻婆豆腐？那你得去找淮南王劉安。這位先生一直思索怎麼能長生不老，不惜重金招納數千方士為自己煉丹，結果丹藥沒煉成，反而被方士們陰差陽錯用豆漿、石膏粉、鹽做出了「菽乳」，也就是豆腐。

如果你是普通人，那就比較慘了，基本一天只能吃兩頓飯。飯菜種類也不豐富，大機率只能吃麥飯，或者加點蔬菜糧食熬成羹，豪華點可以加點肉做肉羹。如果運氣好，還能吃到粽子，不過極有可能是肉粽。

如果你去當兵，日子就比較苦了，當時出征攜帶的乾糧叫糗糒（ㄑㄧㄡˇ ㄅㄟˋ），就是做熟後晒乾的粟米，想想也蠻拼的。「粟」就是北方人常吃的小米，作為漢代北方地區的主要糧食作物，曾一度成為北方人餐桌上的主角，但吃過小米的人都知道，這東西吃不飽，容易餓。

如果你體力消耗大，一個月就能吃掉一石粟，相當於今天的三十公斤。一天吃掉一公斤米，實在有些誇張，但在主食以外的食物缺乏的漢朝，這只是你的正常飯量。

如果你喜歡吃肉，那就比較難了，當時的肉可是妥妥的奢侈品，據呂思勉先生在《秦漢史》考證，當時只有貴族和老人才吃肉。

漢朝人在製作肉食的時候，烹飪方法主要有炙、煮、煎、臘、脯。

如果你穿成貴族和富商，就可以一天吃三頓，飯菜種類也會豐富很多。當時流行八種「名人美食」：燜燉甲魚、燴鯉魚片、紅燒小鹿肉、煎魚子醬、炸烹鶴鶉拌橙絲、枸醬、肉醬、酸醋拌河豚或黑魚。

西漢著名的詞賦家枚乘在《七發》中列出了能被稱為「天下之至美也」的超級美味：

肥美的小牛腩肉，配以嫩脆的筍尖和蒲心；紅燜肥狗肉，夾著爽脆的石耳；雲夢澤的香粳米，拌著鬆散的菰米飯，又黏又爽口；軟韌的熊掌，蘸著五香的鮮醬；叉燒鹿里脊，嫩滑又甘香；新鮮的鯉魚片，燴溜黃熟的紫蘇；打過霜的菜薹，炒起來嫩綠甘脆，真叫人陶醉；用蘭香酒來盪滌齒頰，使人食指大動；清燉豹胎，讓你回味無窮。

如果你不小心穿越成皇帝，那恭喜你，一天可以吃四頓，天上飛的，水裡游的，地上跑的，只要你想吃，宮廷內專門負責膳食的少府都可以給你做出來。

大冬天突然想吃新鮮蔬菜了？沒問題，漢朝就有溫室，不過這種溫室和今天的不太一樣，一般是在牆壁較厚的屋子中，將蔬菜種子種於土壤之中，然後在屋內生活提升室溫。

雖然這種方法看起來十分先進，但卻要耗費不少錢，只有皇室成員才能有這種口福。漢朝皇帝主要還是吃《周禮》中的八珍，淳熬、淳毋、炮豚、炮牂、擣珍、漬、熬、肝膋。「淳熬」、「淳毋」其實就是蓋澆飯，飯上蓋肉末、澆湯汁，可以理解為現在的滷肉飯。

漢代人非常喜歡吃羊肉，比如兩漢之際的那位短命皇帝更始帝劉玄就是如此，廚師只要做得一手爛熟味美的羊肉，就可授以將侯之爵。

至於烤豬、燉羊、燒里脊和臘肉這些食物非常充足，大概等你吃完，褲頭都要撐爆了。

聊聊漢朝的流行樂器

每朝每代有其自己的流行樂器，有些現如今我們看來十分古老的樂器，在當時卻是最流行的樂器。今天我們來聊聊漢朝人喜歡玩什麼樂器。

劉邦最喜歡的樂器是筑。西元一百九十五年初冬，劉邦帶兵追擊謀反的淮南王英布，回京途中路過了自己的故鄉沛縣，在當地擺酒設宴，召故人父老擊筑唱歌，留下了絕唱《大風歌》：

大風起兮雲飛揚。

威加海內兮歸故鄉。

安得猛士兮守四方！

遺憾的是，筑的演奏方式單一，僅能擊弦，且一弦一音，在後世逐漸失傳。

司馬相如擅長彈琴，他彈的是古琴。古琴又稱瑤琴、玉琴、絲桐和七弦琴，是傳統撥弦樂器，有三千年以上歷史，屬於八音中的絲。

古琴音域寬廣，音色深沉，餘音悠遠。昔日司馬相如以一曲《鳳求凰》打動了卓王孫的女兒卓文君。卓文君喜好音律，當時正從窗下偷看。等到相如一曲終了，便已心生好感。卓文君仰慕相如才華，兩人遂決定私奔。

蔡邕是東漢時期著名的音樂人，他曾製作過有名的「焦尾琴」。相傳他曾於烈火中救出一段尚未燒完的梧桐木，又依據木頭的長短、形狀，特製成一張七弦琴，果然琴音非凡塵所有，因琴尾尚留有焦痕，便取名為「焦尾」。

唐朝「詩鬼」李賀曾寫過《李憑箜篌引》：「吳絲蜀桐張高秋，空山凝雲頹不流。江娥啼竹素女愁，李憑中國彈箜篌。」讓箜篌又再次出名。

你以為箜篌只在唐朝有？錯！

箜篌最早出現在春秋戰國時期，但也有人認為箜篌出現在西漢時期。司馬遷在《史記．封禪書》中記載，漢武帝祭祀太一和后土時，讓樂人侯調依照琴的樣子，製作一種樂器來演奏坎坎之樂，說坎坎之樂的節奏非常好，並以侯調的「侯」姓來命名這種樂器。

也有人說，之所以這種樂器名叫「空侯」，是因為這種樂器是侯調創製的，而且它的中間是空的，因此名為「空侯」。

如果你在節日裡去鄉野田間，或許有機會能看到百姓載歌載舞的場面，西漢的楊惲最喜歡這種田園生活，他在寫給孫會宗的一封信中這樣寫道：

種田人家勞作辛苦，一年中遇上伏日、臘日的祭祀，就煮羊肉烤羊羔，斟上一壺酒自我慰勞一番。我老家本在秦地，所以我善長秦地的樂器。妻子是趙地的女子，平素擅長彈瑟，奴婢中也有幾個會唱歌的。酒後耳熱，昂首面天，信手敲擊瓦缶，按著節拍嗚嗚呼唱。歌詞是：「在南山上種田辛勤，荊棘野草多得沒法除清。種下了一頃地的豆子，只收到一片無用的豆莖。人生還是及時行樂吧，等享富貴誰知要到什麼時辰！」

如果你有幸參加各種派對，或許還能看到專業樂隊，人數不等。比如山東諸城前涼臺畫像石墓樂舞百戲圖中的樂隊就有二十一人，六人演奏排簫，一人吹篪，一人吹壎，一人擊鐃，一人敲小建鼓，一人持鼗鼓說唱，其餘人有的敲擊柷敔，有的是主唱，簡直就是大型搖滾現場了。

從皇帝到百姓，這款桌遊迷住了多少漢朝人？

我們通常說，玩是人的天性，會玩是一種能力。今天的我們有電視、電影、手機、網遊等各式各樣的娛樂方式。那麼在沒有手機和網路的漢代社會，他們閒暇時間會玩什麼呢？

也許你會認為生活在漢代很無聊，但其實，漢朝人民業餘生活很豐富，他們也有很多遊戲可以玩：蹴鞠、鬥雞、投壺……

但如果要在這些遊戲當中選一款國民級遊戲，大概大多數漢朝人會把票投給六博棋了。

那麼問題來了，何為六博棋？

「六博」本作「六簙」，又作「陸博」，該詞最早見於屈原《楚辭招魂》中：「菎蔽象棋，有六博些。分曹並進，遒相迫些。成梟而牟，呼五白些。」其中的「六簙」便是六博棋。

一套六博棋包括三個部分：棋盤、棋子、箸或煢，棋盤用一塊方形或長方形的木板製成，一般長三十至四十五公分，棋盤上面有「┍」「┑」「┳」等曲道。棋子共十二枚，雙方各六枚，用不同顏色區分，大小在二至五公分之間。據記載六子分別為「梟、盧、雉、犢、塞（二枚）」五類棋子。如果想玩得高級點，可以用墨綠色的青玉棋子和白色的水晶棋子。

六博還有「大博」和「小博」之分，主要差別在大博用六根箸當骰子；小博用兩棵「煢」。煢與我們今天的骰子非常像，只不過煢不是固定的正方體，還有四面、十八面體等不同的類型。

六博棋早在先秦時期就已經十分流行了，當時的熱門遊戲排行榜中六博棋一家獨大，玩圍棋的反倒很少，沒有多少人下載，甚至成了冷門遊戲。對於這種現象，孔子還發表了一句感慨：

「今博獨行於世，而弈獨絕。」

這也不難理解，相較於複雜的圍棋，六博棋的門檻很低，普通人不需要花太多精力學習便可上手，此外六博棋還帶有很強的賭博性質，這點對大家有極大的吸引力，上到九十九，下到剛會走，沒事都喜歡玩兩把。當時的人們聚會開 Party 的時候少不了各自捉對、湊隊友，玩上幾局六博棋，流行程度與今天的遊戲比起來，大概也不遑多讓。據《西京雜記》記載，六博的行棋口訣在當時非常流行，長安周邊的小孩都會背。

回到漢朝，從漢文帝到漢宣帝等多位帝王都是這款遊戲的超級忠實粉絲，帝王們為了滿足自己的業餘愛好，還在宮廷中設定了博侍詔官，專職陪玩，這一官職後來伴隨圍棋的復興，又變為了棋待詔。

漢文帝時，吳王劉濞的兒子入宮陪太子劉啟喝酒玩六博棋，結果劉啟年輕氣盛，為爭一時輸贏居然將用棋盤砸死了吳國太子，在某種程度上為後來的七國之亂埋下了隱患。

《史記．滑稽列傳》中則記載了齊國著名辯士淳於髡對六博流行狀況的形容：男男女女一邊飲酒，一邊熱熱鬧鬧地玩六博、投壺，勾肩搭背放浪形骸以致耳環髮簪都掉了一地。

光自己玩還不夠，漢朝百姓覺得自己喜歡的遊戲，仙人們一定也喜歡。成都曾出土過仙人六博圖畫像磚，圖中的兩位仙人肩披羽飾，相對博弈，好不愜意！

三國時期曹植在《仙人篇》中也提到：「仙人攬六箸，對博太山隅」，在他的想像中，仙人也是喜愛六博的。

說了這麼多，這麼受古人歡迎的六博到底是怎麼玩的呢？

很遺憾，雖然各地陸續出土了各種六博棋，但東漢以後，六博棋開始衰落，具體玩法早已失傳，如何投擲著、煢，如何行棋，已經不能詳知。六博就是這樣一款讓國人遺憾的遊戲，今天的我們看著這些精美的棋盤和棋子，很難想明白古人究竟在其中尋找到了怎樣的樂趣。

好在一些典籍中有零星記載，我們可以大致推斷出遊戲規則：兩人相對而坐，各自排好六枚棋子，雙方輪流擲骰子，按點數行棋。棋子進到規定的位置即可豎起，名為「驍」，這枚「驍棋」便可以進入棋盤中央的「水」中，吃掉對方的「魚」，叫做「牽魚」。

每牽魚一次，獲得博籌二根，連牽兩次魚，獲得博籌三根，誰先獲得六根博籌，就算獲勝。

聰明的你想必已經發現了，投骰子、按點數行棋，這不就是古代版的飛行棋嘛！

漢朝超級大風暴：巫蠱之禍

武帝一生雄才大略，乃是封建王朝皇帝中的代表性人物，然而人無完人，晚年的武帝屢屢犯錯，甚至將整個國家帶向了深淵之中。

六十六歲這一年，武帝又掀起了一場政治風暴：巫蠱之禍。

故事其實很簡單，武帝病重，江充趁機進言說武帝的病正是因為巫蠱詛咒：有人在埋木頭人！

武帝大怒，命江充查明此案，江充用酷刑和栽贓迫使人認罪，甚至將皇后衛子夫和太子劉據也拉下了水，逼得兩人相繼自殺。

一場木頭人引發的禍亂，隨著太子之死，終於落下帷幕。然而殺戮卻沒有停止，守護漢高祖祭祀廟的田千秋又給漢武帝上書：「兒子擅自調動父親的軍隊，其罪當受鞭刑；如今天子的孩子誤殺了人，該當死罪嗎？我夢到一白頭翁叫我這麼說的。」

漢武帝終於相信自己的太子是被逼而反的，哀痛不已。他夷江充三族，修建了「思子宮」，在太子被害處建了一座「歸來望思之臺」，以誌哀思。

乍看之下，武帝就是一個被矇蔽的老父親，可殺伐果敢的武帝真是這麼好糊弄的嗎？江充真的膽大妄為到敢拉太子下水了嗎？

為了釐清這一切，我們需要回到故事開頭。

某天，劉徹在建章宮忽然看見一個男子帶著佩劍，直入中龍華門。劉徹急忙下令抓捕，不料卻給他逃了。皇宮立即展開搜尋，竟不見蹤影，劉徹大怒，擴大搜尋範圍，還是一無所獲。

此時武帝正在通緝陽陵大俠朱安世，丞相公孫賀主動請纓，請求負責追捕，為兒子公孫敬聲贖罪，很快就將朱安世逮捕。

朱安世隨後告發公孫敬聲和陽石公主在武帝專用的馳道兩旁埋小木偶，還請巫師做法詛咒武帝。

就問你巧不巧？

武帝的神經一下子繃緊了，下令徹查，調查官員回覆說確有此事。

有沒有覺得很奇怪？公孫敬聲的老爹公孫賀是當朝丞相，自己是穩穩的官二代，好端端的為何非要去詛咒皇帝死？即便武帝死了，太子登基，對自己有何好處？更何況如果事情敗露，就會被砍頭，怎麼看都不划算。

很快，公孫敬聲和陽石公主被殺，被牽連的還有公孫賀、諸邑公主、衛伉等人。

我們來想一想這些人物的關係，陽石公主和諸邑公主都是衛子夫的女兒，衛伉是衛青的長子，公孫賀是衛子夫的姐夫，

看明白了吧？這些人都有一個共同的身分，他們都是衛家人！

更詭異的是這並非故事的結局，而是一場政變的序幕。有一次，武帝夢見很多木頭人手持棍棒想要襲擊他，驚醒後精神恍惚，身體不適。

江充趁機說武帝的病是因為有巫術蠱作祟造成的，自告奮勇負責督察此案。他帶人到處掘地尋找木頭人，抓捕了一大批人，施以酷刑強迫他們認罪。

一時間人心惶惶，然而武帝似乎並沒有罷手的意思，江充洞察到了主人的心思，索性到宮中搜尋。一幫人掘地三尺，硬是在皇后宮和太子宮挖出了木偶人！

這就更胡扯了，皇后和太子為何要詛咒武帝？動機何在？退一萬步講，即便真的做過，還不銷毀證據，等著被別人挖出來嗎？

不管你信不信，武帝是相信了。

太子被江充栽贓陷害，又無法親自向父親陳情，只好起兵誅殺江充，而「受了矇蔽」的武帝毫不猶豫派兵鎮壓，皇后衛子夫和太子劉據相繼自殺。

至此，事情已經很明朗了，這場轟動一時的「巫蠱」案，終極目標就是清理衛家人。

那麼問題來了，為什麼武帝要對外戚衛氏痛下殺手？

當初武帝之所以能當上太子，得益於三個女人：母親王夫人、長公主劉嫖和竇太后。這三個女人牢牢控制著武帝，導致皇權被架空。

成年掌權後，面對日漸崛起的外戚衛氏，武帝的內心深處更多的是警惕而非欣賞。即便衛子夫恭謹克己，即便衛青謹慎隱忍，武帝始終放不下心。

對於太子劉據，武帝的心思和始皇帝別無二致，武帝性格剛毅，用法嚴厲，任用了不少酷吏，太子則性格寬厚，喜好仁政，總喜歡平反，推翻自己的政策，讓武帝很是不爽。

就在他猶豫的當下，鉤弋夫人生下了皇子劉弗陵。

這個兒子的到來真是恰到好處，武帝終於找到了替換太子的合適人選，而一場血腥風暴也拉開了序幕。

李廣到底冤不冤？

太史公司馬遷一生推崇的英雄有兩個，一個是項羽，另一個是李廣。

對於李廣，司馬遷從來不掩飾喜愛之情，比如同樣是帝國名將，衛青、霍去病的功績比李廣高好幾個數量級，但司馬遷就是看不上這兩人，在寫《史記》時還將兩人寫入《佞幸列傳》，著重抨擊了衛青和霍去病善於諂媚事主、虛偽作秀。

這就有點侮辱人了。

雖然司馬遷在《史記》中對李廣讚不絕口，但李廣的戰績實在有些差。李廣自己打仗很猛，帶兵打仗就不行，他一輩子打了很多仗，從來沒打過大勝仗，都六十了也沒封侯，還老是迷路。

《史記》記載，李廣曾帶著百餘騎追擊匈奴的一小股精銳，將上萬人扔在匈奴腹地不管。戰爭期間，身為軍隊統帥，卻只顧自己逞英雄，與部下失聯足足一整天，這實在不是一個稱職將軍應該做的。

據《史記》和《漢書》記載，武帝一朝因軍功封侯者共二十六人，無一不是戰功卓著的優秀將領，而李廣在武帝朝五次出征匈奴，三次未遇敵，兩次幾乎全軍覆沒，這樣的戰績當然難以達到封侯的標準。

可偏偏李廣又十分願意打仗，想立功，於是在六十歲的時候又跟著衛青出來打仗，這一戰就是著名的龍城之戰。

這一戰發生在西元前一百一十九年，武帝傾全國之力發動了對匈奴的決戰——漠北之戰。漢朝精銳盡出，年邁的李廣不甘心缺席，主動去找武帝，執意要求出征。

武帝說：「老將軍還是歇一歇吧，打仗是年輕人的事，您老人家為國征戰了一輩子，如今年紀大了，也該好好待在家中頤養天年了。白首從軍，鞍馬顛簸，朕於心何忍？」

李廣當然不答應：「陛下，老臣今年都六十多歲了，沒有多少活頭了，這也許是與匈奴的最後一戰，也是我李廣的最後一戰了，老臣一定要去。大丈夫即食君祿，當死於戰場，以馬革裹屍還，幸也！」

武帝聽後大為感動，既然老將軍執意請戰，準了！

不過為了保險起見，武帝還是單獨找來了衛青，囑咐他：「李廣年齡大了，運氣又總是不好，不適合作為先鋒，你就多照顧一下他吧！」

大軍出發沒多久，衛青的部隊抓到了一個匈奴俘虜，審問後得知，先前得到的情報有誤，單于依然在定襄北面，不曾東移。

這下子，衛青非常激動，既然已經知道了單于主力的確切位置，那就由我們主攻單于吧！

他當即下令，李廣和趙食其的兵馬，從東路進軍包抄單于；公孫敖從正面挺進，到時候兩軍匯合，夾擊單于。

李廣不服氣，他太需要一次與匈奴正面對決的機會了，如今機會就在眼前，衛青卻把大好機會讓給了好朋友公孫敖，李廣如何能服氣？他一肚子氣沒地方發洩，氣呼呼地去找衛青理論。

李廣說，我是陛下任命的前將軍，現在大將軍無緣無故把我改調到東路作為助攻，我不甘心！我從年輕始就與匈奴作戰，等了這麼久，才有了與匈奴單于面對面交鋒的機會，我願意充當前鋒，與匈奴單于一決生死！

衛青婉拒了他，李廣氣呼呼地離開了將軍帳，獨自帶著隊伍出發了。這樣的做法，一方面當然是心中有怨氣，另一方面也是想爭取時間，搶在衛青部之前遇到匈奴主力。

很遺憾，李廣最終並沒有按照計畫與衛青部會合，更沒有如他心中所想的那樣搶先接戰匈奴，而是在大漠中又迷路了。

當他帶著大軍在茫茫大漠繞了幾個星期回到原點，衛青已全殲匈奴主力，霍去病則達成了前無古人的成就 —— 封狼居胥。

當長史問李廣為什麼迷路時，李廣卻閉嘴不言，一個字都不願意說。

看著身邊的同袍們，老李的眼中滿是濁淚，他望著手中的寶劍，感慨道：我十六歲就參加對匈奴作戰，經歷大小七十餘戰，我很幸運能跟隨大將軍參加此次征戰。只是沒想到，大將軍不讓我衝鋒在前，而我又迷了路，這一切都是天意啊！我今年已經六十餘歲了，終究不能面對刀筆吏的侮辱了！

老了，真的老了！

然後，李廣揮刀自刎。

與衛青、霍去病等人相比，李廣在治軍和戰術戰法上存在很大短板，他雖戎馬一生、英勇無比，但其結局卻讓人遺憾。但或許正因如此，才讓司馬遷對他報以無限的同情，忍不住在《史記》中不惜筆墨極力推崇吧！

漢武帝是如何賺錢的？

漢武帝統治期間幾乎連年開戰，北征匈奴，南服滇、越，招降羌族，定北韓四郡，通西南夷道。然而戰爭是要燒錢的，是要勞民的，雖然戰績好看，但對國內的社會來說，卻不失為一場災難。連年戰爭讓帝國的財政不堪重負，有時候一場戰爭的花費就是中央官吏俸祿的幾十倍。

都說兵馬未動，糧草先行，漢武帝哪來這麼多錢呢？

主要有以下幾招：

第一招：吃老本！

漢武帝的爺爺和父親省吃儉用，開創了「文景之治」，給他留下來了一份好大的遺產。《漢書．食貨志》中記載，這一時期京師倉庫中的錢放的時間太長，導致串錢的繩子都朽爛了，無法統計數目；國家儲備糧倉中因為存放了太多的糧食都放不下了，甚至堆在地面上腐爛了。

正是因為有錢、有糧，漢武帝才一改漢初「和親政策」的屈辱，不受拘束和匈奴打一場。

可問題在於，國庫裡的儲蓄是有限的，連年的戰爭很快耗盡了累積的財富，元朔六年，衛青大勝的喜訊傳到京師時，大農令表示，國家庫存的錢財已經不足以應付鉅額軍費開支。

怎麼辦？

漢武帝想出了第二招：賣爵位。

漢文帝當年就用過這招，他採納晁錯的建議，沿用秦代二十等爵制，規定有人向邊關輸送糧食，就授予爵位，高等爵位的人享有免賦免役的特權。

漢武帝玩得更狠，下詔設十一級武功爵，鼓勵民眾踴躍購買，明碼標價，童叟無欺。

有人要問了，這爵位又不是官位，買來有什麼用啊？

別急，漢武帝早有安排，這爵位的用途可大著呢，買爵的人可以免罪，可以優先選任官吏，不用透過「公務員考試」就可以進入政府單位任職，大者封侯卿大夫，小者郎吏。

這麼做的弊端顯而易見，官吏素養下降，官僚系統更加腐敗，社會風氣也被徹底帶壞了。

這麼做顯然不是長久之計，漢武帝很快發現了問題的源頭：貨幣！

朝廷既然沒錢，直接印鈔票多好，乾脆還省事！

這裡要交代一個背景：當時諸侯國和民間私自鑄造貨幣之風盛行，賈誼就曾建議文帝收回鑄幣權，甚至要從源頭禁止，不許民間開採銅礦，以免搞亂市場。

然而漢文帝不願與民爭利，未予採納。直到後來，一些掌握鑄幣權的豪強地主權力日盛，甚至威脅到了中央。

元狩四年（西元前一百一十九年），漢武帝採納張湯的建議，推出了「白鹿皮幣」和「白金幣」。「皮幣」就是一張方尺寬的白鹿皮，飾以紫色花紋，價值四十萬錢。「白金幣」是以銀、錫熔鑄而成的合金貨幣，本身價值不高，當時銀價每兩不過五十錢。而白金幣的定價卻已接近黃金的三分之二。

這項政策一發布，大家都愣住了，這簡直就是搶劫啊，還沒比特幣可靠。

大農令顏異以廉潔正直著稱，強烈反對：「王侯朝賀的玉璧一個價值才幾千錢，而作為墊子的皮幣卻值四十萬錢，這不就是本末倒置嗎？」

漢武帝很生氣，找了個藉口處死了顏異。

此後幾年，漢武帝繼續推行幣制改革，不斷更鑄新錢，先後推出了三銖錢、郡國五銖、赤仄五銖等貨幣，結果使貨幣流通更為混亂。後來朝廷終於下定決心壟斷了鑄幣權，總算控制了民間私鑄貨幣的風氣。

帝國的鹽和鐵

武帝在位五十多年，基本上有四十年都在發動對外戰爭，但戰爭是要燒錢的，錢從哪來？

這個問題曾長期困擾著大漢君臣，御史大夫張湯提了個建議：「籠天下鹽鐵，排富商大賈。」

簡單來說就是把鹽和鐵納入國家壟斷經營。

為什麼是這兩樣東西？

很簡單，所有人都要吃鹽。如果不吃鹽，人會出現肌肉疲軟無力、頭暈嗜睡、噁心嘔吐、肌肉痙攣的情況出現。嚴重情況下，還會發生運動失調、精神萎靡等情況，所以鹽是生活必需品，一旦政府壟斷經營，極容易產生豐厚的利潤。

鐵的重要性同樣不言而喻，從日常生產生活到行軍打仗，都離不開鐵質兵器。

為了壟斷鹽鐵經營，漢武帝任用了兩個人：大鹽商東郭咸陽和大冶鐵商孔僅，讓兩人負責此事。

如果你足夠細心，會發現一個問題：這兩人都是大商人，按照慣例，商人處於社會鄙視鏈的最低端，怎麼能做官呢？

從這裡就能看出漢武帝的用人風格，他是個實用主義者，只要對自己的事業有幫助，一概不論出身，唯才是舉。

在具體管理上，朝廷在中央設有「大司農」，負責統籌管理鹽鐵專營；地方上設立鹽官、鐵官來具體執行專營政策。

對於製鹽，在產鹽區設立地方鹽官，招募鹽戶採鹽製鹽，煮鹽的費用由鹽戶自己承擔，官府只提供煮鹽的鐵鍋。煮成的鹽由官府統一收購並對外銷售，鹽戶不得私自販賣，違者處以重罰。百姓用鹽，只能從官營攤點上購買。

對於冶鐵，在各地都設定鐵官，負責管理當地的官營冶鐵作坊，包括鐵礦的開採、冶煉整個生產環節；官營冶鐵作坊的勞動力大都是囚犯、奴隸和徵用的民夫，都是無償勞動，只提供食宿。鐵器製成後歸官府所有，由鐵官負責販賣，百姓需要鐵器也只能從鐵官那裡購買。

是不是覺得很專業？事實上，這套鹽鐵官營制度並不是漢武帝一時衝動想出來的，而是借鑑了管仲的做法。

春秋戰國時由於禮崩樂壞，各諸侯國之間長期征伐不斷。但是戰爭是一場燒錢的遊戲，齊國雖然強盛，但面對頻繁的戰爭依舊有些捉襟見肘。

齊桓公上位後，曾問管仲富國之策，並建議對房屋樓臺、樹木、六畜、人口徵稅，都被管仲一一否定。在管仲看來，直接向人民收稅，這種辦法太 low 了，會招致民眾的不滿。最好的辦法是讓納稅者在不知不覺中納了稅，而且不至於在心理上牴觸。

想法很美好，具體該如何做？

管仲提出了自己的策略：唯官山海為可耳。

什麼意思呢？就是由政府壟斷山和海的資源，山上出鐵礦，海裡出海鹽，通通都是皇家的，民眾不得私自開採。

具體怎麼管理呢？齊國政府規定，鹽屬於國有資產，但在生產上實行官督民產，規定百姓在特定時間、特定地點煮鹽，由政府設定鹽官，統一收購、統一運輸、統一銷售。至於鐵礦，國家將開採權承包給百姓，按三七比例分利潤，政府得七成，民眾得三成。

鹽鐵官營為齊桓公的霸業奠定了堅實的財政基礎，僅食鹽專賣一項，管仲為齊桓公算了一筆帳：一個萬乘之國，人口算一千萬，納稅人算一百萬，如果徵人頭稅，每人每月徵收三十錢，一個月也就三千萬錢。但只要每升鹽加價兩錢，因為食鹽銷售嚴格按照戶籍進行，每月即可得六千萬錢，相當於人頭稅的兩倍，而且收起稅來簡便。

管仲提出的鹽鐵專營政策，作為國家干預經濟的經典模式，對後世產生了重大影響，甚至可以說變成了一種中國特色。而桑弘羊完美繼承了管仲的經濟改革思想，並將其進一步發揚光大。

據史料記載，漢武帝在全國各地共設立了三十六處鹽官，其中在山東設立了十一處（山東靠海，有豐富的海鹽），而鐵官達四十八處，遍及各郡國，形成一套成熟完善的鹽鐵壟斷專營管理制度。可以說，鹽和鐵是當時漢廷兩大支柱產業。

除了鹽鐵，漢武帝還看上了另一個行業：釀酒。這個行業利潤很高，為了壟斷釀酒業，漢武帝規定民間不許釀酒，釀酒的買賣一律收歸國有，從此酒、鹽和鐵被稱之為三榷，後面的朝代只要一進行中央集權，基本都是這個走向。

有人要問了，既然官府統一經營，那麼品質是不是就能得到保證了？

恰恰相反！

隨著鹽鐵被政府壟斷，國營事業與生俱來的弊端也逐漸顯現。就拿鐵器來說，各地鐵官監造的鐵器品質非常差，根本用不了，官府還強令百姓購買，弄得民間怨聲載道。

而此時，漢武帝早已完成了財富收割，並開啟了下一場戰爭。

大漢第一模範勞工卜式

在武帝朝的大臣中，卜式稱得上一個傳奇人物。

卜式是河南洛陽人，生於富裕之家。十五歲時，父母雙亡，留一幼弟。卜式獨撐家業，待其弟長大成人，各立門戶。卜式將所有家財留給弟弟，自己僅取百餘隻羊，到山中牧羊為生。

卜式放羊是一把好手，他往山溝裡一鑽就是十多年，出來時，百餘隻羊已變成了千餘隻。此時弟弟因不善營生，早已坐吃山空，家業敗盡，卜式二話不說，再次資助弟弟，倍受鄉鄰稱讚。

此時，朝廷連年對匈奴作戰，財政吃緊，已經快拿不出錢了。漢武帝為了籌錢，宣布了一項法令：犯人可以透過繳納贖金獲得減刑或釋放，同時出賣朝廷爵位。

國家缺錢，老百姓就得勒緊褲頭過日子。身為一名愛國資本家，卜式主動站出來，表示願意把一半家產捐獻給國家，作為對匈奴作戰的經費。

縣令一看，自己治下竟有如此良民，立即將這件事上報到了中央。

劉徹聽說後，覺得這人很有趣。這些年，讓誰捐錢都跟要了他們命似的，就沒見過卜式這種大公無私的愛國資本家。不止劉徹不信，所有人都不信。

劉徹把卜式叫到長安，派使者去了解情況。

使者見到卜式，問他，要捐一半家產的，就是你嗎？

卜式說，正是小人。

使者問，你頭腦有問題？到底有什麼企圖？

卜式說，國家作戰需要錢，老百姓自當有錢出錢，有力出力。

使者問，別說的那麼好聽，你是不是想做官？

卜式說，我只會放羊，不懂政事，不願做官。

使者又問，那你是有什麼冤情要上訪嗎？

卜式說，我從來與人無爭，待人和氣，鄉親們日子過得艱難，我就主動借錢給他們。街坊鄰居跟我關係都很好，也願意聽我的話，哪有什麼冤屈？

使者更加納悶，你說實話，捐這麼多家產，你還是想要點什麼吧？

卜式說，朝廷要和匈奴開戰，這是國家大事，每個臣民都應盡責盡力，有錢的出錢，有力的出力。俺有錢，所以就出錢，就這麼簡單嘍。

這就奇了怪了，不求官，沒有冤，有這樣像雷鋒再世的人一樣，願把一半家產捐給國家？使者一頭霧水地回去報告了，從來沒見過卜式這樣耿直的人。

劉徹聽了彙報，也覺得不可思議，把宰相公孫弘叫過來，問他怎麼看。公孫弘說，這人做事不合情理，必有奸詐，請陛下不要理他。

劉徹只能把寫好的嘉獎令封存起來，對卜式捐款的請求也不作回應。

卜式對此倒不以為意，回家後繼續做自己的養殖業，很快就成了當地有名的養殖專業戶。

元狩二年（西元前一百二十一年）秋，匈奴的渾邪王帶著四萬多人投降漢朝，劉徹以盛大的排場迎接渾邪王部眾，過度的花費導致府庫再度空了。

次年，國家發生非常大的水災，地方救災能力有限，中央財政正緊。為度過難關，朝廷準備向土豪們徵收財產稅，並倡議地方豪強為國分憂，主動捐款捐物，幫助災民度過難關。

卜式二話不說，拿出二十萬錢捐贈給河南，地方官員把他的義舉再次報給了朝廷。劉徹看到捐款名冊上排名第一的是卜式，立刻就想起來了，這不是之前要捐一半家產那個傢伙嗎？

原來卜式不是另有所圖，他真的是漢朝雷鋒啊！

劉徹大為感動，賜給卜式免戍邊徭役四百人的指標。豈料，卜式又把這四百個指標還給了國家。

這次，劉徹是真的服氣了，卜式的確是位有德長者，於是打算拜為中郎，賜爵左庶長，又賜他良田十頃。此外，劉徹還親自簽發了一份詔令，號召全國人民向卜式同胞學習！

沒想到，卜式是真的不願意當官，他只想回家放羊。

劉徹也很無言，說，你不就想放羊嗎？要不這樣吧，我的上林苑中有的是羊，正好缺一個羊倌，要不就交給你吧！

卜式這才去了上林苑，當了個皇家飼養員。一年多後，卜式把上林苑中的羊養得又肥又壯，數量也翻了一番。

有一次，劉徹到上林苑視察工作，見上林苑裡牛羊繁息，一衍生機勃勃的景象，對卜式誇讚了一番。

卜式受到表揚，說陛下，其實放羊和管理百姓是一樣的道理，只要讓牠們起居有規律，有病的要及早隔離，適時清除凶惡的，別讓牠敗壞了羊群，這羊就能養好。

劉徹一聽，這簡直是治國高論啊！於是任命卜式當了一個縣令。在那裡，卜式提倡農桑，輕徭薄賦，鼓勵百姓養牛養羊，口碑相當好。劉徹又升卜式為成皋令，之後一路提拔他出任御史大夫，位列三公。

漢朝人喜歡喝什麼酒？

自古以來，中國人骨子裡便帶著一種對美酒的喜愛。劉邦御駕親征平叛歸來，在故鄉喝著小酒擊著築寫下了「大風起兮雲飛揚，威加海內兮歸故鄉，安得猛士兮守四方！」司馬相如也曾同卓文君當壚賣酒，讓老岳父十分羞愧。海昏侯劉賀被廢後，經常與其妻子兒子一起喝酒，甚至將酒器帶到了墓中。

太史公司馬遷曾在《貨殖列傳》中這樣讚美道：「酒者，天之美祿，帝王所以頤養天下，享祀祈福，扶衰養疾。百禮之會，非酒不行。」

如果有幸回到漢朝，我們能喝到什麼酒呢？

漢代之前，酒主要是作為貴族間飲宴豪奢之物或皇家祭祀所用，飲酒之風也並未盛行。到了漢代，由於釀酒業的迅速發展，酒逐漸融入了日常生活中，上至皇家士族、文人雅士，下至平民百姓，販夫走卒，都可以喝上兩杯。

當然，這酒也不是想喝就能喝的。漢文帝時，朝廷頒發了一條略顯奇怪的法令：禁止三人以上無故群飲，違者罰金四兩。

漢律規定，只有節日、婚嫁以及皇帝規定的日子才能聚眾喝酒。而皇帝規定的飲酒日也被稱為「酺」。

既然酒是與宴會、飲食聯繫在一起的，必然會有喝酒的習俗，漢代的酒桌上又有哪些規矩呢？

漢代酒宴上的禮節可不少，從各人的進出次序、坐位方向、膳饌種類、擺宴方法都有嚴格的規定，就連誰在什麼時候說什麼話都有規定。你是不是好奇，如果不遵守會有什麼後果？

不好意思，如果不守規矩，極有可能被拖出去砍了！

這可不是我亂說。劉邦去世後，呂后專權，劉氏子弟大為憤怒。有一天，呂后在宮中設宴，呂后令劉邦的孫子劉章監酒。劉章說：「臣是將種，請以軍法行酒！」

呂后表示同意，飲酒飲到高潮時，呂氏子弟中有一人酒醉逃席，劉章追而殺之，然後回報呂后：「有一人逃席，臣已按軍法處斬！」

呂后大驚失色，但也無可奈何。

就坐次規矩來講，秦漢時期以東向為尊，以右為尊。鴻門宴時，項王、項伯東向坐，亞父南向坐，沛公（劉邦）北向坐，張良西向侍。喝酒時也不是盤腿而坐，而是跪坐以臀壓足，兩膝外向。

對於好酒之人，大概還有一個疑問：漢朝人喝什麼酒？

漢代酒的種類很多，常見的有穀物酒，如稻酒、黍酒、秫酒（高粱酒）、米酒，還有果物酒，如葡萄酒和甘蔗酒。還有一些新增配料的酒，如椒酒、柏酒、桂酒、蘭英酒、菊酒等，也有以產地命名的，如宜城醪、蒼梧清、中山冬釀、酃綠、酇白、白薄等。

對於喝慣了白酒的你而言，這種酒一定是喝不醉的，最高也只有十多度，若想喝高濃度酒，只能忍忍了，因為蒸餾白酒的工藝到元朝才引進中國。

如果你是平民百姓，大可以在街頭小巷隨地擼袖伸拳，猜拳玩樂。但如果你是有身分的人，參加宴會可不能只會捲起袖子划拳了，因為這個圈子裡的人玩法比較多樣，不但延續了先秦的投壺、博弈、骰子、祝酒辭等花樣，而且推陳出新，演繹出了六博、樗蒲、藏鉤、射覆、錢令（意錢）、博塋、歌賦等酒令，如果搞不清遊戲規則，可要出醜了！

李陵的「瘋狂計畫」

漢武帝對匈奴的長期作戰，不僅成就了一批功勳卓著的英雄，比如衛青和霍去病，也使一些人物的命運變得無比悲情，比如李陵。

李陵是西漢名將李廣之孫，軍人世家的環境，決定了李陵從小就喜歡打仗，他自幼善騎射，勇猛過人，頗有祖父李廣之風。

西元前九十九年，漢武帝派他的小舅子、貳師將軍李廣利出擊匈奴，命李陵保障後勤，押運糧草。

身為名將之後，李陵的志向可不是負責後勤，運輸輜重，而是像爺爺那樣，奮勇殺敵，為國效力，所以他向漢武帝屢屢請戰。

因為戰馬不夠，漢武帝拒絕了李陵的請求，但李陵卻堅持說，他不需要戰馬，願領五千精兵直搗匈奴王庭。

看到李陵如此堅定，漢武帝終於答應讓他親赴戰場、建功立業。

為了保險起見，漢武帝安排了強弩都尉路博德配合李陵作戰，在半路上接應李陵，不料路博德百般推脫，以為是李陵不想出戰，讓老同袍來說情，令李陵獨自出兵。

從一開始，李陵的部隊就注定是一支孤軍，沒有任何支援。

李陵的運氣是真好，進入草原沒幾天，就遇到了匈奴單于親自帶領的三萬騎兵。

李陵早有準備，他下令將輜重車圍成一圈，集合成了一個鐵桶陣。我就待在這裡不動，你要殺我，一定得騎馬跑過來，你過來我就拿箭射你。

就這樣，匈奴人死了幾千人，還是沒打贏。

匈奴王仍不死心，索性將附近的左右賢王都叫來，從三萬增加到了八萬，輪番攻擊。

反觀李陵這邊，只有區區五千步兵。

敵我相差懸殊，漢軍傷亡越來越嚴重，士氣低落，弓箭也快沒了。李陵只好且戰且退，最後退到了一處山谷之中。

這邊李陵正在為糧食和弓箭發愁，那邊匈奴人也不好過。對付區區五千步兵，匈奴人死了一萬多都沒打下來，早就不想打了。

可偏偏就在此時，一個漢軍叛逃到匈奴那邊，帶去了一個重要情報：李陵孤軍深入，外無援兵，且箭矢即將用完，只要單于再加把勁，必能生擒李陵！

單于大喜，命人加緊圍攻。

眼看漢軍突圍無望，李陵扛不住了，做了一個影響他一生的決定：突圍，所有人朝不同的方向突圍！

李陵與韓延年率十餘名勇士突圍，不料還是被匈奴騎兵追了上來，這下徹底走不了了。

要不要投降？李陵的內心陷入了天人交戰中。

一個聲音說，李陵，你李家三代世受國恩，如今戰敗，你有何面目去見陛下？不如一死了之，還能贏得身後之名！

另一個聲音說，生命誠可貴，死有什麼用？不如留著有用之身，將來有機會再為漢朝盡忠！

夜如墨，風如剪，星光黯淡，李陵正面臨人生中最重要的一個選擇。

生與死，只是一剎那之間的事，軍人戰死沙場是天職，但是到了真正面臨死亡的時候，誰又可以很坦然地面對呢？

終於，他扔下了手中的長矛，長嘆一聲：我無顏面去見陛下了。

一滴英雄淚，飄落在冰涼的夜風中。

輪臺罪己詔：漢武帝的檢討書

漢武帝是古代最具有雄才大略的皇帝之一，他生於「文景之治」的西漢盛世，繼承了父祖的遺產，對內加強中央集權，經濟上管制鹽鐵，對外三次大規模擊敗匈奴，一洗高祖以來幾代人的恥辱，大揚國威。

然而，晚年的他用錯了將，對匈奴的戰爭屢戰屢敗，喪師十數萬，差點將衛、霍早年的勝利全輸回去。他的性情也越來越暴戾，總懷疑有人要下蠱詛咒他，弄得天下人人自危。

直至釀成巫蠱之禍後，漢武帝才清醒了點，開始反思先前的過錯。

西元前八十九年，劉徹到齊郡鉅定縣親自下地耕田。一個喜好征戰殺伐的皇帝，如今肯俯下身來，親自示範耕作，其用意不言自明。

而後，他最後一次去了泰山，舉行了封禪典禮。

從泰山下來後，劉徹召見群臣，追說了這樣一番話：「朕自即位以來，做了許多狂妄悖謬之事，使天下人因此受累，朕後悔莫及。從今往後，凡是傷害百姓、浪費天下財力的事情，一律廢止！」

一生醉心於用武力開疆拓土的劉徹，終於從自己的執念中走了出來。田千秋見劉徹態度有變，鼓起勇氣提了個建議：「如今很多方士一直談論神仙之事，卻都沒什麼效果，請求陛下將他們全部遣散。」

劉徹道：「先前是我糊塗，被方士所騙。天下哪有什麼仙人？盡是些妖言妄語罷了。要想保持身體健康，唯有注意節食，有病服藥，其他一切都是虛的。」

長久以來，劉徹將尋訪仙人和不死神藥作為個人的終極追求，而現在，他卻不得不懷疑不死之荒謬、神仙之虛無。

桑弘羊向劉徹提了個建議：西北邊境的輪臺地區，有五千多頃土地可以耕種，請陛下下旨移民戍邊屯田，並在輪臺以西修築碉堡線，以震懾西域各國。

不料這一次，劉徹卻沒有批准這項軍事計畫。

他下了一道詔令：「上次有人主張每人加稅三十錢作為邊防經費，這次又請派士兵和百姓到輪臺開荒。輪臺在車師以西一千餘里，上次漢軍攻打車師時，雖然取得了勝利，迫使車師王歸降，但因路途遙遠，糧草缺乏，數千人死於路途。先前由於朕糊塗，屢次派李廣利出擊匈奴，士兵多戰死，妻離子散，至今朕還尤感痛心。現在又請朕派人到遙遠的輪臺築壘屯田，這不是又要擾亂天下、勞苦百姓嗎？朕不想再聽了。當今之務，在于禁官吏之苛暴，廢止擅自增加賦稅之法令，全力務農，對為國家養馬者要免其徭役賦稅，補充這些年戰馬的損失，不使國家軍備短缺即可。」

這就是歷史上有著名的「輪臺罪己詔」。

這道詔令中，劉徹否定了桑弘羊建議在西域輪臺屯田的建議，同時對自己過去不停進行戰爭、勞民傷財的行為進行了反省和檢討，表明要把國家的工作重心轉到發展經濟和富民上面來。

本來已要沸騰的大鼎，總算冷卻了些。

司馬光在《資治通鑑》中說，漢武帝做的事和秦始皇沒多大差別，之所以漢朝延續，而秦朝滅亡，一是父親和爺爺打下了好基礎，二是漢武帝長壽，在晚年的時候，有機會檢討自己的過失，亡羊補牢，安排好了後事。所以，做了很多錯事的漢武帝，最終避免了身死國滅的悲劇，把漢朝的接力棒給傳承了下去。

這就是後人常說的，武帝有亡秦之失，而免於亡秦之禍。

鉤弋夫人為什麼必須死？

西元前九十五年，六十一歲的劉徹外出巡遊。

路過河北河間時，隨行的一位術士望了望天，告訴劉徹，此地天上雲彩不同尋常，必有奇女子。

劉徹一顆蒼老的心瞬間活了過來，立即派人尋找。

隨行官員很快找到一位年輕女子，只見她烏髮如漆，肌膚如玉，美目流盼，一顰一笑之間流露出一種說不出的風韻。

劉徹對她一見傾心，隨行人員介紹說，這名女子姓趙，有個奇怪的毛病，她的雙手握拳，無法張開。

劉徹不信，輕輕撫摸了一下趙氏的雙拳，雙拳張開，裡面握著一隻小巧的玉鉤。

眾人立即恭維，天子的神威治癒了美人的怪病，實在是天賜吉兆。

劉徹也很開心，開心地將趙氏帶回皇宮，封為婕妤。大家也叫她拳夫人，鉤弋夫人。

大話西遊裡，紫霞仙子曾說，誰拔出我的紫青寶劍，誰就是我的如意郎君。

結果，至尊寶輕而易舉地拔出了她的劍。這一次，趙氏如願以償，成了皇帝的女人。

鉤弋夫人很得漢武帝寵愛，生下了兒子劉弗陵。這個孩子的出生也頗為稀奇，據說劉弗陵與上古堯帝一樣，都是懷胎十四個月才出生的，於是鉤弋夫人的宮門被稱為「堯母門」。

聰明人都看出來了，劉徹想換太子了。

廟堂之上，從來不乏善於鑽營、揣摩人心的人。隨著衛子夫逐漸失寵，不少居心叵測之人認為太子劉據失去了依靠，開始陷害他。

很快，巫蠱之禍爆發，衛氏一族遭到清洗，太子劉據自殺。

劉徹沉浸在悲傷之中，帶上鉤弋夫人移居甘泉宮。

在甘泉宮，劉徹周密盤算起了身後事，他讓人畫了一幅《周公輔成王圖》，向群臣表明想立劉弗陵為太子。

眾人開始羡慕年輕的鉤弋夫人，然而皇帝喜怒無常，幾日後，劉徹因為無關痛癢的小事情痛責了鉤弋夫人。鉤弋夫人趕快摘去首飾，叩頭請罪。

不料，劉徹的態度異常嚴厲，他讓人把鉤弋夫人拉出去，關到掖庭獄中。鉤弋夫人向劉徹求饒，劉徹冷冷地說，快走，你不得活！

不久之後，鉤弋夫人死於雲陽宮。

風波平息後，劉徹有一次問左右隨從，外邊對處死鉤弋夫人一事怎麼看？

隨從回答，人們都說她兒子即將成為太子，陛下為什麼還要殺他母親？

劉徹道：「這不是你們這些蠢人能明白的。古來亂國之事，都是因為國君年幼而其母青春正盛。女人一旦大權在握，就會驕橫不法，荒淫穢亂，為所欲為，無人能夠禁止。你沒聽說過呂后之事嗎？」

宮廷權力之爭充滿著血腥和鬥爭，怪不得南朝皇帝臨死前說：「願永世永生不再生在帝王家。」

李廣戰績不如衛霍，為什麼後世詩詞中大家更懷念他？

李廣可以說是古代名將中的「偶像派」，幾乎無人不知，無人不曉，名氣之大，甚至超過了衛青和霍去病。

在很多詩作中，更是對李廣推崇備至，比如「馮唐易老，李廣難封」「君不見沙場征戰苦，至今猶憶李將軍」「但使龍城飛將在，不教胡馬度陰山」。

李廣的名氣很大，但如果翻開歷史會發現，戰績上李廣遠不如衛青、霍去病，在歷次對匈奴的戰爭中敗多勝少，甚至連個侯爵都沒有封上。

可是為什麼在後世詩詞中，對李廣的推崇要高於衛青霍去病呢？

其實說起來，這既有時代的因素，又有環境的影響。而造成這種結果的根源，還是出在了太史公司馬遷身上。

要想被人牢牢記住，最好有特點，或是與眾不同，只有這樣大腦的印象會更為深刻。司馬遷在寫李將軍列傳時，帶入了很強的主觀情緒，他對衛青、霍去病的戰功描述很多，而對李廣的傳奇經歷、武功騎射敘述更多，用大量篇幅寫了李廣的英雄事蹟，為李廣鳴不平。

為什麼司馬遷會重點寫李廣？是因為他老人家打心底看不上衛青與霍去病。他最看不慣漢武帝的任人唯親。衛青和霍去病從某種程度上講，就是漢武帝任人唯親的結果，因為看上了衛青的姐姐衛子夫，才給了衛青出頭的機會，而衛青出頭後，又給外甥霍去病創造了機遇。

司馬遷對於李廣祖孫三代的遭遇十分同情。李廣不願受刀筆之吏侮辱，引刀自剄；李廣之子李敢想找衛青尋仇，結果被霍去病射殺；李廣的孫子李陵兵敗之後，投敵匈奴，一生都沒有再踏上漢朝故土一步。

李廣的祖上和司馬遷的祖上都曾在秦朝為官，都是世家之後，太史公對李家同情心氾濫，也是理所當然的事情。何況，司馬遷本人也是因為李陵之事遭受「腐刑」，這就更讓他下意識地與李家保持了同一線。

司馬遷對李廣的事蹟著重筆墨，大發感慨李廣的懷才不遇，後世才會對李廣更熟悉，加上李廣自帶各種傳說，一個長期懷才不遇、遭受不公正對待的悲情將軍形象就這麼被樹立起來，「飛將軍」的名號也就被越來越多的人知曉並傳頌。

而後世文人墨客追捧李廣，相當程度上源自於鬱鬱不得志的悲慘人生下換來的感同身受，是同理心下的一種現象。他們拔高李廣的功績，不過是來表明自己懷才不遇，來哀嘆命運的不公，僅此而已。

漢武帝是怎樣徵收財產稅的？

元狩四年（西元前一百一十九年），衛青、霍去病領軍出擊匈奴，取得重大勝利，匈奴十餘年再無南下之力。

勝利的代價是巨大的，國庫徹底沒錢了，連軍餉都發不出來了。

沒錢還要繼續打，怎麼辦？

除了壟斷鹽鐵酒等重要產業，漢武帝還把刀指向了中產階層。

在張湯和桑弘羊的謀劃操盤下，朝廷很快印發檔案，正式推出了「算緡」、「告緡」。

所謂「算緡」，其實就是徵收財產稅。朝廷規定，工商業主、高利貸者、囤積居奇者及一般商人，不論有無市籍，每家都應設想財產多少呈報政府，兩千錢抽稅一算，一算一百二十錢，相當於徵收百分之六的財產稅。而一般小工業者，四千錢抽稅一百二十錢，相當於徵收百分之三的財產稅。

車船稅方面，除了官吏和鄉官三老以及北邊騎士外，一般人有軺車者，每輛抽稅一百二十錢，商人加倍。五丈以上船隻，每隻抽稅一百二十錢。

讓大家主動申報財產乖乖交稅，顯然不太可能，皇帝一句話就要「剪羊毛」，有產者當然激烈反對。算緡令下達後，富豪們反而頂風作案，爭相藏匿自己的財富，與朝廷玩起了「躲貓貓」。

這樣一來，正好落入了漢武帝挖好的陷阱中。為了應對富豪藏匿錢財，漢武帝發起人民內部戰爭，發動群眾鬥群眾，採用告緡手段，鼓勵告發。

所謂告緡，就是鼓勵民眾互相揭發檢舉。政府規定，對於隱瞞財產不報，或是呈報不實的人，罰戍邊一年，沒收財產，並把一半的財產賞給告密者。

從算緡到告緡，漢武帝從容地實現了從稅收到沒收的質變，民間財富眨眼便滾滾流入皇帝的腰包中。由於沒收的財產太多，政府不得不設定專門的機構管理沒收的財物。

毫無疑問，這是歷史上一次空前的對有產者的剝奪！

政府有錢了，財政寬裕了，但商業被摧毀了，中產階級基本上都破產。更可怕的是，舉國鼓勵告狀，重賞之下遍地「勇夫」，匿名實名檢舉者比比皆是，蔚然成風。百姓不再勤勞致富，民心和民風敗壞了。這種風氣還導致享樂主義盛行：「民偷甘食好衣，不事畜藏之產業。」

反正自己的錢是靠檢舉他人得來的，今天我可以檢舉別人，明天別人也可以檢舉我而發財，既然如此，何不及時行樂，把錢盡可能地花光，反正今朝有酒今朝醉，明日愁？明日再說！何況有沒有明日還不知道呢！

算緡和告緡實施了將近十年的時間（前一百一十九 —— 前一百一十年），政府信用也在這次運動中被嚴重透支，民間看清政府的無賴，毫無契約精神，不穩定的因素逐漸生根發芽。

太史公作為親歷者感嘆道：「外攘夷狄，內興功業，海內之士力耕不足糧餉，女子紡績不足衣服。」

經濟政策是用來富國的，如果淪為政府斂錢的手段，就是誤國了。

二十七天做了一千一百二十七件壞事，可能嗎？

元平元年（西元前七十四年），一個山東的十九歲少年被天上掉下來的餡餅砸暈了，他被通知去長安城當皇帝！

這位少年就是劉賀，從幸福的眩暈中回過神後，他帶著隨從立即出發，半天時間跑了一百三十五里路，直奔長安城，順利當選為帝國皇帝。然而就在二十七天後，這位少年皇帝卻被霍光廢黜，孤零零回到了昌邑。

霍光曾當眾宣讀劉賀罪過，在位二十七天，做了一千一百二十七件壞事，包括：

奔喪路上忙著找女人；帶領昌邑隨從、馬官等人進出宮殿，嬉戲玩鬧；賞賜無度；昭帝靈柩尚在殿前，就招人擊鼓歌唱、吹奏樂器；祭祀完畢，同隨從的官員大吃大喝；讓宮奴乘坐皇太后的御用小馬車……

按照這個計數法，平均每天四十一件壞事，可能嗎？

這當中還有許多劉賀在入京即位前所做的荒唐事，占據了大量篇幅，給人一種「罄竹難書」的即視感。問題在於，為什麼在此之前霍光沒有發現劉賀的人品很差？身為大漢帝國的首席 HR，難道他都不做身家調查的麼？為什麼上位後短短二十七天，劉賀這些瑣碎的閒話就被爆料出來，寫進史書裡了呢？

拋開劉賀的荒唐行為，我們再來看一下整個過程。

皇位看似風光無限，卻也危機四伏。早在劉賀入京時，王府的中尉王吉特地提醒他：大將軍霍光仁愛勇智，忠信之德天下莫不聞，在武帝身邊兢兢業業二十餘年，沒有犯過錯誤。武帝駕崩後，將江山託付給霍光，而霍光也扶持幼君治國理政，海內晏然，不比周公和伊尹差。如今昭帝去世，霍光願意主動提攜您，這是你的幸運！

你只是霍光選擇的傀儡，即位後只能像昭帝一樣做個老實人，對他言聽計從，尊之敬之，絕不能觸怒霍光。

劉賀即位後，有一次夢見蒼蠅大便積在西階東面，用大瓦覆蓋。他問龔遂是怎麼回事，龔遂趁機提醒一下他：「陛下讀的《詩經》有一句話：營營青蠅，止於樊；豈弟君子，無信讒言。意思是說，青頭蒼蠅嗡嗡飛，飛到籬笆上面停；開朗平和的君子，不要相信那讒言。陛下身邊進讒言的小人太多，這些人就像蒼蠅一樣可惡啊！應該選拔先帝親近的人作為侍中人員，如果不能疏遠昌邑舊人，恐怕會有禍事。」

不僅如此，龔遂還表示，自己願意第一個離開長安，給大家做個表率。

然而劉賀並沒有在意他的話，還準備做一番大事業。

如果僅僅是處理一些日常政務，霍光或許不會在意，然而劉賀的一連串的行為很快觸碰到了霍光的底線。

生長在江湖之遠的劉賀太過單純，缺乏政治專業。他掩飾不住意外當上皇帝的巨大喜悅，繼位之初就開始大肆封賞自己的昌邑舊部。剛來首都沒幾天，政治上的在野勢力——「山東幫」就甚囂塵上了，已經遠遠脫離了霍光的掌控。

思之再三，霍光決定廢黜劉賀，另選流落民間的劉病已當皇帝。而劉賀終究是大夢一場空，回到自己的地盤後鬱鬱寡歡，每天被人監視，幾乎沒自由。

怪只怪你太單純，青銅遇上星耀，注定要被徹底壓制。

霍光是如何得到漢武帝信任的？

西元前八十七年，漢武帝駕崩。臨終前，漢武帝任命霍光為大司馬大將軍，讓霍光和其他幾位大臣共同輔佐劉弗陵。在霍光的努力下，漢朝完成了漢武帝向漢昭帝時期的政權的平穩過渡。

霍光是霍去病同父異母的弟弟，霍去病出擊匈奴凱旋歸來時，霍去病專門拜訪父親，並將年幼的弟弟霍光帶到長安照顧。

在繁華富庶的長安城，霍光開闊了自己的眼界，后哥哥的身分和地位，霍光十幾歲便步入仕途，他的第一份工作是郎官，隨後又被升為諸曹、侍中，可謂平步青雲。

然而沒過多久，哥哥霍去病突然去世，他最大的靠山沒了。

霍光明白，要想在爾虞我詐的權力鬥爭場上生存下去，一切只能靠自己。

霍去病死後，漢武帝為了寄託對霍去病的哀思，更加器重霍光，將他帶在身邊耳提面命、悉心栽培。

霍光每天的主要工作就是陪在劉徹左右，小心服侍。作為一位殺伐果決的皇帝，劉徹的圈子可不是什麼人都能進的，這圈子裡除了智者就是能人。要想在這個圈子裡混下去，需要打起十二萬分的精神，最考驗一個人察言觀色的能力。

經過多年的歷練和隱忍，霍光終於練就了超級忍術，他為人極其低調，辦事滴水不漏，二十年的朝夕相處，霍光在工作中從來沒出過一丁點差錯，深得劉徹的信任。

霍光謹慎到什麼程度呢？舉個例子，每次他從家屬院走到辦公樓要走多少步，從辦公樓大門走到辦公室走多少步，他都都有固定的位置和尺寸，分毫不差，幾十年如一日。他總能找準自己的位置，然後默默觀察大小官員在武帝面前的反應。

霍光的表現得到了漢武帝的肯定，先後出任奉車都尉、光祿大夫。這意味著武帝出行時，要靠霍光護航；武帝處理政務時，霍光可以參與決策討論。兩年內，霍光從一個小跟班升任國家部門級高官，權勢和地位迅速攀升。

霍光雖然一步踏入了核心權力場，但他卻是眾多大老中最不顯眼的那一個。他不追求曝光率，也從不公開發表政見，每回廷議時，霍光都準時列席，卻從來都一言不發。

但低調只是霍光的偽裝，或者說，是他在多年的政治鬥爭中悟出的生存之道。

靠著這份低調與可靠，霍光幾十年如一日伴隨在漢武帝左右，兢兢業業地完成一切瑣碎的事務。他見證了哥哥霍去病那場無比隆重的葬禮，見證了武帝朝衛綰、竇嬰、田蚡、許昌等十三位丞相或自殺或被殺的命運，也見證了在漢武帝的帶領下，漢帝國如何開疆拓土、揚威西域，對內打擊豪強、集權中央，一步一步踏上文治與武功的巔峰盛世。

漢武帝臨終前，在甘泉宮讓人畫了一幅周公輔成王的圖賜予霍光，囑託他像當年的周公一樣，輔佐自己的幼子劉弗陵。

為了讓霍光更好地開展工作，漢武帝又提拔他為大司馬大將軍。

要知道，大司馬大將軍位在三公上。在此之前，漢武帝曾任衛青為大司馬大將軍，但當時漢武帝大權在握，衛青也恪守本分，故當時的大司馬大將軍雖然位高，但還沒有成為朝官首領。而此時，霍光一人身兼大司馬大將軍，不但成了內朝的最高首領，更成了百官之首。

繼位那天，如同周公負成王朝諸侯一般，霍光揹著年幼的劉弗陵去前殿，讓無數老臣感慨不已。

從那一刻起，霍光終於迎來了自己的巔峰時刻。

海昏侯墓裡都有什麼寶貝？

看過知名小說的讀者都知道「摸金校尉」，「摸金校尉」是古代一個盜墓者的門派。相傳三國時的曹操就是始作俑者，部隊打到哪裡就盜到哪裡，哪座隨葬品多就盜哪座，尤其是漢墓遭殃最多，所以考古界人士常說「漢墓十室九空」。

然而，有這樣一座漢墓，歷經兩千多年，卻依然保存完好，它的主人就是海昏侯劉賀。

劉賀是漢武帝的孫子，因為做事荒唐，只當了二十七天的皇帝就被霍光給廢了，堪稱貨真價實的「漢廢帝」。漢宣帝即位後，看在同宗的份上封劉賀為海昏侯，食邑四千戶，這才有了海昏侯國。四年後，劉賀鬱鬱而終。

兩千年後，考古學家開啟劉賀墓，被裡面豐富的陪葬品震懾了！

迄今為止，海昏侯墓共出土了十餘噸、近兩百萬枚五銖錢，相當於豫章郡太守約五十年的俸祿。出土各類文物一萬餘件，成套出土的編鐘、編磬、琴、瑟、排簫、伎樂俑；數以千計的竹簡、木牘以及有文字的漆笥、耳杯；唯妙唯肖的青銅雁魚燈、青銅火鍋；鑲嵌著瑪瑙、綠松石和寶石的青銅鏡等等，都是漢代考古文物珍品，不少是首次發現。

在眾多的陪葬物品中，考古工作者還發現了不少補品，後經專家鑑定，這些補藥應該是冬蟲夏草。

考古工作者在海昏侯墓葬出土的文物中還發現了一個形似製酒用品的青銅「蒸餾器」，經過仔細鑑定後，發現了芋頭的殘留物。海昏侯墓「蒸餾器」的發現，一下子將蒸餾釀酒的技術提前了上千年。

此外，海昏侯墓中還出土了一件孔子屏風，儘管畫像遭到嚴重腐蝕，但文字部分清晰可見，因為畫像標註了姓名，所以我們很容易辨認出一個是孔子，一個是顏回。畫像中的孔子是一個纖瘦且風度翩翩的儒雅男子，頭頂與常人無異。

最讓人驚喜的，是墓中出土的五千多枚竹木簡牘，這批竹簡被寄予厚望，甚至被認為是整座海昏侯墓出土的最重要文物之一。

經過專家們的修復，發現內容包括《悼亡賦》、《論語》、《易經》、《禮記》、《孝經》、《醫書》、《六博棋譜》等文獻。其中，考古人員在這些竹簡中發現了失傳一千八百年的《論語．知道》篇，並初步斷定屬《論語》的《齊論》版本。這對學術界來說，無疑是一個非常重大的發現。

作為一個被廢黜的皇帝，為什麼劉賀的墓中會有這麼多寶貝？

劉賀雖然因品行不端被趕出了長安，但家產卻一點沒受到損失，所以劉賀下葬時的規格至少是王爺級別的，甚至可能是按照帝制而來。西漢以孝治國，厚葬是孝，海昏侯劉賀去世正好是西漢厚葬之風盛行的中期，至少是按照昌邑王或皇帝的規格來籌劃的，所以海昏侯墓裡全是寶貝也就不難理解了。

漢宣帝為什麼要給漢武帝定廟號？

歷史上不是所有皇帝都有廟號的，漢宣帝即位時，只有兩個皇帝有廟號，一個是劉邦，有奪取天下之功，廟號太祖；另一個是漢文帝，有治理天下之德，廟號太宗。

這兩位入選是毫無爭議的，漢惠帝和漢昭帝在位時間太短，沒資格，漢景帝雖有平七國之事，天下翕然，大安殷富，卻連廟號都沒得到。

雄才大略的漢武帝雖然有過非常輝煌的執政成績，但也將國家和百姓折磨得很慘，一度導致民生凋敝，差點重蹈秦始皇的覆轍，所以沒能得到廟號。

本始二年（西元前七十二年）五月，即位不足兩年的漢宣帝下了一道全面頌揚他的曾祖父漢武帝的詔書，要求丞相、御史與列侯、二千石（年俸二千石的官員）、博士討論武帝的「尊號」和「廟樂」。

漢宣帝這麼做，是想摘掉自己身上「造反派後代」的帽子，結束劉據這一支在政治上不清不楚的尷尬地位，進一步承認漢武帝在位時取得的成績，把他放到和漢高祖劉邦、漢文帝劉恆一樣的高度來尊崇。

結果，漢宣帝的提議遭到了大臣們的反對，長信少府夏侯勝更是發表了驚人的反對意見：

「孝武皇帝雖然有攘四夷、廣土境之功，卻窮兵黷武，殺戮太重，揮霍無度，讓老百姓財力窮竭，天下虛耗，戶口減半，蝗災四起，赤地數千里，甚至發生人吃人的慘劇，原先的儲備累積至今還未恢復。所以武帝對老百姓沒有恩澤，不應該給他制定廟樂。」

漢宣帝聽完，覺得有點沒面子。大家趕快拉住夏侯勝，老夏，你清醒一點，這是皇帝的詔書啊！難道你敢反對詔書？

也有好心人勸他不要冒違抗最高指示和否定偉大先帝的風險，可夏侯勝不為所動，依然一副耿直的樣子：「這道詔書不應該執行。當臣子的職責，必須堅持真理，直言無諱，而不是為了討好皇帝而順從他的旨意。我的話已出口，絕不收回，即便是死我也不後悔。」

為了堅決維護皇帝的權威，不折不扣地落實詔書，丞相蔡義和御史大夫田廣明帶頭聲討夏侯勝「非議詔書、毀先帝」的罪行，定性為大逆不道，又揭發丞相長史黃霸事先知道夏侯勝的態度而沒有舉報，犯有包庇慫恿之罪。

最終結果是，兩人被扔進了監獄，判處死刑。

不過漢宣帝並沒有按慣例將夏侯勝和黃霸按「大逆不道」罪處死，而是直接將兩人晾在一邊。兩年後兩人趕上大赦出獄，繼續當官。

此後大臣們很快擬定方案：尊武帝的廟號為世宗廟，在廟中演奏《盛德》、《文始》、《五行》等舞曲，武帝生前巡行過的四十九個郡國（約占全國郡國的一半）都建立世宗廟。漢宣帝批准，下令在全國實行。

漢宣帝為武帝立廟一事確實是他初即位時的一招好棋，他以為武帝立廟的方式來宣示自己才是武帝的嫡系遺脈（戾太子是武帝的嫡長子），證明自己繼承的是武帝的事業和遺志，自己的繼位天經地義且完全合法，並藉以提高自己的個人威信，而且也是標榜孝道，以示為武帝盡孝。

獄中資優生黃霸

司馬光在《資治通鑑》中點評漢史時，寫了這麼一句話：「然自漢興，言治民吏，以霸為首」。就是說自漢朝以來，論治理百姓的官吏，黃霸排第一。

從漢宣帝到司馬光，掐指一算一千多年，官場上走過多少人物，唯獨黃霸排名第一，他能有如此成就，要歸功於他在獄中苦讀的經歷。

夏侯勝是西漢今文尚書學的開創者，講求經世致用。武帝時任博士，宣帝時先後擔任過長信少府、太子太傅，是一個勇於直言議政的人。

當初因為反對漢宣帝給漢武帝上廟號，夏侯勝惹惱了皇帝。為了堅決維護皇帝的權威，丞相蔡義和御史大夫田廣明帶頭聲討夏侯勝，丞相長史黃霸也被牽連，兩人進了監獄，判處死刑。

早在劉賀當皇帝的時候，夏侯勝就曾嚴肅地告誡過劉賀，你就做吧，我預測過不了多久，你手下的臣子會有人弄死你。劉賀不爽，把夏侯勝扔進了監獄。然而霍光聽到這番話，開始心虛了，他跑去問夏侯勝，你怎麼知道有臣子要陷害劉賀？

夏侯勝賣起了關子，說：「因為我讀了《今文尚書》。」

不久之後，劉賀果然被霍光給廢了。

夏侯勝的神奇預測，把今文尚書捧成了儒家必讀書籍，也把自己捧成了大儒。

夏侯勝、黃霸兩人在獄中關著，等候斬立決，時間一天一天地過去，居然無人問津，也沒人請他們吃斷頭飯。

黃霸知道老夏同胞精通經學，和這樣厲害的人一起蹲監獄，機會可是千載難逢，於是請夏侯勝為他講解經學。

夏侯勝很鬱悶：「我們兩個都要死了，還講什麼經學？」

黃霸凜然道：「朝聞道，夕死可矣。」

夏侯勝一聽，這麼好的學生，打著燈籠都難找啊！於是親自指點，開啟了一對一的私教模式。

這一教一學，就是兩年。別人進監獄是蹲大牢吃牢飯，黃霸蹲監獄卻順便讀了研究所。

兩年後，關東地區發生大地震，山崩地裂，城牆房屋倒塌，死了六千多人。漢宣帝在賑災的同時宣布大赦，夏侯勝與黃霸也出了監獄。

黃霸後來一路被提拔到了揚州刺史，相當於揚州大區的監察官，享受省部級主管待遇。到了宣帝朝末期，黃霸更是接班丙吉，做到了帝國丞相一職。

劉賀被廢之後

劉賀是歷史上有名的漢廢帝，他登基二十七天就被霍光廢黜，回到封地昌邑國繼續任昌邑王。雖然劉賀被廢回到了封地，可他還是讓新任皇帝劉詢非常忌憚，多次派人調查劉賀。

元康二年（西元前六十四年），漢宣帝任命張敞為山陽太守，專心監視劉賀的一舉一動。

張敞跟劉賀的關係很微妙，他是劉賀的老朋友了，劉賀做皇帝的時候任意妄為，張敞上書勸諫：「孝昭皇帝蚤崩無嗣，大臣憂懼，選賢聖承宗廟，東迎之日，唯恐屬車之行遲。今天子以盛年初即位，天下莫不拭目傾耳，觀化聽風。國輔大臣未褒，而昌邑小輦先遷，此過之大者也。」

言外之意，漢昭帝剛剛駕崩，你不關心國政，不重用、褒獎輔國的大臣，反而把你昌邑國的這些小臣都招來長安吃喝玩樂，這像話嗎？

劉賀氣鼓鼓地沒理他。很快劉賀被廢，張敞因為「切諫」而揚名，提任豫州刺史。

張敞奉漢宣帝密詔後，時刻派人監視劉賀的住所，並曾數次親自拜訪劉賀，以探聽虛實，之後向漢宣帝密報結果。根據張敞的密奏，劉賀患有風濕病，行走不便，談吐失措，舉止呆傻，跟別人聊天時辭不達意，只在府中和妻子姬妾生活，絕不外出。短短幾年內劉賀就娶十六個姬妾，生了十一個兒子，十一個女兒，完全以酒色自娛，早沒當皇帝時的雄心壯志了。劉賀府上有奴婢一百八十三人，常年關著大門，只開小門出入，只有一個差役到街上採買物資，每天早上送一趟食物進去，此外無人進出。

漢宣帝由此對這位皇叔放鬆了警惕。

元康三年（西元前六十三年）三月，漢宣帝下詔：「曾聞舜弟像有罪，舜為帝後封他於有鼻之國。骨肉之親明而不絕，現封故昌邑王劉賀為海昏侯，食邑四千戶。」

侍中、衛尉金安上上書說：「劉賀是上天拋棄的人，陛下至仁，又封他為列侯。劉賀是個愚頑廢棄之人，不應該奉行祭祀宗廟及入朝朝見天子之禮。」

奏摺得到漢宣帝批准，這意味著剝奪了劉賀的祭祀權力，等同於開除了劉賀的皇族宗室行列。

劉賀只能帶著家眷、僕役等人前往海昏就國。

幾年後，故太守卒史孫萬世跟他混熟，有一次低聲問劉賀：「君侯當初見廢時，為何不堅守毋出宮，斬大將軍，而聽人奪璽綬呢？」

劉賀喝醉了叫起屈來：「我倒是想斬啊！可身邊一個能用的人都沒有，扔玉璽也沒砸中霍光，奈何？」

說完劉賀就想起這話不能亂講，連忙捂住了嘴，孫萬世倒也保證絕不會外傳。

然而，這些話不知為何被傳到了長安，結果皇帝一道制詔下來：「削戶三千！」

劉賀欲哭無淚，他總共也就食邑四千戶啊！

神爵三年（西元前五十九年），在海昏國住了四年的劉賀去世，時年三十三歲。肩負祕密監視任務的豫章太守立即向漢宣帝上報，終於解除了漢宣帝的忌憚猜忌之心。

真假衛太子

始元五年（西元前八十二年），劉弗陵登基的第五個年頭，長安城來了一個人。

此人身穿黃色衣服、頭戴黃色帽子，乘坐黃色牛車，車上插滿了龜蛇圖案。在長安城居民和守門士兵充滿疑惑的目光注視下，男子駕著牛車輕車熟路來到了未央宮的北門口，目光悠遠，似有無限感慨。

守門士兵攔住了他，你是何人？對方回答：我乃衛太子劉據。

這話一出口，長安城立即沸騰起來。

怎麼可能？當年衛太子因不滿江充陷害，憤怒之下殺死江充，起兵自衛。漢武帝大怒，派兵鎮壓，長安內外十多萬人被殺，劉據出逃，不料行蹤遭到洩漏，因擔心被抓受辱而自殺，終於做成了扶蘇第二。這是人所共知的事，如今怎麼又冒出來一個衛太子？

守門的士兵嚇死了，不知所措，只能層層上報，最後報到了皇帝劉弗陵這裡。

劉弗陵聽聞此事，感到事情比較嚴重。如果來人真是衛太子劉據，那自己該怎麼辦？

見？就是承認太子劉據身分的合法性，接下來會面臨從皇位跌落的危險；

不見？在以「孝悌」治國的漢朝，對兄長的絕情，會在輿論場引發巨大爭議。

劉弗陵也沒有答案，立即召集所有高級官員到未央宮開會，商議此事。

由於巫蠱之亂發生時，漢昭帝尚在襁褓之中，完全記不得衛太子的樣貌，所以辨認此人真實身分的責任便落到了三公九卿等朝廷官員的身上。

長安城多的是看熱鬧不知事態嚴重的閒雜人等，這些人聽聞衛太子劉據死而復生，紛紛圍過來湊熱鬧，北門附近一下子聚集了數萬人，城門口被堵得水洩不通。

而那些被派去驗明正身的官員們看完後卻都不言語了 —— 考慮到這事本身的政治性質很微妙，誰也不敢輕易表態。

就在這尷尬時刻，一個聲音陡然響起：把他給我綁了！

大家轉頭一看，原來是京兆尹雋不疑。

有人上前拉住雋不疑，小聲提醒他：「雋書記啊，你沒見過衛太子，這人長得太像了，萬一真是太子呢？」

雋不疑理直氣壯地說出了一番道理：「春秋時期，衛國太子衛蒯聵因違抗衛靈公之命出逃，後其子衛輒繼位，拒絕接納其父回國，此事得到《春秋》的肯定。劉據得罪了先帝，逃亡在外，就算當時沒死，如今自己又回來了，也是國家的罪人，你們怕什麼？」

雋不疑力排眾議，將眼前的男子送進了大牢。

劉弗陵和霍光正在煩惱，聽聞雋不疑的處理，拍手叫好。霍光向劉弗陵說，選幹部還是得選那些熟讀經書、精通歷史、知曉大義的人。

這裡有一個問題，衛太子到底是真的還是假的？

其實，衛太子是真是假已經不重要了，雋不疑仗著春秋大義撐腰，迅速把一場迫在眉睫的腥風血雨防患於未然，鞏固了漢昭帝和霍光的權力。漢朝官方之後釋出了一則公告，說此人是冒充的，真實姓名叫成遂，平日裡靠占卜為生。之前有人說過他的長相酷似衛太子，於是動了歹念，想以此招搖撞騙來獲取榮華富貴，結果落得個腰斬的下場。

漢宣帝——一個小孩的逆襲

武帝晚年，巫蠱之亂四起，劉徹聽信讒言，誅殺了太子劉據全家，劉據的孫子剛出生幾個月，也受到牽連，被丟進了監獄。

監獄長丙吉為人忠厚，他看孩子可憐，找來兩個女囚輪流照顧，又自己花錢請奶媽餵食，起名劉病已。

在丙吉和女囚的照顧下，劉病已總算活了下來，可沒過多久，大禍再次降臨。

一次武帝生病，有個術士告訴他，長安監獄之上有天子氣。武帝是個迷信的人，下令將長安監獄中的所有囚犯全部處死。

當傳達詔令的宮廷內務官郭穰抵達丙吉所在的監獄外時，丙吉大門緊閉，將郭穰拒之門外。郭穰在外面喊話，這是陛下的旨意，你要抗命不成？

丙吉隔著門答，皇曾孫在此，其他人尚且罪不致死，更不要說是皇曾孫！

武帝聽了郭穰的彙報，又得知了丙吉是為保護劉病已才拚命阻攔，嘆道：天意啊！

那一夜，長安城的監獄中人頭滾滾，只有丙吉所管的監獄中的囚犯得以倖存。

後來巫蠱冤案被平反，劉病已雖然擺脫了罪囚身分，但他無依無靠，無處可去，連吃飯都是問題。又是天性純良的丙吉收留了他，給他飯吃，全心照顧他。

後來丙吉找到了劉病已的親人，將他送到了祖母史良娣的娘家。六歲時，劉病已住進宮中由掖庭撫養，在這裡，他遇到了人生中的第二個貴人。

張賀時任掖庭令，他曾做過劉據的賓客，受巫蠱一案牽連，被判處死刑。好在弟弟張安世向劉徹苦苦求情，張賀被改判宮刑。

即便受了此等大辱，張賀也沒有形成反社會人格，他感念劉據舊恩，悉心照顧年幼的劉病已，供其吃穿，教其讀書。劉病已長大後，張賀到處宣揚劉病已天生異象，腳底板有長毛，還打算把自己孫女嫁給劉病已，弟弟張安世告誡他別亂說話，這才作罷。

劉病已雖住在掖庭，卻喜歡往外跑，閒暇的時候，他常常一個人出門，遊走於市井之間。事實上，他本就是普通人，沒有人在意他的皇族身分。長安有一百六十個里，街衢通達，十分熱鬧。他喜歡鬥雞走狗，喜歡街市上的人情味和煙火氣，磨刀霍霍的狗屠、路邊擺攤的老者、賣布的中年漢子，偶爾還會有高鼻深目的西域客商牽著駱駝走過，各種嘈雜聲叫賣聲此起彼伏，這一切都讓他感到無比親切。

也正是有著這樣的生活，才讓劉病已對大漢王朝的基層社會現狀和運作有了清晰的認識，也對民間疾苦有了更深切的體會。

在充滿陰謀、算計與殺戮的宮廷中，丙吉與張賀，用不計得失的慈愛和善念照亮了劉病已的童年，讓人看到了人性最光輝之處。

劉病已本以為這就是自己的全部人生。但歷史的軌跡總是奇妙，十七歲那年，他的人生迎來了轉機！

昭帝去世，昌邑王劉賀被廢，帝位空虛，丙吉瞅準時機，極力向權臣霍光推薦劉病已。在霍光的主持下，劉病已順利登基，開啟了武帝之後的另一個盛世。

故劍情深——史上最浪漫的一道詔書

巫蠱之禍發生的那一年，長安郡邸獄裡的兩名女囚正在做一件事：餵養一個剛滿月的孩子。

這個孩子叫劉病已，是在巫蠱之禍中喪生的太子劉據的孫子、劉徹的曾孫。

劉病已能在這場大清洗中逃過一劫，除了自身的運氣之外，還應該特別感謝一個人：監獄長丙吉。

武帝生病，望氣者說長安獄中有天子氣，武帝命令使者到長安各監獄殺囚犯。丙吉拒絕讓使者進入，劉病已方得保全性命，後遇大赦，劉病已被送到祖母史良娣家裡。

劉病已長大後，迎娶許廣漢的女兒許平君為妻。許平君是個勤勞賢惠的女子，在劉病已最艱難的日子裡與他相依為命，用自己的柔情讓這位落魄皇子感受到了家的溫暖。

劉賀被廢後，霍光思之再三，扶立劉病已為皇帝，改名劉詢。

在霍光家族的威逼下，劉病已被迫迎娶了霍光的小女兒霍成君。大家商議立皇后，都傾向於霍光之女霍成君，劉欵微微一笑，沒有表態。

劉詢沒有忘記與自己患難與共的許平君，隨後他下了一道「尋故劍」的詔書：「我在貧微之時曾有一把舊劍，現在我非常懷念它，誰能否幫我把它找回來呢？」

朝臣們善於揣測上意，很快品出了這道詔書的真實含義：連貧微時用過的一把舊劍都念念不忘，當然也不會將自己相濡以沫的女人拋舍不顧。

於是大家聯合奏請立許平君為后。依例，皇后的父親一定要封侯，但霍光卻始終不允，後來才給許廣漢封了個「昌成君」。

這就是歷史上著名的「故劍情深」的故事。

許平君成了皇后，霍光的妻子霍顯仍不死心，她一心想讓女兒成君作皇后。許平君懷孕後生下了一個女兒，霍顯暗中命御用女醫淳於衍在滋補湯藥中加入孕產婦禁服的一味中藥，讓許平君在坐月子時服用，許平君服用後不久毒發逝世。

劉詢悲痛不已，追封她為「恭哀皇后」，葬於杜陵南園。

泰山石自立？是真的！

元鳳三年（西元前七十八年）正月，泰山上發生了一件靈異事件，一塊百仞大石在沒有任何外力輔助的情況下，居然自己立了起來！

除了這塊巨石，還有三塊石頭像腳趾一樣圍在巨石之旁。等巨石立起來後，天空中突然飛來數千隻白鳥，聚集近旁。

幾乎就在同一時間，昌邑社廟裡枯樹重生，上林苑內有棵枯萎倒地的樹也自己立起來了，重新煥發了生機，而蟲子在柳樹的新葉上咬出了一行字：「公孫病已立。」

這可不是我亂編，而是載於官方權威正史《漢書》。

大家一看，紛紛猜測，這一定是上天有什麼指示了，可誰會翻譯呢？

這可難不倒儒家經師，他們就是專門吃破解密碼這碗飯的，這次出場的人叫眭弘。

眭弘是山東人，孔子的故鄉。眭弘自幼好俠，鬥雞、走馬，等年紀大了，他開始收起心性，專心跟一位叫做嬴公的老師學習《春秋》。

面對一連串的靈異事件，眭弘開始在《春秋》一書中尋找答案，據他推演認為：「石頭和柳樹都是陰性物質，象徵著處在下層的老百姓，而泰山則是群山之首，是改朝換代之後帝王的祭祀大典之地。如今巨石自立，枯柳復生，都不是人力所能為，這就說明即將要有平民百姓成為天子了。而社廟中的枯樹復生，預示著以前被廢的公孫氏該當復興。」

這番話著實膽大包天，也不知道他是缺心眼還是傻實誠，也不知道他是怎麼推算出來的。眭弘雖然講了公孫氏復興，可他也不知道這個公孫氏到底是何許人也。

但這並不妨礙自己的推算，緊接著，他又說出一番更讓人跌破眼鏡的話來：「先師董仲舒曾經有言，即便當政的是守成之君，也不礙於聖人受命於天。何況漢家劉姓是堯聖人的後代，一定最後也得學著堯聖人那樣把位子禪讓給賢人。現在既然出了這個靈異事件，陛下就應該詔告天下，尋訪真命聖人，把皇位禪讓給對方，自己退位卸任，讓新皇帝封自己一塊方圓百里的封地，就像武王伐紂之後封殷商故舊於宋國一樣，這才是順應天命的做法。」

眭弘寫完，託一位名叫賜的朋友奏報上去。當時漢昭帝年紀還小，主政的是大將軍霍光。霍光一看眭弘這封上奏，十分憤怒，直接判了個妖言惑眾，大逆不道，將眭弘處死。

劉詢繼位後，想要神話自己登基的過程，表明繼位是順承天意，故結合上林苑中螞蟻吃葉子出現「公孫病已立」幾個字的傳言，將眭弘的預言修飾後放到自己身上。他確實是以匹夫而為天子，也是「公孫氏」啊。隨後為眭弘平反，還任用他的兒子為郎。

石渠閣大會聊了些什麼？

甘露三年（西元前五十一年），漢宣帝劉詢舉行了一次關於儒學的學術會議，史稱「石渠閣大會」，堪稱華山派內部的劍宗與氣宗之爭。

石渠閣位於未央宮北，由蕭何建造，用於存放入關所得秦之圖書典籍，因閣下鑿石為渠以導水，故名石渠閣。

這次大會邀請的都是五經博士，公羊派和穀梁派的掌門人及弟子同臺競技，爭奪對《春秋》的最終解釋權。著名經學家梁丘臨主持發問，其餘儒生一一作答，太子太傅進行點評。

很多人不理解，漢宣帝為何要發起這樣一場會議？

很簡單，因為時代變了。

公羊派著重闡釋《春秋》的微言大義，強調尊王攘夷、大一統的思想，風格偏狠辣，正好對武帝的胃口；相比之下，穀梁派就沒那麼狠厲了，這一派強調禮樂教化，尊王而不限王，力主仁德之治，可以說是部分回歸了儒家傳統，將官方政治思想從「更重法家」轉變為「更重儒家」，更符合漢宣帝的性格。

更何況，漢宣帝繼位時，帝國江山早已穩固，隨著儒學成為主流思想，已經沒有人質疑王朝的正統性。而此時，公羊派的一些主張開始變得不合時宜。它雖然強調大一統，但加入了董仲舒的天人合一，還強調讖緯，容易被人利用。

反觀穀梁派就平實多了，它強調仁義和禮儀，更有利於皇帝對社會的控制。

這次大會上，漢宣帝以帝王之尊對儒學內部的爭論進行裁決，抬高了穀梁學的地位，並正式設定穀梁春秋的博士，將其納入正統。

很顯然，官方的儒學，不論是公羊學還是穀梁學，越來越傾向於維護帝國的統治，接受皇帝對儒學的裁決。

從漢武帝時代開始，帝國統治者開始重視起儒學來，但他們推崇儒學，並不是將其當作一門私家學問，而是為了建立帝國的經學，維護自身統治。

漢哀帝：不愛江山愛美男

如果能穿越到古代，大概沒有人不想當皇帝。然而西漢歷史上有個皇帝屬於例外，他不僅把帝國的財富給了一個初出茅廬的年輕男子，甚至不想做皇帝，差點把皇位也讓出去了。

這是怎麼回事？聽我慢慢道來。

故事中的皇帝叫漢哀帝，是西漢歷史上的第十三位皇帝，他有一個男寵叫董賢。

有一天，董賢在值班時剛好遇見劉欣回宮，就那麼輕輕一瞥，劉欣頓時就被董賢帥氣的外表迷住了，越看越喜歡，索性將董賢調到了自己的身邊，讓其貼身伺候，天天跟他同進同出，甚至都到了同榻而眠的地步。

有一天，漢哀帝和董賢一起午睡，漢哀帝睡醒後發現董賢還沒有醒，自己的袖子還被董賢壓住了。這要是抽出袖子，就會把董賢弄醒啊，於是他把被董賢壓住的那部分袖子拿刀給割斷了，才順利起身沒吵醒董賢。

從此，「斷袖」一詞便有了特殊的意義，由此還誕生了一個成語：斷袖之癖，成為男同性戀的代稱。

想像一下，萬一漢哀帝剛拿出刀，董賢就醒了，那場面得多尷尬？

擔心董賢住得不舒服，漢哀帝下令讓修建皇宮的大匠替董賢在北闕修建宮殿，規模和華麗程度絲毫不遜色於皇宮；

擔心董賢穿得不華麗，就把皇宮內上等的物品拿出來讓董賢隨便挑選；

擔心董賢錢不夠花，就成天變著花樣地給董賢賞錢，一月之內就賞了一億錢。

他還娶了董賢的妹妹，封為昭儀（地位僅次於皇后），並將她所住的宮殿命名為「椒風」，與皇后的「椒房」相匹敵。於是，董賢和他的妹妹一同在宮中伺候漢哀帝。

這還不夠，為了表達自己對董賢的愛，漢哀帝把董賢全家都封了官，以董賢的父親為少府，賜爵關內侯，封董賢的岳父為將作大匠，封其妻弟為執金吾。此外還封董賢為高安侯，繼又官拜大司馬。

那一年，董賢才二十二歲。

一次在宴會上，漢哀帝多喝了一點酒，他看著董賢說了一句話：「我打算效法堯舜禪讓，把皇位讓給你，如何？」

如果你認為漢哀帝是在試探董賢，那可就錯了，他是真的想過把皇位讓給董賢。當初董賢剛被拜為大司馬時，漢哀帝在冊文裡寫了一句話：「允執其中」，這句話出自《尚書》，是堯禪位給舜時說的，用在拜董賢為大司馬的冊文中，非常引人注目。當時就有在場的人私下議論：「用這四個字冊立三公，別有意味。」

漢哀帝二十五歲的時候，自知身體欠佳時日無多，然而他對人世間最留戀和放心不下的居然不是劉氏江山，而是自己的「愛人」董賢。他命令掌管玉璽的官員符璽郎取來傳國玉璽和綬帶，交給了一旁的董賢，還說了一句意味深長的話：「不要隨便交給別人。」

漢哀帝臨死前沒有指定繼承人，但他卻把傳國玉璽和綬帶交給了董賢，這顯然是一份交待後事的政治遺囑，擺明了是想讓董賢當皇帝。

然而，董賢並沒有當皇帝，因為有一個人的動作比他更快。

得知皇帝駕崩，太皇太后王政君第一時間趕到了未央宮，同時派人通知自己的姪子王莽立即入宮，解除了董賢的權力，穩住了局勢。

董賢本以為交出權力就能保住自己的性命，然而王莽沒有放過他，步步緊逼。無奈之下，董賢和妻子雙雙自盡，落得個悽慘結局。

趙飛燕為何被抹黑得那麼慘？

中國歷史上有一個怪現狀，凡國家衰亡，都要將責任推給某個女子，所謂紅顏禍水。夏亡怪妹喜，商亡怪妲己，西周滅亡怨褒姒，到了西漢，則是將趙飛燕、趙合德姐妹作為禍根。班固就在《漢書》之中直言不諱地說：

「飛燕之妖，禍成厥妹。」

然而我們翻開史書，會發現了歷史上的趙飛燕並無太多惡跡，為什麼她會背上這麼多惡名呢？

很顯然，她是被抹黑的。

趙飛燕出生於長安城內的一個貧民之家，因為家境貧窮，父母把襁褓中的趙飛燕放在野外。結果三天後，父親實在放心不下，跑到野外發現趙飛燕還活著，於是又將她抱回了家。

為了餬口，趙飛燕長大後被家人送入陽阿公主府中當婢女。由於相貌出眾，陽阿公主讓她學習歌舞。趙飛燕自身條件很好，又天資聰穎肯吃苦，很快練就了一身過人的舞技。

有一次，漢成帝出宮遊玩，到陽阿公主家歇腳，陽阿公主為了討好皇帝，把趙飛燕叫出來跳舞助興。本來就喜好美色的漢成帝看到趙飛燕，頓時就被迷住了，將她帶入宮中。不久，漢成帝聽說她還有個妹妹趙合德，美貌更勝姐姐一籌，又把趙合德也收進宮中，一併封了婕妤。

從此，姐妹二人共侍一夫，專寵後宮十餘年。

趙飛燕的得寵，讓許皇后和班婕妤很是不爽，於是又一番宮鬥的劇情上演，當然結局也毫無新意，由來只有新人笑，有誰知道舊人哭？最終趙飛燕勝出，成功上位成為皇后。

西元前七年，漢成帝暴病而死，由於生前沒有子嗣，繼位人成為問題。趙飛燕迎立定陶王劉欣入宮成為新任皇帝，史稱漢哀帝。趙飛燕因擁立之功，晉封為皇太后。

六年後，漢哀帝駕崩，權力的遊戲再一次上演，趙飛燕在這次鬥爭中失敗，被廢為庶人，被迫自盡。

這就是趙飛燕的一生，你可能會問，這和坊間流傳的各種故事不一樣啊！趙飛燕到底有沒有做過那些禍國殃民的事？

我只能告訴你，正史上並沒有趙飛燕的負面傳言，平淡無奇，波瀾不驚。坊間流傳的趙飛燕姐妹害死皇子、讓皇帝精盡而亡的那些花邊新聞，都是《趙飛燕別傳》、《趙飛燕外傳》等野史小說亂編的。這些野史小說在民間流傳頗廣，影響力遠大於史書，導致趙飛燕被嚴重黑化。

班婕妤：大漢第一賢妃記

歷來才貌雙全卻紅顏薄命的女子數不勝數，班婕妤的不同之處不在於她的容貌，也不僅僅是她的才華，而在於她的美德。

歷史上的班婕妤本名叫班恬，出身功勳之家，自幼聰明伶俐，秀色聰慧。漢成帝即位後，按照當時的門閥慣例，她被選入後宮。

班婕妤進宮時品級很低，但靠自己的美貌和才華，很快贏得了漢成帝的寵愛，一下子連越八級，被晉封為婕妤，僅次於皇后和昭儀。

後宮裡面的女子通常都用盡心機和手段以求籠絡住帝王心，免得失寵，但班婕妤不屑於這樣做。她行為端莊，滿腹詩書，知書達禮，處處拿古時賢妃的標準要求自己，時常與成帝談古論今。

漢成帝十分喜歡班婕妤，為了能與她形影不離，特別命人製作了一輛華麗的輦車，以便同車出遊，不料班婕妤卻拒絕了：「看古代留下的圖畫，聖賢之君，都有名臣在側。夏、商、周三代的末主夏桀、商紂、周幽王，才有嬖倖的妃子在坐，最後竟然落到國亡毀身的境地。我要是和陛下同車出入，那不就跟她們一樣了嗎？」

可以想像一下，一位年紀輕輕的帝王用盡心思送給愛人一件高貴的禮物，結果對方不但不領情，還把自己比成昏君，這心裡是何滋味？

無奈的漢成帝只好讓人燒了那車，從此歷史上有了一個新的典故：「辭輦之德」。王太后得知此事十分欣慰，誇讚說：「古有樊姬，今有班婕妤」。

班婕妤希望自己能協助丈夫成為一位明君，可惜漢成帝不是楚莊王，班婕妤也不是樊姬。

趙氏姐妹入宮後，漢成帝開始移情別戀，專寵二人，兩姐妹恃寵而驕，班婕妤備受冷落。

被冷落的許皇后偷偷行巫蠱之術，結果被趙氏姐妹揭發，許皇后廢居昭臺宮。班婕妤並未參與此事，但趙氏姐妹利用這一機會對班婕妤加以打擊，誣陷班婕妤也參與了「巫蠱」一案。

漢成帝聽信讒言，向班婕妤問罪。班婕妤淡然道：「我知道人的壽命長短是命中注定的，人的貧富也是上天注定的，非人力所能改變。修正尚且未能得福，為邪還有什麼希望？若是鬼神有知，豈肯聽信沒信念的祈禱？萬一神明無知，詛咒有何益處！我非但不敢做，並且不屑做！」

這一番話打動了漢成帝，漢成帝不予追究，反而厚加賞賜，以彌補心中的愧疚。

經歷這次打擊後，她深知自己鬥不過趙氏姐妹，打心底裡不屑於爭寵媚主。為免日後是非，她決定明哲保身，上書請往長信宮侍奉皇太后。

沉溺在趙家姐妹帷帳中的漢成帝欣然應允，班婕妤悄然隱退，把自己置於太后的羽翼之下。在長信宮的淡柳晨月中，她調琴弄墨，以抒發心中的感慨，其中有一首《怨歌行》，亦稱《團扇歌》：

新裂齊紈素，鮮潔如霜雪。

裁為合歡扇，團團似明月。

出入君懷袖，動搖微風發。

常恐秋節至，涼飆奪炎熱。

棄捐篋笥中，恩情中道絕。

從此以後，團扇成了失寵女子的代名詞。千年後，納蘭性德作了一首詞，將班婕妤的無奈寫入其間，其中有這樣一句：人生若只如初見，何事秋風悲畫扇？

漢哀帝為什麼不想當皇帝？

很多人不理解，漢哀帝為什麼幾次三番想把皇位讓給董賢？安安穩穩當皇帝不好嗎？

深入了解才會發現，漢哀帝其實一直有一個心結，他太迷信讖緯，對劉氏當皇帝的合法性產生了懷疑。

其實，漢朝的合法性危機，早在漢昭帝時就有了苗頭，當時朝野都在傳劉姓皇室即將失去天命。當時在上林苑中發生了一樁震動朝野的怪事：苑中有一棵枯死已久的古樹忽然復活，也立了起來。更奇怪的是，枝上有個葉，葉上有個蟲，這蟲子不走尋常路，居然在葉面上啃出了一行小字：

「公孫病已當立。」

一時間朝野內外議論紛紛，莫衷一是。有個叫眭弘的大臣通曉經術，他預言道：「此乃天意！有個姓公孫的人將會代漢而興。懇請陛下頒旨尋找，然後禪位給他……」

不出所料，眭弘被拉出去砍了。五年後漢昭帝駕崩，霍光先是扶持劉賀繼位，後又改立劉詢，是為漢宣帝。

至此，天下人才恍然大悟：劉詢是戾太子劉據之孫，稱「公（之）孫」完全說得通；更巧的是，劉詢原名就叫劉病已！

原以為預示漢朝滅亡的災異，原來是漢宣帝登基的預言！

這件事過後，大家開始更加迷信，堅信漢室必定會退位，漢朝遲早會改朝換代。

為了對沖這種輿論，漢宣帝上臺後大力宣揚各種祥瑞，當時不斷有鳳凰在全國各地出現，甘露頻繁降臨未央宮、上林苑，神雀多次出現在泰山和皇家祭祀地雍城，五色鳥鋪天蓋地飛過，甚至還出現了黃龍。

祥瑞大量出現當然是好事，可以烘托出漢朝的偉大和自己的神聖。可問題在於，大量的祥瑞還產生了一個副作用，漢宣帝這麼做，雖然鞏固了天下對劉姓仍然葆有天命的信心，但也對災異和祥瑞的信仰推波助瀾，使得大家越來越迷信。一旦大家對現實政治不滿，就滿眼都是災異；而所有的災異都會指涉政治，從而侵蝕著漢朝統治的合法性。

合法性危機的種子一旦種下，就會生根發芽。

到漢宣帝的兒子漢元帝、孫子漢成帝時，這類預言已經在民間廣泛流傳，一些人根據「五德終始」、「漢家堯後」等說法，相信只要祥瑞不斷出現，堯的後代劉姓一定會禪讓給舜的後代，火德終究被土德取代，這是不可違的天命。

到漢哀帝時，朝野上下已經瀰漫著濃厚的改朝換代的氛圍，大家都說漢德已衰，作為堯的後代，接下來會由舜的後人來繼承天命。

漢哀帝很緊張，為了尋找破解之法，他找到了精通天文災異之學的夏賀良。夏賀良說：「漢家已衰，只能禪讓給舜的後人……陛下您先放下刀，我還想到一個辦法，要想繼續當皇帝，可以來個再受命，改個年號，以示重新開始。

漢哀帝照辦，把建平二年（西元前五年）改為太初元將元年，還給自己加了個舜的稱號，自稱「陳聖劉太平皇帝」，還大赦天下。

就在他以為可以坐穩皇位時，卻發現夏賀良這幫人居心不良，攫取更大的權力。漢哀帝大怒，處死了夏賀良。

他本想禪讓給自己最喜歡的寵臣董賢，可惜董賢成不了氣候，很快被王莽擊敗了。不過當時的人對五德始終說那一套理論還是迷信，堅信漢家會禪讓，結果被王莽下山摘了桃，以和平禪讓的方式奪取了漢家江山。

王政君是怎麼被選為太子妃的？

在古代能成為皇后，通常至少具備兩大條件之一：要麼女方家族有很大的政治勢力，要麼皇帝對女方極為寵愛，而王政君哪個都不是。

母親懷她時，曾夢到一輪圓月進入自己的腹中，這在古代往往意味著誕生之人不平凡。

王政君的父親叫王禁，做過廷尉史，嗜酒好色，娶了好幾個小老婆，生有四女八子。母親李氏實在受不了丈夫，選擇了離婚，年幼的王政君自此失去了母愛。

長大後的政君婉順賢慧，父親給她許配了一戶人家，結果人還沒嫁過去，男方就死了。後來東平王看上了王政君，想把她納回家當妾，結果也死了。

兩人丈夫通通暴斃，這可不是個好兆頭，父親聽信一個江湖術士之言，認為女兒貴不可言，將其送進了宮。

王政君進宮一年後，太子劉奭最寵愛的司馬良娣病故。由於司馬良娣臨死前說是有其他姬妾咒她，太子鬱鬱寡歡，又遷怒其他姬妾，不與她們接近。

太子的養母王皇后一看，這樣不行啊，帶著王政君等人到東宮探望太子，問他喜歡哪個。

看著面前的這五個女人，劉奭心裡其實是拒絕的，但他又不敢違逆皇帝和皇后的好意，只好隨手一指：「就她吧，看著還湊合。」

王政君離太子最近，其他幾個宮女都打扮得花枝招展，唯獨王政君比較素雅，著裝與他人不同。王皇后以為劉奭喜歡王政君，趕快命人將其送入東宮。

就這樣，出身普通官宦之家的王政君一躍成了太子妃。因為是隨意一指，太子對王政君並沒有什麼真情實感，更別提寵愛有加，但王政君很珍惜這個機會，很快為太子生下一個大胖小子。

漢宣帝尤其疼愛這個孫子，親自為其取名為劉驁，時時帶在身邊。

再往後，王政君的兒子劉驁繼承皇位，成為漢成帝，而王政君成為皇太后，開始了她萬人之上的尊貴人生。

這個女人，剋死了一個王朝

作為一個女人，王政君的一生可謂巔峰至極，她是漢元帝的皇后，兒子漢成帝的皇太后，還是後來繼任的漢哀帝劉欣、漢平帝劉衎、孺子劉嬰以及新朝王莽的太皇太后。僅就頭銜而論，可謂是中國歷史上的第一女性。

然而，她又是敗掉西漢天下的間接責任人。

成年後的王政君先後嫁過兩任丈夫，夫家通通暴斃，父親聽信江湖術士的話，將她送進了宮中。因為太子劉奭的隨意一指，她成了太子妃，並且很快生下第一個兒子。

西元前四十八年，漢宣帝駕崩，太子劉奭登基稱帝，是為漢元帝。

漢元帝膝下只有劉驁一子，劉驁順利升格為皇太子，太子之母王政君順理成章成了王皇后。

自古皇后這個位置能坐得安穩的人不多，王政君也是如此。漢元帝不喜歡她，只寵愛傅氏和馮媛。

兩人皆為漢元帝生下了皇子，其中傅氏所生的皇子劉康聰明伶俐，多才多藝，深受漢元帝寵愛。漢元帝幾次想要廢除王政君母子，改立傅昭儀母子，好在大臣們都不同意。

就這樣戰戰兢兢度過了十五年，王政君母子終於熬死了漢元帝，度過了人生中的第一個危機。

隨著王政君的兒子劉驁繼位成為漢成帝，由皇后更新成太后的王政君，終於可以擺脫束縛，活出自我了。

從這一刻起，王政君開始大肆提拔自家人，大哥王鳳為大司馬大將軍領尚書事，統管朝政。其他兄弟如王譚、王音、王崇、王商、王根等皆封侯，食邑萬戶。

漢成帝劉驁也無可奈何，掌握大權的這些人不是他舅舅就是他的表兄弟，牽一髮而動全身。漢成帝也沒能耐動他們，只能沉溺在聲色犬馬中，借酒消愁。

王氏子弟個個飛揚跋扈，權勢熏天，唯獨有一人例外：王莽。

王莽父親死的早，沒趕上當年王政君封五侯。老太太很關心自家人，提攜王莽進入朝廷中樞，歷任黃門郎、射聲校尉，繼承了他爹留下來的新都侯爵位。

西元前七年，漢成帝駕崩，劉欣即帝位，史稱漢哀帝，王政君也從太后變成了太皇太后。

不過漢哀帝並不信任王氏家族，先後尊奉自己的生母丁姬為丁太后，祖母傅昭儀為太皇太后，讓她們與王政君並列，而後將王氏外戚集團成員一個一個踢出權力中心。

然而，漢哀帝七年後駕崩，王氏家族捲土重來，王政君也以太皇太后的身分重新掌控朝局。重新返回朝堂的王莽也已經不甘心再給漢室皇帝工作了，他在天下人的歡呼聲中一步步接近權力頂峰，最終顛覆了西漢王朝。

直到王莽準備稱帝，糊塗了一輩子的王政君才幡然醒悟，怒摔玉璽，可她已經無力阻止了。在大局上沒有遠見和把握力，不及早防微杜漸，讓王莽坐大，才死護著一個玉璽不肯給他，有什麼意義呢？

她沒有滅西漢，但西漢卻因她而亡，正如王夫之所說：「亡西漢者，元後之罪通於天矣。」

王莽到底是不是時空旅人？

近年來，網路上有一種說法，說王莽可能是今天的一個現代人，坐著時光機回到兩千年前，施行了一次激進的社會主義實踐。因為他的很多制度改革太超前了，無法被當時的人接受，所以才導致失敗，所以不少人懷疑他是時空旅人。

最開始評價王莽的歷史超前性的是胡適，他提出要給王莽說一句公平的話，並且稱他是「一千九百年前的一個社會主義者」。

胡適為什麼這麼評價王莽呢？因為他確實做了很多頗具現代性的改革，我們一起來看一下。

第一，土地國有，平均分配。

西漢末年的土地兼併相當嚴重，地方豪強占有大量土地，而大量貧農沒有土地。王莽認識到，土地私有和自由買賣是土地兼併問題產生的根源，而土地兼併是導致貧富差距加大、社會矛盾加深的根源。於是在他登基的第二年，朝廷正式下發通知，大力推行「王田制」。具體來說就是將土地收歸國有，然後重新分配，人均土地一百畝。沒有土地的農民每對夫妻會分到一百畝田地，不足的由國家補償。多占土地的人家，不管是富豪巨室還是普通百姓，立刻要無條件交出土地分給貧民。

第二，廢除奴婢，人人平等。

西漢末年，奴婢的數量高達三百八十多萬，占全部人口的百分之十五。深受儒家文化薰陶的王莽對這些很是看不慣，他十分痛恨奴婢制度，禁止買賣奴婢，決不允許草菅人命。即便是自己的兒子殺了家奴，王莽也要逼他自殺償命。

第三，國家專賣，穩定市場。

王莽頒布了國家專賣的國營事業政策，將酒、鐵、鹽等重點物資全部收為國有，並推出了「五均六筦」。五均就是在長安、洛陽、邯鄲、臨淄、宛、成都六大城市設立五均官，由原來的市令、市長兼任，稱為「五均司市師」，主要職責是評定物價和控制市場供應。

王莽規定，五均官在每季度的第二個月將商品分類定價，將每種商品按品質分為上、中、下三等，再分別評估出不同等級的商品價格，稱作「市平」，也就是法定價格。當市場價高於法定價格時，政府就拋售物資以平抑價格；如果低於法定價格，則聽任百姓自由買賣。

百姓如果手頭缺錢了，可以向政府申請辦理貸款；貧民遇有喪葬、祭祀等事，可向政府申請無息貸款；想經商沒有啟動資金的，也可以申請低息貸款。

很新潮對不對？但如果熟悉歷史，你會發現其實多數在歷史上都有跡可循。

王田制參照的是周朝的井田制；「五均制」穩定物價的方式和漢武帝的平準法雷同；鹽鐵專營是春秋時期齊國名相管仲玩剩下的，只有禁止奴婢買賣和貸款在當時具有一定的先進性，但前者沒多久就被王莽自己廢除了，後者只是把民間借貸官方化而已，談不上多超前。

更何況，王莽痴迷於《周禮》，他每做一件事，都要和古書核對，他的復古其實更多的是復周朝的古。換句話說，即便王莽是時空旅人，那也不是從二十一世紀回去的，而是從周朝來到漢朝的。

改名成癮的王莽

王莽上臺後，除了推出一系列奇怪的政策外，還發起了一場轟轟烈烈的改名運動。

照理說改名這事不算罕見，每個朝代都做過，可是也沒有人像王莽這麼誇張，仔細觀察他的做法，嚴重懷疑他有重度強迫症。

比如，他改官名。

在中央官職中，他把大司農改為羲和（後又改為納言），大理改為作士，太常改為秩宗，大鴻臚改為典樂，少府改為共工，水衡都尉改為予虞，光祿勳改為司中，太僕改為太御，衛尉改為太尉，執金吾改為奮武，中尉改為軍正。

地方官職名稱也有不少改動，太守改為大尹（或卒正、連帥）、都尉改為太尉、縣令改為宰。此外還增加了很多官職，名字都是新編的。

他還喜歡改地名。

當時帝國有東海郡、南海郡、北海郡，王莽覺得不夠完美，於是硬生生湊了個西海郡出來。那麼西海郡在哪裡呢？王莽的目光順著地圖往西找，一眼就看到了青海湖，當時這裡還是羌人居住的地方。王莽為了湊夠四海郡，強逼羌人「獻」出了這塊地方，又強制移民，讓罪犯前去填郡。

當時首都長安分為三輔：京兆、馮翊、扶風，王莽將其中的二輔分成了六尉：京尉、師尉、翊尉、扶尉、光尉、列尉。

河西走廊本有四郡：張掖、武威、酒泉、敦煌，王莽覺得武威名字不好聽，想改成張掖。可問題是，已經有一個張掖了，怎麼辦？王莽說，那張掖也改唄，就叫設屏吧！

王莽不喜歡貶義詞，他把很多地名改成了反義詞：

上黨有個谷遠縣，改成了谷近；太原有個於離縣，改成了於合；陳留有個東昏縣，改成了東明。無錫改有錫，亢父改順父，曲周改直周，曲梁改直梁，曲逆改順平，曲平改端平，曲陽改從陽。

不止在國內改名，王莽連國外的友邦也沒放過。

東夷西戎南蠻北狄是傳統的叫法，怎麼改？王莽大筆一揮，北邊的郡通通改成填狄、厭狄、仇狄，西邊的郡改成伐戎、威戎、厭戎，東邊的就叫填夷，南邊的就叫填蠻。匈奴單于被改成了「降奴服于」，高句麗被改成了「下句麗」，弄得匈奴和高句麗都挽起袖子要扁他。

這麼一通瞎搞，不但普通群眾搞不清楚，連自己人都弄不明白。有的地方一年之內改了五次名，連章子都來不及刻，更別說普及了。

這件事對地方官吏和普通老百姓都造成了極大的影響。想像一下，你放暑假回家買火車票時，突然不知道該買到哪了，只好回去查。好不容易查到了，售票員說不對，這是上個月的地名，這個月又改了，您得回去再找找。

就問你崩不崩潰？

有人做過統計，和西漢末年對比，新莽的郡從一百零六個增加到一百一十六個，連改帶增，一共改了九十一個郡名，只有二十五個保留了原名；縣從一千五百八十七變成一千五百八十五個，其中七百三十個縣改了名字，將近一半。

害得朝廷每次發文，不得不在地名後面加括號，備注原來的名字。連王莽發詔書，都不得不加旁註「故漢 XXX」，否則沒人看得懂。

這麼一通亂搞，新朝若是不亡，真是沒天理了。

九錫是怎麼回事？

王莽雖然出身外戚王氏，但由於父兄早亡，早年一直過著孤貧的生活，從一開始就是家族中的一個異類，幹部子弟中的一股清流。

當其他官二代花天酒地、聲色犬馬，與紅塵作伴活得瀟瀟灑灑，策馬奔騰共享人世繁華時，王莽卻在照顧寡嫂，一心求學。二十四歲時，他步入仕途，從基層做起，踏踏實實，一步一個腳印，三十歲時已官居高位，成為皇帝身邊的近臣，漢朝最年輕的省部級幹部。

尤其難得的是，王莽始終清正廉潔，生活簡樸，平時不抽菸不喝酒不賭博，最大愛好就是幫助他人，每個月薪資都拿出來當獎金分給下屬。

王莽在篡漢前深受百姓愛戴，連續多年榮獲「感動漢朝十大人物」、「大漢王朝道德楷模」、「人民最滿意的公務員」等榮譽稱號。他的先進事蹟被廣為傳頌，漢賦大家楊雄高度評價：「周公以來，未有漢公之懿也。」稱他是周公一樣德行高尚的「聖人」。

漢哀帝去世後，九歲的劉衎繼位，由於皇帝年幼，國家日常政務由老岳父王莽全權代理。

為了支持這位偶像，朝野不遺餘力支持他在權力的臺階上拾級而上，王莽先後接受了「安漢公」和「宰衡」的封號。

可這還不夠，大家還想讓他更進一步。問題是，宰衡已經是前無古人了，還能怎麼升？

有人出了個主意：可以加封九錫。

什麼是九錫？

錫在古代通「賜」字，「九錫」就是「九賜」，是天子賜給臣子的九種禮器，這是最高級別的禮遇，具體如下：

1. 車馬。指金車大輅（車轅上用來輓車的橫木），和兵車戎輅；玄牡二駟，即黑馬八匹，其德可行者賜以車馬。
2. 衣服。指袞冕之服，加上配套的赤舄（ㄒㄧˋ，鞋）一雙，能安民者賜之。
3. 樂。指定音、校音器具，使民和樂者賜之。
4. 朱戶。指紅漆大門。民眾多者賜之。
5. 納陛。有兩種說法，一是登殿時特鑿的陛級，使登升者不露身，猶貴賓專用通道。二是階高較矮的木階梯，使登階別太陡，能進善者賜以納陛。
6. 虎賁（ㄅㄣ）。守門之軍虎賁衛士若干人，或謂三百人；也指虎賁衛士所執武器，戟、鎩之類，能退惡者賜虎賁。
7. 弓矢。彤弓矢百，玄弓矢千。指特製的紅、黑色的專用弓箭，能徵不義者賜之。
8. 斧鉞。能誅有罪者賜之。
9. 秬鬯（ㄐㄩˋ ㄔㄤˋ）。供祭禮用的香酒，以稀見的黑黍和鬱金草釀成，孝道備者賜之。

這九種器物都不是一般人能享用的，得到這九種器物，是對一個臣子最高規格的賞賜。

很快，全國各級官員和百姓紛紛上書，聲援王莽。丞相府內，一批又一批竹簡被送進來，大小官員都行動起來清點這些竹簡，最後一數，竟然達到了四十八萬七千五百七十二份！

所有的內容都出奇地一致：請求朝廷賜王莽九錫！

民意不可違，諸侯、王公、列侯們一看這陣勢，紛紛去見太后，叩頭進言，希望朝廷立即加賞王莽。

王政君親自到未央宮前殿，主持賜九錫的儀式，王莽欣然接受。

就這樣，中國歷史上第一次實際執行的賜九錫就這樣完成了，後來的曹操、司馬昭等人都得到過這九錫的賞賜，以至於後來「九錫」就成了篡逆的前兆。

王莽篡權，劉氏宗室在幹什麼？

居攝元年（西元六年），年僅十四歲的皇帝劉衎崩於未央宮。帝國首都的最高地方行政長官適時地呈上一塊寫有上天符命的石頭，上面寫著：「告安漢公莽為皇帝。」

王莽則在眾人的呼聲中當了漢朝的代理皇帝——假皇帝，攝行國事，一切禮儀均同天子。而後，他立劉嬰為皇太子。

王莽的野心已經昭然若揭，那麼問題來了，身上流淌著高皇帝血脈的劉姓宗室到底在幹什麼？他們為何沒人站出來反對？

當時各地的宗室算起來有十多萬人，算是一個龐大的群體。可問題在於，當輿論壓力空前強大時，很多宗室選擇了沉默。他們的態度開始分化，有人觀望，有人不問世事，也有人選擇了諂媚迎合。

安眾侯劉崇對王莽很是不爽，他拉來國相張紹，準備造反。他堅信，大多數宗室雖然沒有發聲，但並不代表他們不知恥，只差一個帶頭的人而已。只要自己站出來振臂一呼，全國的宗室必定會群起響應！

劉崇的想法是先攻下南陽郡的首府宛城，宛城是富庶的中原大郡，如果能拿下這個地方，必定可以一呼百應！

說打就打，劉崇率領一百多人就起兵了，他們原本以為沿路劉姓諸侯必定會應者雲集，隊伍會迅速擴大。不幸的是，他猜中了宗室「知恥」的心態，卻高估了他們「後勇」的決心，這一路上居然無人響應！

結果可想而知，劉崇的隊伍因為人數太少，連城門都沒攻進去就失敗了。

劉崇死後，劉氏宗族更加不敢出頭，劉崇的族叔劉嘉害怕被牽連進去，央求張紹的從弟張竦寫了篇文章，給自己進行辯白，順帶將王莽狠狠地誇了一通。

王莽很是滿意，劉嘉給他帶了個很好的頭。宗室們見此情景，更加心灰意冷，有些宗室索性比一般諂媚者表現得更加忠誠，他們開始為王莽搖旗吶喊，請求王莽稱帝。

比如新鄉侯劉佟，在王莽嫁女時站出來請求增加王莽的封邑，泉陵侯劉慶在王莽賜九錫時第一個公開主張王莽居攝，廣饒侯劉京和劉宏也抓住機會，在王莽即位前夕向王莽報祥瑞，請求王莽即位為真皇帝。

這就是當時劉氏宗室的反應，沒有我們想像中的義憤填膺、振臂一呼，絕大多數都選擇了苟著，或是爭著向王莽獻媚。

傳國玉璽的下落之謎

如果我問你，如果給歷朝歷代的國寶排個名，哪件國寶能排第一？相信很多人都會脫口而出：傳國玉璽！

眾所周知，傳國玉璽的前身就是歷史上大名鼎鼎的「和氏璧」。

西元前兩百二十八年，嬴政派王翦攻滅趙國，和氏璧落入秦國之手。為了彰顯秦朝的國威，和氏璧被玉工大師孫壽雕琢成為傳國璽，並刻上了由秦帝國丞相李斯寫的「受命於天，既壽永昌」八個大字，上紐交五龍，通體剔透，氣度至尊，堪稱國之重器。

傳國玉璽的每一次易主，便意味著一次朝代的興衰更替。

西元前兩百零六年十月，劉邦率軍入咸陽，末代秦王子嬰素車白馬，用絲帶繫著脖子，封存了皇帝的印璽和符節，在軹道旁向劉邦投降。

到了西漢末年，孺子嬰被王莽扶立上位，但因為年幼，傳國玉璽被收藏在太皇太后王政君手中。

西元八年，王莽篡漢，建立新朝，派王舜去逼姑姑王政君交出玉璽。糊塗了一輩子的老太太終於幡然醒悟，氣得大罵道：「你們父子宗族承蒙漢家恩惠，才能世世代代享受榮華富貴。可是你們不思報答，反而趁受人託孤的機會，奪取漢家江山，完全不在乎恩義，簡直就是豬狗不如！既然你們要改朝換代，何不自己做個新的玉璽？為什麼還要找我這個漢家的老寡婦來討要亡國的不祥玉璽？我反正要死了，這個玉璽我是準備要陪葬的，你們休想得到！」

王舜也趁機擠出了一點眼淚，繼續勸說：「您罵得都對，我無言可答。但是王莽是無論如何都要得到這顆傳國玉璽的，您難道能至死都不拿出來嗎？太后還是交出來的好。」

悲憤至極的老太太舉起傳國玉璽，罵道：「我老了，快要死了，王家有你們兄弟這樣的人，早晚會被滅族的！」

說完，她舉起傳國玉璽，然後狠狠地摔了出去！

哐噹一聲，玉璽被摔在了地上，等王舜撲過去捧起來時，發現玉璽的一個角已經被摔壞了。

玉璽雖然被摔壞了，但摔壞了角也是傳國玉璽，王莽命人將壞掉的那個角用黃金補上，也算是為傳國玉璽加了一個終身的防偽標記。

王莽兵敗被殺後，傳國玉璽被獻給更始帝劉玄。後來劉玄被赤眉軍殺死，立劉盆子。後劉盆子兵敗宜陽，將傳國玉璽交給劉秀。

東漢年間，玉璽一直在皇宮中歲月靜好。一直到東漢末年，董卓帶大軍入洛陽，漢少帝逃出皇宮，傳國玉璽被一個宮女掛在脖子上的錦囊中，宮女投井而死。

十八路諸侯討董卓，孫堅攻入斷壁殘垣的洛陽城，從井中撈出宮女的屍體，獲得了傳國玉璽。

孫堅戰死後，袁術拿到了玉璽，狂妄無邊，自立為皇帝，冒天下之大不韙，眾叛親離，被各路諸侯圍毆而死。

袁術敗亡，玉璽歸了曹操，曹操將玉璽交還給漢獻帝。

後來曹丕逼漢獻帝禪讓，建立魏國，在傳國玉璽肩部刻下八個隸字「大魏受漢傳國之璽」。

此後的傳國玉璽幾經輾轉，多次失蹤又失而復得，但真假就不知道了。明清兩代多有獻玉璽者，然而皆為贗品。至於真正的傳國玉璽，恐怕早就在某次戰亂中遺失，沉睡在地下深處了。

匈奴人最後去哪裡了？

近些年有一種說法：被漢朝趕走的北匈奴被東漢徹底打殘後，經過數個世紀的遷徙，到達了遙遠的歐洲，讓歐洲人非常崩潰，成了讓歐洲人膽寒的「上帝之鞭」。很多人認為，西元四世紀後出現在多瑙河流域的匈人其實就是西遷的匈奴。

這一說法給廣大需要歷史自信的人提供了精神興奮劑，然而真相到底是什麼？匈人是不是西遷的匈奴人？

東漢時，匈奴遭遇了嚴重的自然災害。史載，當時匈奴「連年旱蝗，赤地數千里，竹木盡枯，人畜飢疫，死耗大半」。為了活命，蒲奴單于遣使赴漢朝和親，但匈奴內部對此意見並不統一。

經過一番博弈，日逐王比搶先一步投降了漢朝，成為南匈奴；蒲奴政權在北方建立了北匈奴。

西元九十一年，竇憲率領漢軍再次出擊北匈奴，雙方在金微山（今阿爾泰山）展開了最後的決戰，北匈奴戰敗，率部西遷，另尋生存之地。至於他們去哪裡了？無人知曉。

西元三百七十四年，一支號稱匈人的騎兵突然出現在東歐，他們所向無敵，征服了哥德人，從而改變了歐洲歷史。然而這些匈人的來歷卻是一個謎。

十八世紀，法國東方學家德金提出了一個觀點：戰敗的北匈奴人西遷，活動到了歐洲，並在其後威震亞歐大陸的「上帝之鞭」阿提拉的帶領下，在東歐平原上建立了極盛的匈人帝國。

十九世紀末，晚清狀元洪鈞在出使沙皇俄國時，在相關史籍中看到了這些記載，並將其帶入國內，中國學者章太炎、梁啟超等人普遍採納了這種意見。

斯塔夫里阿諾斯在其著名的《全球通史》中也認為，匈奴人被漢朝打散後有一部分流落到歐洲，建立了匈奴帝國。

事實上，這一說法早已被主流歷史學界拋棄。

要知道，匈人和匈奴在文化、習俗與文明水平上存在著極大的差異，匈人的文明非常原始，他們不從事任何農耕勞動，也不會修築建築和搭建帳篷，只會用石器和骨頭作武器。而匈奴人的軍事力量、生產水平、組織制度都比匈人強，他們從漢朝學到了冶鐵技術，到武帝時期已經有和漢軍鐵騎一樣制式的匈奴甲騎。

匈奴的墓葬中也發現了大量金屬武器、箭頭，這些證據都表明匈奴人早在遷徙之前幾百年就已經完整的擁有了農業和城市和較高的生產能力，早已比匈人高出了一個文明等級，二者顯然不是同一種人。

整體而言，向西遷移的匈奴人一直到了帕米爾高原以西，位於費爾幹納盆地和伊朗高原之間的粟特國，他們最後出現歷史中是西元四百五十二年，而南部投靠中原政權的南匈奴，在五胡十六國時期同樣被不同分支的胡人和漢人擊敗，最後被徹底漢化。

西漢與東漢有什麼區別？

很多讀者看到這個標題，大概會一頭霧水，西漢與東漢不是一個朝代嗎？無非是一個建都於西面的長安，一個建都於東面的洛陽，都是老劉家的人掌權，沒什麼問題啊，難不成還有什麼不一樣的地方？

還真有，西漢與東漢看上去很像是一個朝代的延續，但實際上應該看作是兩個不同的朝代。

西漢和東漢無論從立國基礎、皇權強弱、社會結構等等，都是非常不同的。

西漢建立在秦朝的廢墟之上。當時六國貴族已被始皇帝打殘，留下的都在蟄伏。平民劉邦擊敗了項羽為首的舊貴族，建立起了西漢的中央政權。

劉邦本人出身於布衣草莽，他身邊的人除了張良、蕭何還算知識分子外，其餘的都是底層平民百姓：樊噲是賣狗肉的，曹參是牢頭，夏侯嬰是車伕，周勃是喪事上的吹鼓手，灌嬰是布販。這些開國顯貴大多不是世襲階層，背後沒有盤根錯節、根深蒂固的利益集團。

西漢草創之時為了安撫群雄，施行了郡國並行制，也就在是地方上繼承秦朝的郡縣制，同時又分封同姓諸侯國，漢朝一半以上的領土都在他們手裡。

這顯然不是劉邦的本意，很快，他利用各種藉口漸次翦除了異姓王，拆分同姓王，強化了中央集權。

東漢不一樣，帝國的根基是強勢的豪族。劉秀本就是南陽大族，兄弟二人起兵就是以劉氏宗室與南陽豪傑為班底，他哥的威望其實比他要高，不料死於鬥爭之中。劉秀繼承了兄長的遺產，又有一群出身豪族的「雲臺二十八將」輔佐。

劉秀生命中的兩個女人也出身不凡；陰麗華所在的陰氏家族代表南陽集團豪族，郭聖通背後站著的則是河北豪強。

從起家班底上來說，劉秀顯然要比劉邦豐厚得多。

從中央官制來看，西漢沿襲秦制，中央設三公九卿，以丞相、太尉、御史大夫為三公，漢初還曾設定相國職位。東漢官制的最大不同就是三公權力被削弱，尚書檯成為政府中樞，掌握實際權力。

從行政區域劃分來看，二者還有一個很大的不同 —— 州。

漢武帝時期設定部（州）作為監察區域，由刺史負責監督，刺史威重但權輕。

東漢時期州成了與郡、縣一樣的行政區域，位在郡之上，州牧（原刺史）也從原來的監察變成一州軍政長官，在太守之上。

因此，劉秀建立的東漢雖然是西漢的延續，但其實可以說是另一個嶄新的政權。

張衡的地動儀到底是否存在？

東漢永和三年，這一年是漢順帝執政時期。二月初三這天，都城洛陽那臺地動儀的一個龍機突然發動，吐出銅球，掉進了蟾蜍的嘴裡。

設計師張衡拿起銅球，望向西北方，輕輕說了一句話：地震了，隨後便將此事上報皇帝。

周圍人對此不屑一顧，因為當時的洛陽一點震感都沒有，大家嚴重懷疑張衡是在造謠，並對他發明的那臺奇怪機器嗤之以鼻。

幾天後，隴西的信使快馬加鞭趕到洛陽報告，隴西發生了大地震，金城郡（今甘肅永靖西北）、隴西郡（今甘肅臨洮南）受災最為嚴重！

消息傳來，京師震動，朝野上下都對張衡佩服得五體投地，也對他設計的地動儀產生了強烈的興趣，越看越覺得不可思議。

上面這個故事記載於《後漢書．張衡傳》中，因為這段記載，後世一些科技史著作聲稱，張衡發明的地動儀是人類歷史上第一臺能測量感知地震的儀器，比西方第一臺地震儀早了一千七百多年，是中華民族古代科技文明的結晶。

遺憾的是，這臺地動儀在西元二〇〇年前後就毀於戰火之中了。

那麼問題來了，今天我們看到的地動儀是怎麼來的？它和張衡原版地動儀是一樣的嗎？

很遺憾，張衡候風地動儀的樣貌，以及內部設計圖已經全部失傳。大家在教科書看到的候風地動儀，實際上是上個世紀五十年代，由中國考古學家王振鐸復原的仿製品。

早在一九三四年，在燕京大學讀書的王振鐸誕生了複製「地動儀」的念頭。為此，他認真研究了各種資料，結合英國地震學家米爾恩的「懸垂擺」的結構原理，畫出了地動儀模型圖稿。

之後，王振鐸又放棄了「懸垂擺」原理，用倒立的直桿原理複製出了一比十比例的「張衡地動儀」模型。

模型一出，立即引發極大的震動，成為了中外文化交流的載體，多次展覽，曾置於聯合國世界智慧財產權組織總部，與美國人從月球上帶來的岩石一起並排展覽。

然而，這款模型內部結構缺乏合理性，根本無法監測地震，從誕生之初就受到了專家學者的質疑。王振鐸的老朋友傅承義當面指出了一九五一年模型的原理性錯誤並說道：「房梁下吊塊肉都比你那個模型強。」

很多人開始懷疑，張衡的地動儀到底真的還是假的？到底能不能監測地震？

雖然復原地動儀很難，但專家們對這個問題的探索並未停止。

物理學家李志超一九九四年提出了自由桿模型，王湔則借鑑現代地震儀的垂直擺結構，也設計了一款地動儀。

二十世紀初，馮銳教授和他的團隊做了大量研究並作出一款模型。這是一個真正可以動的地動儀，可以對橫波作出反應。

那麼問題來了，馮銳設計的這款地動儀，是不是真的復原了張衡的地動儀？

很遺憾，依然不是，由於太過久遠，我們已經很難知道張衡的地動儀到底是什麼樣子，也很難推測其工作原理。

但我們不必悲觀，科學本就是一個不斷探索的過程，而早在一千八百多年前，那個叫張衡的中國人已經開始了這種嘗試，去破除迷信，打破人們對於「天懲」的錯誤認知，足以鼓舞我們後人。

這可能是大漢離羅馬最近的一次

漢朝與羅馬，是兩座矗立於軸心文明高峰，各自代表了一方的文明最高水準。不過二者相距萬里之遙，只能依靠地處絲路要衝的諸多民族、國家發揮著居間傳遞消息的仲介作用，猶如盲人摸象，總是看不真切。

由此引發了一個遺憾，兩大帝國各自屹立在歐亞大陸兩端，很長一段時間內居然沒有任何交流。

雖然二者在漢朝時沒有直接接觸，但中國人對世界的探索是永無止境的，西漢時張騫鑿空西域，正式開通了這條從中國通往歐、非大陸的陸路通道，不過漢朝時的西域是指南疆一帶，後來擴展到天山以北和中亞東部。當時漢朝遣使者最遠到過安息、奄蔡、條支和身毒等國，可離羅馬依然很遙遠。

到東漢時，班超經營西域，封為定遠侯，食邑千戶，登上了人生巔峰。此時的他早已年過花甲，然而當他從西域商人口中了解到更遙遠的西方，有一個大國叫大秦，漢家的絲綢在經過安息人（帕提亞帝國）的轉手買賣後，其利百倍，他胸膛中的熱血又湧動起來。仍然胸懷壯志的他決定「振威德於荒外」，將自己恢弘漢家的氣概向更遙遠的西方傳遞。

這是班超的終極夢想，從沙漠到大海，繼續向西，溝通大秦，航向無窮無盡的世界！

這個想法一經說出，整個都護府的人都傻了，大秦離大漢不知幾萬里之遙，中間還要渡過茫茫大海，還不一定能與對方取得聯繫，怎能讓都護冒險？

班超仰天長嘆，他也知道自己老了，從四十二歲到西域，今年已是六十四歲了，年老體又衰，軍政務纏身，他哪裡還有精力再去大秦？

無奈之下，他把手下幾個得力幹將叫到身邊，問誰敢冒險出使大秦？

眾人沉默以對，此時一個年輕小吏站了出來，自告奮勇願出使大秦。

班超一看，正是屬官甘英。

班超在他身上看到了年輕時的自己，立刻為其準備出行物資，親自送行。

甘英自龜茲它干城（當時西域都護的治所）出發，經疏勒、莎車，西逾蔥嶺，過蒲犁、無雷至大月氏，再西出木鹿、和櫝、阿蠻國、斯賓國，歷經長途跋涉、重重險阻，最後抵達安息西界的波斯灣，準備從這裡渡海去大秦。

可惜的是，他最終止步於波斯灣的海邊，因為一位安息長老的話嚇住了他：「海水廣大，往來者逢善風三月乃得度，若遇遲風，亦有二歲者，故入海人皆齎三歲糧。海中善使人思土戀慕，數有死亡者。」

這種說法應該來自古希臘傳說，據《荷馬史詩·奧德賽》載：在喀耳刻島與斯庫拉之間的海島上，生活著一群魚尾人身的女妖，她們善於用曼妙歌聲吸引過往水手，騙至島上殘害。希臘神話中的英雄奧德修斯途經海妖島時，有巫師建議他用蠟封耳，以免聽到歌聲。奧德修斯吩咐隨從依此行事，自己卻不以為然，讓水手將其綁在桅杆上，結果被歌聲所惑，所幸同行水手以蠟堵其耳，才平安駛離。

安息長老刻意誇大渲染海上風險，也許是不願他們渡過波斯灣進入阿拉伯沙漠喪命，也許是想阻止漢帝國與遠方的羅馬帝國建立直接聯繫。而甘英聽完長老的話，決定返程。

一場漢朝人的西域大冒險終究遺憾告終，一場大漢與羅馬跨越萬里的溝通最終擦肩而過。

假如甘英遲來十八年，可能會碰上親征帕提亞的羅馬皇帝圖拉真，不過屆時東漢在西域的勢力已開始收縮。東西兩大帝國各自擴張至頂點時，失之交臂，未能建交。

回到漢朝入贅是什麼體驗？

前兩年知名古裝電視劇《贅婿》紅遍了大江南北，一個合格入贅的女婿必然是妻子眼裡的窩囊廢，丈母娘眼裡的拖油瓶，直到有一天，他因奇遇或真實身分暴露，王者歸來，一掃先前的輕視與嘲笑，贏得嬌妻芳心，登上人生巔峰。

於是就有很多人開始做夢，夢想著回古代過個入贅的癮。

如果你有這種想法，那我可得勸一下，醒醒，穿越時空有風險，選擇需謹慎！如果你不幸回到漢朝，非但沒有電視劇中演繹的風光無限，還要時刻忍受著各種歧視和屈辱，只有一個慘字！

在真正了解入贅女婿的生活之前，首先不得問一個問題，什麼是「入贅」？

《說文解字》中解釋道：「贅，以物質錢也」，可見「贅」本身就有「抵押」和「放貸」之意。而在古代，男人入贅只有一種原因：貧窮。

由此可見，入贅可不僅僅是當上門女婿，或是為了愛情自降身分，入贅為婿相當於賣身為奴，你要面對來自各方的欺凌和歧視。

入贅這個概念最早出現在戰國時期，說起來，淳於髡可以算是有記載的第一個入贅女婿。在時人眼中，入贅基本等同於社會渣滓。比如，按雲夢秦簡《魏戶律》的規定，入贅的女婿不許自立門戶、不許授予田地和房產、出戰時不得受到將領體恤、三代內不能做官，即使做官也得備注：我是 XXX 入贅女婿的曾孫，簡直和賤民無異。

秦代也是如此，西元前兩百一十四年，始皇帝派五十萬大軍出征嶺南，這五十萬大軍主要由「嘗逋亡人、贅婿、賈人」構成。將入贅的女婿與罪犯及商人編組在一起發配邊疆，可見入贅的女婿地位有多低了。

為什麼秦朝要如此殘酷地對待入贅的女婿？

按賈誼的說法，秦國的入贅之風與商鞅變法有直接的因果關係：商鞅變法拋棄了禮義與仁恩，只想著汲取，做了兩年，秦國的社會風俗就壞掉了。有錢的家庭，兒子一旦成年便要分家；窮困的家庭，兒子一成年便要入贅。

為什麼土豪家庭的兒子一成年便要分家？因為商鞅有規定，家中有兩個成年男性卻不分家者，雙倍徵收賦稅。實在沒錢分家怎麼辦？只能將兒子送出去入贅了。

到了漢朝，入贅的女婿地位還是很低，漢文帝時，商人、入贅與貪贓之吏不許考公，入贅這個身分還會被政府標註在戶籍檔案裡，成為自己和後代永遠抹不掉的汙點。漢武帝時戰爭頻生，兵力缺乏，入贅的女婿就成了首要之選，在征討大宛的戰爭中，武帝在全國捕捉入贅的女婿，強迫他們參軍並發配邊疆當炮灰。

天漢四年（西元前九十七年），漢武帝派李廣利率軍進攻大宛，這支軍隊中的大部分都是「七科謫」，也就是七種炮灰，入贅恰在其中。這七種炮灰分別是：吏有罪者、入贅、商人、曾做過商人者、祖父母做過商人者、父母做過商人、閭左。

請注意，排名分先後。當烽煙四起，不知道有多少入贅的女婿戰死在他鄉，成為一縷無法訴冤的炮灰。

或許你要問了，這只是普通人入贅，如果我娶了公主呢？

不好意思，漢朝的駟馬爺也不是那麼好當的。比如班超的孫子班始娶了清河孝王女陰城公主，陰城公主是順帝的姑姑，在家中驕橫跋扈，還養了個小白臉。甚至在她與小白臉在床上淫亂時，丈夫還要跪伏在床下侍奉。

這樣的日子顯然不是人過的，班始忍無可忍，最終手刃公主。不過「入贅的女婿」的激憤殺人並沒有引起人們同情，漢順帝大怒，下詔腰斬班始，班始的兄弟們也連坐棄市。

總之，穿越到哪個朝代入贅，都不是正常人做得出來的，大家還是早點清醒吧。

疏勒城生死戰

大漢王朝到了東漢時期，國力衰減，已經不像漢武大帝時代那麼強盛了，位於天山以北的北匈奴蠢蠢欲動，又起了反叛之心。

西元七四年，耿秉跟隨名將竇固出征西域，大破匈奴和車師聯軍，降服了車師後王安得，使得自從西漢末年後一度失去控制的西域再次回歸帝國控制。

為了鞏固對西域的控制，東漢帝國再次設立西域都護，並在車師金蒲城（今新疆奇臺西北）和柳中城（今新疆艾丁湖東北）設立戊己校尉，每處屯兵數百人。當時的耿恭正擔任金蒲城的戊己校尉。

由於西域難以長期養兵，漢軍不得不東撤到河西走廊。眼見漢軍後撤，匈奴隨即在次年聯合焉耆和龜茲捲土重來，攻殺了新任的西域都護陳睦，駐守柳中城的戊己校尉關寵所部也全軍覆沒，駐守金蒲城的耿恭所部成了漢帝國在西域的孤軍。

耿恭親自登城和匈奴交戰，他讓部下把毒藥塗到箭鏃上，向匈奴兵喊話：「漢家箭神，其中瘡者必有異。」喊完用強弩發射毒箭。匈奴人中箭者，傷口迅速潰爛。

匈奴軍隊大驚，以為耿恭有神靈相助，正逢天降暴雨，耿恭冒雨縱兵出城，猛攻敵陣，迷信的匈奴人開始慌亂，紛紛說：「漢兵神，真可畏也！」引兵而去。

耿恭意識到匈奴人還會捲土重來，金浦城難以防守，於是轉移到了有溪流可以固守的疏勒城內。

從西元七五年五月到次年二月，耿恭以五百漢軍對陣兩萬匈奴騎兵，在疏勒城內堅守近一年之久。為了迫使漢軍投降，匈奴將疏勒城下的溪流堵絕，耿恭在城內掘井十五丈，卻仍不見水，守城部隊在水盡援絕情況下仍不放棄，甚至擠榨馬糞汁來飲用。

為了堅守，耿恭親自帶領士兵挖井運土，卻始終不見泉水。耿恭見狀，仰天長嘆道：「我聽說西漢時貳師將軍李廣利征伐西域缺水，李廣利拔佩刀刺山，於是飛泉湧出，如今我漢德巍巍、福運綿長，怎麼就沒水呢？」

於是耿恭代表全體將士對井再拜，不一會兒，泉水竟然噴湧而出，漢軍在近乎絕境的情況下起死回生，皆呼萬歲。耿恭命令兵士向匈奴人拋水示意，匈奴人大驚，以為漢軍有神明相助，撤兵而去。

水的問題解決了，但食物依然短缺。漢軍雖然得到了當地部族的支持，但在堅守數月後，糧食已經告罄，大家已經很久沒嘗到糧食的滋味了。

車師後王的夫人有漢人血統，她派心腹暗中幫助耿恭守衛疏勒城，向耿恭報告匈奴人的作戰計畫與分布情況，還為城中漢軍提供一些糧食，這讓耿恭可以從容不迫，事先做好安排。

但車師王後能提供的糧食有限，守城將士只能將鎧甲皮革與弓弩煮了充飢。弓弩上的弦是用動物的筋腱做的，煮熟了可以吃；鎧甲的皮革是生牛皮做的，也可以煮熟了吃。

這些東西畢竟有限，吃完後就沒得吃的了，不少人已餓得連弩機都抬不起來。不斷有人倒下，再也沒能站起來。

匈奴人不斷進攻，但城內的漢軍拚死抗敵，寸步不讓，漢軍大旗始終高高飄揚在城頭！

人在，旗在！旗在，城在！

匈奴人從來都是敬重英雄的，左鹿蠡王覺得耿恭殺之可惜，派出使節勸降耿恭：只要你歸附匈奴，我封你為白屋王，把女兒嫁予你！

面對匈奴使節的勸降，耿恭假意應允，請使節一同上城頭，當著匈奴大軍的面，親手斬殺了使節，衝著匈奴人喊道：有敢來勸降者，同此下場！

隨後，漢軍在城頭點燃火堆，烤其肉食之。耿恭告訴眾人，戎狄豺狼也，食豺狼之肉，總好過為豺狼所食！

當時恰好漢明帝去世、國內大喪，漢軍救援始終不至，一直到疏勒城被圍的第二年，新上位的漢章帝才在司徒鮑昱的極力堅持下，派出七千多人前往救援。

漢軍再次出征西域，反覆無常的車師國也再次投降，漢軍以為耿恭等人已死，不願再深入救援。耿恭此前派往河西走廊求援的軍吏范羌堅持不願放棄軍中同袍，在他的堅持下，漢軍分兵兩千人，由范羌帶領前往營救耿恭。

救援途中，積雪達到一丈多深，當援軍終於抵達疏勒城下時，耿恭等人以為是匈奴再次來襲、大為震驚，漢軍亮明身分後，耿恭等人痛哭流涕，這才開啟城門迎接。

隨後，耿恭等殘存的二十六人跟隨漢軍東撤，北匈奴仍然不時派兵襲擊騷擾，漢軍且戰且退。當他們歷經千難萬險回到玉門關時，曾堅守疏勒城的那二十六位勇士，此時只剩下了十三人。

儘管衣衫襤褸、鞋履洞穿、形容枯槁，但耿恭等人的胸膛直挺，目光如炬，如同胡楊傲立於天地之間。帝國付出重大代價救回來的不只是十三個形容枯槁的殘兵，更是一腔彪炳千古的英雄熱血、一根頂天立地的民族脊梁！

他們是偉大的勝利者。

馬援：唯願馬革裹屍還

三國時代強者輩出，豪傑並起，然而有這麼一個人物，他雖然從未出場過，卻被三國豪傑崇敬有加，這人就是東漢伏波將軍馬援。

馬援是戰國時趙奢的後代。父母早亡，十二歲跟著兄長讀書，但他在讀書方面悟性不高，索性拜辭兄長，去邊境種地畜牧。他在隴西、漢中一帶混得風生水起，不少賓客舉家來投靠。也正是在此時，他說出了那句映照一生的名言：「丈夫為志，窮當益堅，老當益壯。」

在戰亂四起的新莽朝末年，馬援開始在政治上嶄露頭角。王莽失敗後，馬援留在西州，當時隗囂割據隴右，招納馬援為將。當時公孫述與劉秀先後稱帝，隗囂希望利用馬援與公孫述的友誼將其拉攏。

見到老朋友馬援後，公孫述卻拿出天子的架勢，讓馬援很不舒服。回來後他告訴隗囂，公孫述為井底之蛙，不如依附劉秀。

馬援隨後來到洛陽，一番長談讓馬援如沐春風，回去後說服隗囂投奔了劉秀。

隗囂與劉秀決裂後，馬援勸不動隗囂，索性投奔了劉秀，利用自己熟悉地形的優勢為劉秀提供幫助，劉秀大呼：「虜在吾目中矣」。

此後將近十年時間裡，馬援先後平定了各種部落的羌人、妖人李廣以及交趾蠻夷。從交趾回來後，馬援說了一句話：「男兒要當死於邊野，以馬革裹屍還葬耳，何能臥床上在兒女子手中邪！」

這句話，也成了他一生的註腳。

西元四八年，武陵郡蠻夷作亂，武威將軍劉尚前去剿滅卻全軍覆沒。六十二歲的馬援主動請纓。劉秀嫌他年老，馬援於是披甲執戟，翻身上馬，以示未老，一如當年的廉頗。劉秀遂以馬援為統率，南下平亂。

然而大軍進展很不順利，許多士兵都染疫而死，馬援也身患重病。耿舒寫信給兄長耿弇抱怨馬援，耿弇將書信轉交給了劉秀。劉秀勃然大怒，派與馬援素有嫌隙的梁松到前線問責馬援進軍遲緩、坐失良機之罪，並令梁松代為監軍，主持前線大局。

梁松對馬援早就懷恨在心，如今終於找到了報復的機會，豈能放過？

可惜馬援等不到梁松了，就在梁松從洛陽出發時，這位為國征戰了一輩子的白髮老將已然病逝。梁松趁機陷害，誣陷馬援貪汙枉法，劉秀大怒，下令追回馬援新息侯印信。

牆倒眾人推，破鼓萬人捶。很快，馬援的又一件陳年舊事被翻了出來，這就是歷史上著名的冤案——「明珠之謗」。

當初馬援徵交趾時，發現當地的薏米有除溼的效果，可以抵禦瘴氣，回去時特地帶了一車。不料此事以訛傳訛，最後變成了馬援在當地貪汙受賄，搜刮了一大車明珠拉回家！

此事一經捅出，舉朝譁然，劉秀更加惱火，令其棺柩不得歸葬祖墳。

馬援一家看到龍顏突變，惶懼不安，將馬援草草埋葬在西城，也都不敢前來弔唁。

馬援死後，梁松、竇固、耿舒、馬武等一班朝臣紛紛站出來指責他，其賓客和故友竟無一人敢出來辯駁，只有發小朱勃站出來為他說話。

一代英雄就此謝幕。

多年以後，漢明帝劉莊為紀念追隨老爹打天下的功臣，在洛陽南宮雲臺畫上二十八位將領的畫像，這就是歷史上鼎鼎有名的「雲臺二十八將」。奇怪的是，這二十八將中連馬援的副將劉隆、馬武之輩都赫然在列，卻偏偏沒有馬援的名字。

這下連皇弟東平王劉蒼都看不下去了，他問皇帝劉莊：「伏波將軍功勞甚大，何故不畫圖像？」

劉莊當然明白其中原委，但為了維護父親，只能笑而不答。直到漢章帝劉炟上位後，馬援的冤情才得以平反昭雪，不過這已經是他死後二十九年的事情了。

馬援為帝國征戰了一生，即使在花甲之年也未曾稍減豪情，最後病死沙場，用自己的一生詮釋了「馬革裹屍」。

頂撞公主違抗皇命，董宣的脖子就是這麼硬

劉秀是依靠地方豪強的勢力起家的，他奪得天下後，新老豪強聯合起來，這些人驕橫不法，為地方治安帶來很大的麻煩。

不過，還是有一批正直的官員勇於和這些惡勢力作鬥爭，其中就有一個典型代表 —— 董宣。

董宣最早是被司徒侯霸發掘的，侯霸推薦他做官，一直做到北海相一職。董宣到北海後，提拔當地豪強公孫丹為五官掾，當時公孫丹新建了一處宅子，請人占卜，占卜的人說這個地方一定會死人。

公孫丹倒也不慌，指使兒子到街上隨便殺了一個人，以此來抵擋災禍。

董宣得知此事後大怒，立即逮捕了公孫丹父子，即刻斬殺。一時間百姓歡呼，但這樣一來，也得罪了公孫家族。

公孫家族三十多名家奴丁壯揮舞著兵器，來到府衙門口，叫囂著要董宣給個說法。董宣也不客氣，將這三十多人全部關押，盡數殺之。

這下子事情鬧大了，青州刺史認為董宣濫殺無辜，上了一道奏章告他的狀，將其關入牢房，判了死刑。

董宣在獄中高聲朗誦詩文，毫無懼色。到了行刑那天，獄吏準備了一桌酒席為他送行，董宣厲聲道：「我董宣生平沒有吃過別人的東西，何況即將赴死！」隨即登車而去。

與此同時，董宣的死刑複核書也遞到了劉秀面前。劉秀一看，我大漢還有這種不畏權貴的酷吏，人才啊！

趕快刀下留人！

劉秀立即派人去法場，總算在最後一刻救下了董宣，降為懷縣縣令。

後來江夏郡出了個大盜夏喜，帶著一幫馬仔在郡內為非作歹。朝廷任命董宣為江夏太守，董宣一到任，發了一份告示：「朝廷因董太守善於擒拿姦賊，故派往江夏郡任職。今已提兵來到郡界，特此釋出公告，夏喜等人必須好好考慮自己的出路為宜。」

夏喜等人見到文告，得知是酷吏董宣到了，馬上解散了手下投降官府。

不久之後，朝廷徵董宣為洛陽令。

當時，洛陽令是最難當的官，皇親國戚、大小貴族都住在洛陽，其中不乏紈褲子弟。他們鬥鷹走狗，縱容自己的子弟和下人違法亂紀，無惡不作，卻沒人敢管。

劉秀提拔董宣為洛陽令，很顯然是想好好治一治天子腳下的治安問題。上任後沒多久，董宣就遇到了一個棘手的問題。

劉秀的姐姐湖陽公主的家僕大白天公然行凶殺人，躲到了湖陽公主家中。公主依仗權勢，不但窩藏罪犯，還在出行時讓這個家僕駕車招搖，董宣知道後，帶著衙役到湖陽公主必經之路守候。湖陽公主車駕一到，董宣立即叩馬攔車，當街指責湖陽公主的過失，當著湖陽公主的面將罪犯格殺。

湖陽公主在眾目睽睽之下丟了大面子，跑回宮告御狀。劉秀大怒，召見董宣，對左右大喝道：「將這廝給我亂棍打死！」

董宣非常平靜，向劉秀叩頭道：「我請求說一句話再死。」

劉秀問：「你想說什麼？」

董宣道：「陛下聖德中興，卻放縱奴僕殺害良民，您打算怎麼來治理天下？要我死很容易，何須棍子？我自行了斷即可。」

說完，董宣一頭撞向柱子，血流滿面。

劉秀又讓人按住董宣，逼他向湖陽公主叩頭謝罪，董宣堅決不從，兩手撐地，梗著脖子，始終不肯低頭。

湖陽公主非常生氣，對劉秀說：「當初你沒做皇帝時，也曾藏匿過逃亡和犯了死罪的人，那時沒有衙役敢上門去抓；現在你當了天子，卻連一個縣令都搞不定嗎？」

劉秀笑道：「當天子怎麼能跟當百姓的時候一樣呢？」

事後，劉秀不但放了董宣，賜了他一個「強項令」（硬脖子縣令）的稱號，還賞錢三十萬。董宣這種不畏強權，勇於指責公主的做法，贏得了百姓的一致好評，令他聲名大震。

董宣當了五年洛陽令，京師豪強權貴稱他為「臥虎」。他去世後，劉秀派人到他家裡慰問，才發現這位他家裡窮困潦倒，值錢的只有一輛破車，幾石大麥。

劉秀聽完彙報，嗟嘆道：「董宣廉潔，至死方知！」

狂人郅惲：勸王莽下臺，把劉秀關城外

歷史上不缺狂生，但狂到一輩子跟主管作對的少之又少，敢連續狂埋怨兩朝皇帝的更是稀有物種。兩漢之交就有這麼一位狂人，名叫郅惲。

郅惲年輕時攻讀《韓詩》和《嚴氏春秋》，外兼天文歷數，也就是俗稱的星象學。

新朝末年，天下寇賊四起，郅惲仰觀天象，發現一個問題：「方今鎮、歲、熒惑並在漢分翼、軫之域，去而復來，漢必再受命，福歸有德。如有順天發策者，必成大功！」

郅惲衝動之下，直接找到皇帝王莽，勸他退位。

王莽勃然大怒，下令將其逮捕，為了維護自己的仁慈形象，王莽讓心腹去找郅惲，要他承認自己是得了羊癲瘋，胡言亂語。

郅惲破口大罵：「我所說的都是根據天象推斷出來的，這不是瘋子能編出來的！」

王莽沒辦法，只好把他關押起來，準備到冬天處死他。結果趕上大赦，郅惲出了獄，回老家隱居起來。

東漢開國後，將軍傅俊聽說了郅惲的名聲，派人聘請他為將軍長史，負責軍政大事。郅惲當眾宣誓，絕不濫殺無辜，嚴禁挖人墳墓。

但傅俊的士兵還是有當摸金校尉的，郅惲很受傷，找到傅俊要他嚴厲約束部隊，禁止盜墓。傅俊聽進去了，從此嚴厲約束部下。

郅惲的朋友董子張的父親被人殺害，董子張還沒來得及報仇就得了重病。郅惲去看他時，董子張亦已病入膏肓，郅惲握著他的手道：「我知道你不是為死而悲傷，而是為不能替父報仇而哭。你活著的時候，我為你擔

心但不能幫你報仇，現在你身體不行了，我終於可以替你動手了。」

郅惲說罷起身而去，帶著門客跑到仇家砍下人頭，拿回來給董子張看，董子張這才安然離世。

替朋友了心願，郅惲自己跑到縣衙自首。按漢律，自首可以減免罪行，縣令想以此放過郅惲，郅惲不顧縣令阻攔，自己跑進監獄。害得縣令光腳一路追到監獄，以自殺相逼才讓郅惲走出監獄。

因為這件事，郅惲丟了工作，後來被任命為看守洛陽城門的小官。

劉秀曾定過一條規矩，二更後不准開城門。有一次，劉秀外出打獵，玩過頭了，半夜才回來，走到上東門，沒想到郅惲拒絕開門。

劉秀以為郅惲沒認出自己，親自策馬立於橋前。不料郅惲依舊閉門不開，還對著城下大喊：「夜裡看不清楚，不管是誰要進城，按規矩都不能開門。」

皇帝出馬，也碰了一鼻子灰。劉秀無奈之下，只好從另一個城門入城。

第二天，劉秀就收到一份郅惲的奏疏：「以前周文王不敢在外面隨便打獵，是怕驚擾了百姓。而現在陛下卻沉迷於山林遊獵，夜以繼日地遊玩，這對江山社稷有何益處？臣很擔憂，希望陛下能以此為戒！」

劉秀有點感動，賞了郅惲一百匹布，郅惲也由看門人搖身一變，成了太子侍講。

劉彊：低調，才是是廢太子唯一的生存祕訣

建武十七年（西元四一年）十月，劉秀發下一份詔書，廢黜郭皇后，立陰麗華為皇后。

當年在長安求學時，劉秀就發過一個宏願：仕宦當做執金吾，娶妻當娶陰麗華。在他最艱難的時候，陰麗華來到他身邊，給了他一個完整的家。

與此同時，為了獲得真定王劉楊的支持，劉秀違心迎娶了劉楊的外甥女郭聖通。

天下初定，劉秀面臨一個問題：誰來當皇后？

陰麗華是劉秀的夢中情人，也是他的髮妻；郭聖通則陪伴他南征北戰，還為他生下了一個孩子。要說他與郭聖通沒有感情，那也說不過去。

劉秀糾結了一番，打算立陰麗華為皇后，但陰麗華認為郭聖通已經有兒子，始終不肯接受這一封號。

無奈之下，劉秀只能立郭聖通為皇后，冊封她的兒子劉彊為皇太子，陰麗華為貴人。

隨著陰麗華生下長子劉陽，劉秀對郭聖通的感情越來越淡薄，導致郭氏因此心懷怨懟。劉秀於是下詔，廢黜郭聖通的皇后之位，降為中山王太后，而立貴人陰麗華為后。

郭后被廢，受直接影響最深的人就是十六歲的太子劉彊了。

雖然劉秀沒有拿走他的儲君頭銜，但聰明人都知道，皇后這棵大樹一倒，劉彊這個位置也就岌岌可危了 —— 讓一個廢后的兒子接班，哪有這樣的先例？

劉彊的老師郅惲看得通透，主動給他建議：「你這個位置不好坐，這樣下去慈父孝子大家都做不成，歷史上這樣的先例還少了？為你自己考慮，不如主動辭掉太子之位，回家專心奉養母親。」

劉彊雖思慮良久，仰天長嘆：「何苦生在帝王家啊！」

他多次託老爹左右親信和能說得上話的宗室、諸侯表達誠意，希望能夠辭去太子，退居藩國。劉秀一開始是拒絕的，因為一求就答應，就未免形跡太顯、落人口實了，翻來覆去的假意推搪本來也是古時慣例。

終於等到劉彊三番四次地不斷懇求，劉秀才表示充分尊重本人意願——是你自己不要的，不是我要搶你的。

建武十九年（西元四三年）六月，劉秀正式下詔：「《春秋》大義，選立繼承人，以身分高貴為標準。東海王劉陽是皇后之子，理當繼承皇位；皇太子劉強，堅決謙讓，願退居藩國，出於父子之情，我不願違背他的願望。今封劉強為東海王，立劉陽為皇太子，改名劉莊。」

劉彊的主動讓賢，避免了一場父子、兄弟間的潛在內鬥，此後的他更加謹慎小心。被封為東海王後，劉彊一直待在洛陽，直到年後，劉彊才被允許回到封地。

脫離了父親的掌控，沒有了朝堂上的爾虞我詐，劉彊總算過上了安心日子，做了一個真正閒散王爺。

回到封地的劉彊發現西漢魯恭王營建的靈光殿尚存，也不新建王宮了，乾脆就住在這裡面，上疏請求歸還東海郡。

這次還是固定的走向，劉彊幾次申請歸還東海郡，都被劉秀退了回來，還在朝堂之上將劉彊的奏書遍示群臣。

正是因為這份恭敬、謙讓，劉秀對他十分放心。劉彊生命垂危之際，劉莊不斷派出使者和太醫前往探訪劉彊，往來車馬絡繹不絕。劉彊死後，劉莊下令「贈以殊禮」，以極高的規格為哥哥舉辦了葬禮。

佛教是怎麼傳入中國的？

永平七年（西元六四年），漢明帝劉莊做了一個奇怪的夢。

在夢中，劉莊看見一個高大的金人，頭頂上射出白色的光芒，降臨在宮殿的中央。劉莊對此覺得很奇怪，正要開口詢問，那金人卻又騰空而起，一直向西方飛去。

次日醒來，劉莊對此百思不得其解，向群臣詳述夢中所見，大多數人都不知其由。

劉莊又問管天文的太史官：「這是什麼預兆？」

太史傅毅想了半天，答道：「聽聞西方有神名佛，身形長五六丈、身現黃金色，與陛下所夢之人極為相似。」

劉莊於是派了蔡愔、秦景、王遵等十八人到天竺去請佛。

佛教的創立是在西元前六世紀，此時距漢明帝在位時期已經有六百多年的歷史了。一行人走到大月氏國時，正好遇到了在大月氏國傳教的天竺高僧迦什摩騰、竺法蘭。蔡愔、秦景兩人於是邀請兩位尊者到漢朝講佛，還用白馬馱載來了一批佛經、佛像。

劉莊見天竺高僧應邀而來，非常高興，在洛陽城仿天竺式樣修建了一座寺院，作為兩位尊者翻譯經典的場所。而他們最初翻譯的經典就是《四十二章經》，這是由印度文翻譯成中文的第一部佛學經典。

由此便誕生了中國歷史上第一座寺院 —— 白馬寺，劉莊這段求佛故事此後也被稱為「永平求法」。

《四十二章經》後來在白馬寺中的清涼臺收藏，主要是小乘佛教的一些思想論述。遺憾的是，原本早就毀於兵火，倒是北韓的佛教徒們有從漢譯本譯過去的高麗版《四十二章經》。

不過佛教並沒有在東漢時發揚光大，畢竟儒家思想觀念根深蒂固，豈能一夕一朝改變？直到五胡亂華時，佛教才廣泛傳播開來，而那又是另一個故事了。

漢朝第一豪門：十三人封侯，興衰三百年

西漢初年，皇宮實施大裁員，呂后將一些宮女派遣出宮，賞賜給各地諸侯。一個叫竇猗房的女子賄賂宦官，想申請回到老家趙國，結果宦官做事不可靠，把人家名字寫到去代國的名單上。

無奈之下，竇猗房只能去了代國，但塞翁失馬，焉知非福，代王劉恆後來當了皇帝，竇猗房成了竇皇后。

從這一刻起，竇氏家族登上歷史舞臺，十三人封侯，興衰三百年，其成敗榮辱與大漢王朝相伴相生。

竇皇后一生歷經三朝，享盡榮華，漢景帝時晉為皇太后，武帝一朝又榮升為太皇太后。漢武帝剛上臺時想施行改革，結果被祖母打壓，鬱悶不已。

此後，竇太后的姪子竇嬰也逐漸登上政治舞臺，成為平定七國之亂的功臣。竇太后死後，竇嬰也受到冷落，此後的他為了解救老鐵灌夫，結果自己陷了進去，被漢武帝下令處死。

竇嬰死後，竇氏家族雖然還是「世為二千石」，但早已沒有了昔日的風光。

時間一晃來到東漢，竇氏家族出了一個關鍵人物 —— 竇融，他在王莽掌權時得到重用，後來隨新莽大軍東征，討伐更始軍。

王莽敗亡後，天下形勢未明，竇融帶領一家老小到了河西，遠離中原紛爭，將河西各郡建設成一個獨立的武裝割據勢力。

在群雄爭霸的亂世中，竇融把寶壓在了劉秀這邊，將經營多年的河西獻給新主。劉秀極為高興，在給竇融的詔書中還跟他拉關係：「漢景帝是竇太后所生，我的先祖定王劉發是漢景帝之子。你將河西之地獻給我，又

助我平定隴、蜀，這是竇太后在天之靈保佑我大漢江山啊！」

天下平定後，竇融被劉秀拜為大司空，竇氏家族再次與漢室聯姻，重返中樞。

漢明帝即位後，察覺到竇氏家族的威脅，準備打壓。這一年，燒當羌滇岸對護羌校尉竇林聲稱將率部來降，竇林將這一喜訊上報朝廷，請漢明帝封滇岸為歸義侯，結果第二年來的卻是滇岸的哥哥滇吾。

漢明帝藉此將竇林罷免，下詔責備竇融對後輩約束不力，年邁的竇融只能提前退休回家。

緊接著，竇融之子竇穆貪圖六安國的封地，竟然偽造漢明帝母親陰太后的詔書，命令六安侯離婚，改娶竇氏家族的女兒。

漢明帝正愁逮不著機會，得知此事後大怒，將竇氏親屬全部罷免，竇氏家族第二次盛極而衰。

好在還有竇融的姪子竇固，他扛起了振興家族的重任，在對匈奴戰爭中屢建奇功。

緊接著，竇氏入主後宮，竇氏家族歷經兩百多年的輪迴，再一次成為頂級豪門。

漢和帝即位後，竇太后臨朝聽政，哥哥竇憲以侍中一職輔政，風頭一時無兩。除了做政治，竇憲還率大軍出塞，登燕然山（今蒙古杭愛山）刻石記功，完成了與霍去病幾乎並舉的偉業。

功高震主的竇氏家族還是引發了皇帝的不滿，竇憲回朝後，在漢和帝與親信的威逼下，竇憲被迫自殺。

竇氏家族並未就此退出歷史，東漢末年，他們又一次捲入權力紛爭。漢桓帝廢鄧皇后，在文人的堅持下立竇妙為皇后。竇妙的父親竇武嫉惡如仇，黨錮之禍後，竇武作為清流代表多次上書力爭，與宦官硬碰硬，為黨人鳴冤。

漢桓帝死後無子繼位，竇武與太后竇妙做主，迎立宗室劉宏為帝，是為漢靈帝。

黨人集團本打算一鼓作氣除掉宦官這顆毒瘤，然而由於竇太后的仁慈，宦官集團以皇帝的名義命車騎將軍周靖等率軍陸續進京，鎮壓竇氏一黨。竇武戰敗被滅族，竇太后被幽禁，竇氏家族在漢帝國的餘暉中徹底走向敗落。

歷史上第一個國師，還是看不透天意

中國歷史上的第一個正式國師，應該是劉歆。西元九年，劉歆被封為國師，成為《資治通鑑》提及此正式頭銜的第一人。

劉歆不但是天才全能型學者，而且還是皇族，祖上出自劉交一脈。劉歆的父親劉向年輕時就以才學聞名，其代表作就是《戰國策》。

有劉向這樣的父親，劉歆一出生就贏在了起跑線上，甚至更加青出於藍。他不僅痴迷於讀書，還喜歡研究些神神祕祕的東西，用當時的專業術語來說叫「讖緯」。

所謂「讖緯」，其實是讖書和緯書的合稱，「讖」是一種隱祕的預言，假託神仙聖人，預測吉凶；「緯」是對這些「讖」的解釋。可別以為這是封建迷信，在當時，這可是一門官方儒家神學，從廟堂到民間，讖緯學大行其道，連王莽都是讖緯學的重度愛好者。

當我們回顧歷史會發現，西漢的天空瀰漫著一股神祕主義思潮，這深深地影響了劉向，乃至後來的劉歆。閒暇之餘，劉歆也喜歡四處蒐集這類預言書。這一年，他偶然得到了一本名為《赤伏符》的奇書，裡面有這樣一句神祕的讖語：

劉秀發兵捕不道，四夷雲集龍鬥野，四七炎際火為主。

意思很淺顯，將來會有一個叫劉秀的強者崛起，推翻新莽政權，問鼎天下！

至於誰是劉秀，書上沒說，老天爺也沒給任何暗示，誰也不敢說，誰也不敢問。

看到這句話，劉歆想通了，自己身邊沒有叫劉秀的，既然預言都這麼說了，我們要不賭一把，萬一預言成真了呢？

怎麼賭？很簡單，改名！

這一年，劉歆給《山海經》作完注後，在給哀帝的表奏中正式改名為劉秀！

當然，為了不引起大家的懷疑，劉歆也給出了一個完美的藉口：避諱。

當時的皇帝是漢哀帝劉欣，與劉歆同音，為了避諱而改名，倒也在情理之中。

是的，你沒看錯，做學術研究的劉歆其實並不是一個安分守己的知識分子，他也有政治野心！

劉歆和王莽是好朋友，王莽上臺後不時推薦劉歆。做了皇帝之後，王莽對劉歆更是大加提拔，讓他成為朝堂上的大紅人。

然而，隨著王莽的一連串倒行逆施惹得天怒人怨，民心盡失，劉歆對王莽由希望變成失望，再到絕望。既然王莽不是那個天命之人，自己何不取而代之？

聯想到後來王莽建立新朝後，有個叫甄豐的大臣想學王莽炮製讖諱，結果被王莽反手就給滅了，劉歆的兩個兒子也牽連其中，被捕問斬。這之後，劉歆本人更是攛掇自己的女婿、王莽的兒子王臨謀反，結果全家被誅，更是證明了這一點。

《赤伏符》上寫得很清楚，將來會有一個叫劉秀的人做皇帝，劉歆要自己變成這個劉秀，他不允許天下還有其他的劉秀存在，成為他謀取皇位的絆腳石。

那時的劉歆雄心勃勃，他一定想不到，這條神祕的讖語確實應驗了，不過並沒有應在他這個冒牌貨身上，而是應在了另一個人身上。

劉歆改完名後不久，真正的主角劉秀出生了，這一年因為莊稼大豐收，父母給他取名為秀。

仕宦當作執金吾，娶妻當得陰麗華

河南孟津縣，邙山腳下、黃河岸邊坐落著光武帝劉秀的原陵，裡面合葬著劉秀和他的妻子陰麗華。在他們的陵旁，有一株「苦戀柏」—— 在一株古柏的樹幹中，長出了一棵苦楝樹。當地人說它是劉秀和陰麗華「千古絕戀」的象徵。

能夠讚美的皇家愛情故事，歷史上是少之又少的，而劉秀和陰麗華的愛情卻讓人們懷念至今。

劉秀雖然是劉邦的九世孫，不過到劉秀這一代時已經沒落了，他雖有皇族血脈，但身分只不過是個普通老百姓而已。因父親去世得早，自幼是在南陽的叔叔家裡長大的。

劉秀和同住南陽的姐夫鄧晨非常談得來，有一次他去拜訪鄧晨，在那裡遇到了與鄧家有親戚關係的陰麗華。陰麗華號稱新野第一美女，當時也就十幾歲。

美貌可不是陰麗華的全部，作為未來歷史舞臺上的女主角，陰麗華幾乎具備一切女性的美好品質：性格溫柔、心地善良、孝順長輩、胸懷寬廣。面對這樣一位幾乎無可挑剔的美女，窮小子劉秀只能遠遠地望一眼，不敢靠近，更不敢與她搭訕。

只是因為在人群中多看了你一眼，從此再也沒能忘記你容顏。夢想著偶然能有一天再相見，從此我開始孤單思念。

幾年後，劉秀去長安讀書，有一天出門時，正好看到執金吾出行。執金吾相當於首都長安衛戍部隊司令，職掌京城治安，手下都是身材魁梧、容貌威嚴之人，清一色穿著制服。根據史書記載，執金吾出行時，統騎兵兩百人，執戟甲士五百二十人，前呼後擁，光耀無比，文武百官無人能比。用今天的話說，那就是兩個字 —— 拉風。

這場面，這氣勢，劉秀一下子就被震撼了，情不自禁說出了一句名言：

仕宦當作執金吾，娶妻當得陰麗華。

兩百多年前，泗水亭長劉邦第一次到咸陽出差，恰好碰到嬴政出巡。看到車隊旌旗招展、護衛森嚴，嬴政則高坐輦車之內，劉邦忍不住脫口而出：大丈夫當如此也！

劉邦恢弘大氣，志存高遠，劉秀則更為務實，他的理想其實更親民，類似於當今年輕人所嚮往的當上總經理，出任執行長，迎娶富家千金，走上人生巔峰。

很快，劉秀跟著哥哥參加了反抗王莽的義軍，並且屢立戰功，威望日隆。西元二三年六月，劉秀在宛城迎娶了多年來朝思暮想的佳人陰麗華。

這一年，劉秀二十九歲，陰麗華十九歲。

陰麗華在當時嫁給劉秀是要冒極大政治風險的。當時劉秀被猜忌，處境危險，但陰麗華毅然嫁了過來，讓劉秀在驚濤駭浪中得到一絲安寧。

劉秀如何走上造反之路？

眾所周知，布衣出身的劉秀經過多年戰爭，終於完成天下統一，成為東漢王朝的開國皇帝。很多人不理解，平民劉秀是如何走上造反之路？他造反真的是被逼無奈嗎？

劉秀最初是跟著哥哥劉縯混的，劉縯性情剛毅，鋒芒外露，做人行俠仗義，和水滸傳中晁蓋、柴進屬於同類人物。自王莽篡漢，劉縯時常憤憤不平，交結天下雄俊，伺機造反。

那一年，劉縯祕密準備起義，卻被官府知道了。他當機立斷，分遣親朋好友四處招募部隊，購置軍械。

對於造反這件事，劉氏宗親的內部意見其實並不統一，不少劉氏子弟聽說劉縯要起事，都說：「伯升這個莽撞鬼，拉我們入夥，怕是要讓我們當炮灰啊！」

更有怕死的，一個個哭天搶地，紛紛哀嚎：「伯升要殺我！伯升要殺我！」

劉氏宗親勸不動劉縯，紛紛找到劉良，希望他能出面阻止劉縯，不要給南陽劉氏惹來滔天大禍。

劉良找到劉秀，面色陰沉地問道：「文叔，你大哥是不是要造反？」

劉秀賠笑道：「叔父，王莽無道，人神共憤，天下有識之士都在準備反莽。」

劉良怒道：「文叔，你和你大哥伯升的志向、品德一向不同，你們這樣做想過後果嗎？聚眾造反，是要被滿門抄斬、滅三族的啊！一旦事敗，劉氏宗族幾百口人還能活得成嗎？你非但不阻止，還與他同謀造反！真是胡鬧！」

劉縯過來耐心解釋：「叔父，這不是胡鬧，我們要光復漢室，復興劉氏！」

劉秀也擺事實講道理，可劉良哪裡聽得進去？

劉縯一看，好吧，軟的不行，來硬的吧，找人把劉良軟禁，然後送了一桌酒菜。

搞定了劉良，可劉氏宗親依然反對者眾多，每次開會，大家都是吵吵嚷嚷，弄得劉縯也很頭痛。

這一日，劉縯再次召集大家開會，反對者還是占多數。正在一片吵鬧聲中，劉秀出場了！

只見他頭戴鶡（ㄏㄜˊ）冠，身穿大紅袍子，腰間繫著黑帶，帶上鑲嵌著玉片，帶子的一邊掛著綬帶，另一邊掛著佩劍，精神奕奕，神采飛揚。

大家一看，紛紛張大了嘴巴，這是典型的漢代衣冠啊！

漢代的官服，講究的是文玄武緋，文官穿玄色官服，也就是黑色官服，武將穿緋色官服，也就是紅色官服。文官佩戴進賢冠，武官則佩戴鶡冠。

所謂的鶡冠，就是在頭冠上插兩根鶡羽。鶡是一種極其好鬥的鳥，與其他鳥類爭鬥，至死不退縮，插上鶡羽，以示英勇。一直到唐代，依然能在一些人俑上看見鶡冠。

可是問題是，現在是新莽王朝，漢朝已經是過去時了，大家已經很多年未曾見過漢代衣冠了。此時看到劉秀穿上大漢武將官袍，眾人心中百感交集，淚點低的已經忍不住熱淚盈眶了。

有那麼一瞬間，大家彷彿又回到了漢帝國鼎盛時期，又回到了那個「明犯強漢者，雖遠必誅」的熱血年代。

天天說要光復高祖大業，光嘴上說有什麼用？只有當你真正穿上了大漢的官服，堂堂正正站在眾人面前，大家才會信服你，這比光用嘴喊一萬句都管用。

這一身前朝官服，帶給人們的衝擊力，實在太大了。

平日裡，劉秀給人的印象一直都很低調謹慎，待人溫和，跟大哥劉縯截然相反。面對劉秀這一舉動，宗室子弟紛紛驚異，向來穩重的劉秀也參與了，還怕什麼呀！不就是造個反嘛，一起去一起去！

原本對造反一事還持觀望態度，甚至是反對態度的劉氏宗親，態度來了個一百八十度大轉彎，紛紛應徵入伍。

劉良被關了幾天禁閉，出來一看，好幾千人蓄勢待發，現在再跑去告官，就不是檢舉揭發了，而是挑釁了。

劉秀笑道：「叔父還打算去告官嗎？」

劉良苦笑，只好預設了這既定事實。

短短幾天內，劉縯就召集了兩千餘人，放眼望去，黑壓壓好大一片。劉縯一身武將裝束，背後是大紅的披風，望著臺下眾人，劉縯血液沸騰，豪情萬丈：「莽賊代漢，天下大亂，屍殍遍野，民不聊生，當今天下，民心思漢。非常之人，當行非常之事，立非常之功！從今往後，我等將以光復漢室為己任，以復高祖大業為宏志，誅殺莽賊，匡扶漢室，救濟斯民，我們的名字當為柱天都部！」

柱天之意，就是擎天之柱！

眾人紛紛舉起手中的武器，齊聲吶喊，聲浪直衝雲霄，回音久久不散。

劉秀站在他身邊，望著密集的人群，心潮澎湃。

這一年，劉秀二十八歲，正式開始了他波瀾壯闊的征戰生涯。

這場戰鬥是劉秀一生的隱痛

西元二二年年底，南陽劉氏家族扛起鋤頭，拿起耙子，全家男女老少齊上陣，邁出了起義的第一步。

當時這支起義部隊和別的部隊還不一樣，這支部隊都是以家鄉周邊的劉家子弟為核心建立的，一家老小、兄弟姐妹都在軍中，都一起上戰場。戰鬥的時候，劉秀騎著大黃牛衝在最前面，雖然他們裝備簡陋，但在南陽附近卻接二連三地打了幾場大勝仗。

好在起義軍進展順利，聯軍一路勢如破竹，接連攻克了長聚、唐子鄉、新野、湖陽、棘陽，隊伍也如雪球一般越滾越大。

每一場戰鬥結束，眾人加緊清理戰場，收集武器、盔甲、輜重，當然，還有最為重要的戰馬。而劉秀也終於獲得了一匹馬，有了自己的專屬坐騎。

此時的起義軍在經歷了一連串的勝利後，越來越興奮，迫不及待地向宛城出發了。

從棘陽到宛城，要途經一個叫小長安聚的地方。沒有人能預料到，就在這裡，聯軍將遭遇起義以來的第一場失利。

當起義軍走到小長安聚時，天色陰沉沉的，遠處一片朦朦朧朧，劉秀本能地感到了一絲擔憂。

這場霧，剛開始還只是朦朦朧朧的，隨著時間的推移，大霧越來越濃，放眼望去，七八步開外的地方已是白茫茫的一片，什麼都看不清楚。

劉秀想去找大哥劉縯，勸他等霧散了再進軍。不料就在此時，前方霧氣中突然出現一條黑影，前方的士卒還沒看清楚，胸膛已然被一支鋒利的長矛刺穿。緊接著，又有不少黑影從迷霧出來，披甲執戈。

有埋伏！劉秀大聲示警，但隊伍已陷入混亂之中，兩側迷霧中衝出來無數官兵，手持長矛，見人就刺，逢人就殺，慘叫聲、哀嚎聲連成一片。

戰爭來得如此突然，漢軍毫無防備，劉秀靠手中一杆長矛硬是殺出了一條血路。途中劉秀遇到了妹妹劉伯姬，兄妹兩人同騎一匹馬，倉皇逃命，沿途又碰到二姐劉元及三個外甥女。劉秀左衝右突，還是無法相救，只能眼睜睜看著她們被官兵包圍刺死。

好在大哥劉縯及時趕來，一群人總算突出重圍。

這一戰，起義軍輸得很慘，數萬人的隊伍逃回到棘陽的只剩下三千來人，每個人身上都掛了彩。

部隊被打回了原型，敗得一塌糊塗，險些全軍覆沒。劉秀的二哥劉伯、二姐劉元及三位小外甥女、數十位本家叔伯兄弟悉數被殺。

這就是革命的代價！

血淋淋的事實澆醒了劉秀：戰爭是殘酷的，麻痺大意的代價就是死亡！

然而劉秀不能停下腳步，他只能繼續走下去。自古以來，革命就是一條不能回頭的路，一旦踏上這條路，你只能一條路走到黑，要麼功成名就，要麼身敗名裂。這條路上遍地荊棘，一路上你會失去很多東西，親情、愛情、友情，你會遭遇很多背叛。你會徬徨，會無助，但擦乾眼淚，你只能頭也不回地繼續走下去。

沒有為什麼，如果非要問，只有一句話：自己選擇的路，跪著也要走完。

義軍首領劉縯為什麼當不了皇帝？

劉秀的大哥劉縯率眾起義後，與綠林軍強強聯手，一路上勢如破竹，讓王莽很是頭痛。

隨著義軍隊伍越來越壯大，大家決定確立一個老大，統一發號施令。在反莽這件事上，劉氏子弟才是正統，漢室後裔這個身分是其他人遠遠無法相比的。人心思漢乃是大勢所趨，既然打出了復興漢室的口號，那這個皇帝還必須是劉家的。

但這個人選卻不是呼聲最高的劉縯。

新市兵和平林兵是流民出身，一向放縱慣了，而劉縯對部隊的軍紀要求非常嚴格，這就讓他們感覺處處受制，不得自由。

此外，劉縯在漢軍中的威望太高，個人能力太強，根本不是綠林系能拿捏得住的，而王匡、王鳳等人的存在感卻越來越低。如果劉縯做了皇帝，將來分蛋糕，綠林系只能靠邊站了。

各方都有自己的小心思，問題在於，漢軍中大部分屬於綠林系，劉縯是很有威望，可這威望也並不等同於實力。都說拳頭大講話就大聲，在談判桌上也是如此，誰有實力，誰才有最後的拍板權。

綠林軍大老經過一番商議，決定推舉一位劉氏後人為皇帝。眾人選來選去，看中了長沙王劉發的後人、劉秀的族兄劉玄。

此時的劉縯率軍圍攻宛城，被召回大本營後才得知，大家準備推舉更始將軍劉玄為天子。

劉縯怒了，論威望，沒有人能跟他相提並論；可論實力，綠林系顯然占優。如果翻臉火拼，劉縯並沒有把握能全身而退，而且這樣一來，好不容易拉起的隊伍就得解散，怎麼實現自己推翻新莽王朝、恢復漢室江山的理想？

忍，這口氣必須忍！

劉縯站起身來，揚聲說道：「各位將軍要尊立劉姓皇族，這是對我們的厚愛。然而現在赤眉軍在青州、徐州一帶，已經聚集了數十萬人馬，如果他們聽說我們立了皇帝，恐怕也會擁立一位劉姓皇族。這樣，王莽還沒消滅，反莽隊伍內部卻鬥起來了，恐怕不妥。更何況從歷史上看，最先獲得稱號的基本上也都最先完蛋，陳勝、項羽都是現成的例子。我們現在倉促間立個皇帝，就會成為天下反對的目標，恐怕不妥。不如暫且稱王以發號施令，如果赤眉擁立的人賢能，我們一起前去投奔他們；如果他們沒有立皇帝，等我們消滅王莽，收服赤眉，到那時再稱帝也不晚，還請大家仔細考慮。」

劉縯所言，聽起來深思熟慮，句句在理，當然，這其中也包含著私心。讓劉玄當老大，不稱皇帝而稱王，將來自己也稱王，又可以站到同一個起點。

大家紛紛點頭贊成。

眼看會議的方向被劉縯帶偏了，新市兵將領張卬火了，他拔出劍，用力砍在地上，嚷嚷道：這麼三心二意的，能成什麼大事？今天的事就這麼決定了，誰都不許提反對意見！

大有誰不同意，今天就走不出去了的感覺。

事情到了這一步，劉縯知道自己繼續硬撐也沒有意義了，只能默認。

大家見劉縯都默認了，只好閉口不言。就這樣，小人物劉玄在這場權力的搏殺中被推到最前面，成為更始皇帝。

劉秀的成名作——昆陽大戰

更始帝劉玄即位後，派王鳳、王常、劉秀拿下了昆陽。

王莽聽到起義軍立劉玄為皇帝，已經坐立不安，如今連失了幾座城池，更是著急，立即派大司徒王尋、大司空王邑率領大軍前去征討。莽軍中有懂兵法的軍事將領數百人，帶甲兵士四十二萬人，且有長人巨無霸作壘尉率領的虎、豹、犀、象等猛獸軍助戰，在潁川又與嚴尤、陳茂軍隊合兵一處，莽軍實力十分強大，號稱百萬大軍。

莽軍戰盔戰甲齊備，戰車戰馬如雲，刀槍劍戟林立，衝車雲車齊全，虎豹犀象助戰，鉦鼓之聲震天，浩浩蕩蕩向昆陽方向出發。

當時駐守昆陽的只有八千多人，與實力強大的莽軍無法抗衡。怎麼辦？

不少更始軍將領腿肚子打顫，心中慌了，紛紛主張放棄昆陽，回到原來的據點固守。不少人已經偷偷收拾東西，準備跑路了。

劉秀對諸將說：「現在城中兵少糧缺，莽軍又十分強大，如果我們齊心協力禦敵的話，還有立功取勝的可能性；如果我們棄城而逃的話，那連一點兒取勝的可能性都沒有了。況且宛城還沒有攻下來，圍攻宛城的漢軍是不能來救我們的。一旦昆陽城被攻破，一日之內，我們將全都被消滅。現在大家不去考慮齊心協力共同破敵的事情，反而打算回家去保全自己的妻兒財物，能行嗎？」

被劉秀劈頭蓋臉一頓訓斥，大家有點沒面子了，你一個小小的太常偏將軍，讓你參會是旁聽，誰讓你發言了？

劉秀搖了搖頭，準備離開。就在這時，負責偵察的斥候來報：莽軍已逼近昆陽城北，軍陣綿延數百里，一眼望不到邊！

這下想跑也跑不了了。

主將王鳳等人也顧不得剛才大家還一起抱怨了劉秀，趕快請出劉秀。面對敵強我弱的嚴峻形勢，劉秀提出了兩點意見：

首先，昆陽城的地理位置非常重要，是從洛陽、許昌等北方策略要地進入南陽盆地的門戶所在，必須死守昆陽城，阻止莽軍前去宛城解圍；

其次，昆陽城中兵少糧缺，無法與莽軍長期對峙，必須尋求外援，才有一線希望。

那麼問題來了，誰去搬救兵呢？

劉秀自告奮勇：「我願往！」

當天晚上，劉秀帶著十二個勇士，騎著快馬，趁黑夜衝殺出昆陽城南門。

王莽軍憑著人多武器精，用盡了所能想到的一切方法猛攻昆陽城。城內漢軍拚死防守，始終沒被王莽軍攻破。

劉秀到定陵後，想把定陵和郾城的人馬全部調到昆陽。有些漢軍將領貪圖財產，不願意離開這兩座城。劉秀勸他們：「現在我們到昆陽去，把所有的人馬集中起來，打敗了敵人可以成大事，立大功。要是死守在這裡，敵人打來了，我們打了敗仗，連性命都保不住，還顧得上財物嗎？」眾將領這才同意跟隨劉秀去援救昆陽城。

劉秀親自帶著步兵、騎兵一千多人組織一支先鋒部隊，趕到昆陽，在離王莽軍四五裡的地方擺開了陣勢。王尋、王邑一瞧漢軍人少，只派了幾千兵士對付。劉秀趁敵軍還沒有站穩陣腳，先發制人，親自指揮先鋒部隊衝殺過去，一連殺了幾十個敵人。

漢軍援軍的大隊人馬趕到，見劉秀的先鋒部隊打得勇猛，也鼓起了勇氣，幾路人馬一齊趕殺過去，王尋、王邑被迫後退。漢兵乘勝猛擊，越戰越勇。

劉秀帶著三千名敢死隊，向王莽軍的中堅部隊衝殺過去。王尋一看漢軍人少，不放在眼裡，親自帶著一萬人馬跟劉秀交戰，結果反而吃了敗仗。

昆陽城裡的王鳳、王常見外面的援軍打了勝仗，開啟城門衝了出來，兩下夾攻，喊殺聲震天動地。王莽軍一聽主將被殺，全都慌了神，亂奔亂逃，自相踐踏，死傷者無數。

就在這時，老天爺也來幫忙，天空烏雲密布，電閃雷鳴，震耳欲聾的雷聲震天動地，瓢潑大雨傾瀉而下，帳篷、旗幟漫天飛舞。

大雨如注，莽軍軍營裡的那些老虎、獅子、豹子、犀牛、大象等猛獸，一個個嚇得直打哆嗦，開始四散奔逃，莽軍陣型在大雨和猛獸的衝擊下開始潰散。漢軍士兵則爭先恐後，嗷嗷叫著奮勇衝殺，向莽軍發洩著壓抑已久的怒火。恐慌如同病毒一樣迅速瀰漫，新莽軍隊潰不成軍，士兵藉機大肆出逃，人馬互相踩踏，以最為混亂不堪的方式各自逃亡。

這場大雨來得快，去得也急。雨霽之時，天才放亮。昆陽城被洗刷一番，濛濛雨霧顯得晦暗不明，彷彿在暗示著天下詭譎的局勢。

這一戰，漢軍以不足兩萬人擊敗四十二萬新莽軍隊，威震天下；

這一戰，劉秀在風起雲湧的亂世中脫穎而出，他的名字開始響徹中原大地。

東漢版「鴻門宴」

隨著劉縯、劉秀陸續攻破宛城和昆陽，劉氏兄弟的威望如日中天，這讓綠林系的大老們非常不爽。本來就視劉縯為最大威脅的朱鮪等人殺心大起，屢屢找到劉玄，提議劉玄找個機會除掉劉縯。

劉玄搖搖頭，劉縯是南陽豪傑和劉氏宗室的領袖，在軍隊中威望頗高。更何況，劉縯的兄弟劉秀剛剛在戰場上立下大功，威震天下。貿然動手，怕會引發動亂吧？

朱鮪告訴他，劉縯就像是一匹脫韁的野馬，不是陛下能駕馭得了的。陛下不殺劉縯，他日必為劉縯所殺。

劉玄還是下不了決心。

這天晚上，皇帝劉玄召集眾首領聚餐，新封列侯百餘人悉數出席，劉縯也在應邀之列。

酒過三巡，劉玄突然對劉縯說：「我看大司徒的佩劍不錯，能否借給我看看？」

劉縯二話沒說，解下佩劍遞與劉玄。

正當劉玄裝模作樣審視把玩劉縯的佩劍時，早就安排好的繡衣御史申屠建瞅準機會，向劉玄獻上了一塊玉玦。

劉縯的舅父樊宏大驚，玦者，決也，舉玉珮為殺人暗號，這也太似曾相識了吧，這不是當年項羽的亞父范增玩剩下的嗎？申屠建此舉，分明是在催促劉玄早點動手！

所有人的目光一致望向皇帝劉玄，劉玄把玩著佩劍，又撫摸著那塊精美的玉玦，面上從容淡定，內心卻在進行激烈的天人交戰。

借佩劍欣賞，以玉玦為號，一舉擊殺劉縯，這本是劉玄與綠林系商量好的計畫。然而事到臨頭，他卻退縮了。

朱鮪見劉玄舉棋不定，心中很是焦急，但他著急沒有用。劉玄雖然是綠林系的傀儡，但畢竟還是明面上的皇帝，他不可能越過皇帝，直接安排武士動手。

不知是劉玄膽小害怕，還是劉縯威勢太盛，直到酒宴結束，劉玄也沒有舉起玉玦。這場精心設計的謀殺就這麼不了了之。

劉縯對危險毫無察覺，舅父樊宏卻是驚出了一身冷汗，他第一時間找到劉縯，用鴻門宴的典故提醒他：「當年鴻門宴上，范增曾經舉起玉玦，示意項羽下決心殺掉高祖劉邦，如今申屠建也給皇帝獻玉玦，恐怕不懷好意吧？」

對於舅父的提醒，劉縯卻是一笑置之：「舅父多慮了吧？我不信這幫無賴敢殺我。再說了，我要是死了，誰能帶領漢軍定洛陽、取長安？」

劉縯對人不設防，但朱鮪絕不是善罷甘休之人，他找到了一個幫手：李軼。

細心的劉秀從種種跡象中敏銳察覺到了危險。他早就看出李軼是個投機分子，不止一次提醒過大哥要提防綠林系的人的陰謀詭計，也曾暗示過李軼這個人不能再信任了！

然而劉縯卻不以為意，繼續拿李軼當自家兄弟。鴻門宴後，劉縯回了自己的軍營，這讓朱鮪、李軼等人頗為苦惱，怎麼才能引出劉縯？

時隔不久，兩個人又找到了一個突破口：劉縯的部將，劉稷。

劉稷是劉縯的同宗兄弟，也是他最衷心的手下。劉稷一直瞧不起劉玄，當初劉玄被立為皇帝，劉稷怒道：「帶領大家起兵反莽，要做一番大事業的是劉縯。你劉玄算什麼東西？也配當皇帝？」

劉玄找了個藉口拿下了劉稷，劉縯當時就急了，帶了幾個人匆匆就去找皇帝說情。一進去，劉縯就被繳了武器，立即處死。此時，距離劉縯起兵只過了八個月，距離他攻陷宛城只過了十幾天。

《史記》中，太史公用近一千字的篇幅，詳細描摹了項羽最後的悲壯，反觀劉縯之死，這位酷似西楚霸王的一代英豪，臨死之時，在史書上只有區區一行字。

可嘆劉縯，這位天生的領袖，這位義薄雲天的帶頭大哥，這位志向高遠的豪傑，這位在戰場上一往無前的勇者，這位讓王莽寢食不安的一代英豪，沒有死於戰場，卻死在了一場政治陰謀中。

大哥被殺，劉秀為什麼不復仇？

西元二三年，義軍首領劉縯慘死於一場陰謀中。消息傳來，劉秀的內心陷入了激烈的天人交戰。

一個聲音告訴他，那是你大哥，是你最大的依靠，如今他慘死在自己人手上，你怎麼能做到無動於衷？弟兄們早已磨好了刀，就等著你一聲令下，直奔宛城！

另一個聲音說，不能輕舉妄動！如果你現在起兵為大哥報仇，就是和綠林軍公開決裂。以你現在的實力，遠遠沒有到可以和綠林軍分庭抗禮的時候。推翻王莽、恢復漢室是你大哥的理想，你忘了嗎？

無數個聲音在他的腦海中激烈爭鋒，劉秀頭痛欲裂，心在滴血！

兩天後，劉秀出門了，紅著眼告訴眾人：我要回宛城。

眾人一陣激動，紛紛叫嚷：「是該回宛城為伯升報仇！」

劉秀搖搖頭，不是報仇，是謝罪。

在眾人不解的目光中，劉秀收拾行囊，也不過多解釋，帶領少數隨從從父城出發，南下直奔宛城。

一進城，劉秀沒有回家奔喪，而是先去求見更始帝劉玄。君臣相見，劉秀沒有流露出怨憤之色，只是伏地叩首：「我大哥違抗君命，今已伏法，特來向陛下請罪。」

望著伏在地上的劉秀，劉玄突然不知所措。該怎麼處置他呢？殺了他？這顯然不是劉玄的意願，可就這麼放他走？朱鮪等人能答應嗎？無論怎麼解釋，劉縯死在了自己的手上，這是不爭的事實，劉秀會放過他嗎？劉氏子弟和南陽豪傑會寬恕他嗎？

劉玄不知道。

無論如何，此事先得和朱鮪等人商量後再做決斷。計較已定，他扶起劉秀，讓他先回家休息。

劉縯的舊部聽說劉秀回來了，早早就出門列隊迎接，每個人的臉上都有不平之色，大家都等著劉秀拿主意，或是說句話。然而他們失望了，劉秀的臉上沒有絲毫悲戚之色，反而顯得異常冷靜，冷靜得讓人望而生畏。

有人不甘心，想讓劉秀說點什麼，但他只管前行，根本無意與他們閒聊。

劉縯下葬後，按照規矩，劉秀必須得為大哥服喪。然而，讓大家跌破眼鏡的是，劉秀拒行居喪之禮，在人前照樣喝酒吃肉，歡聲笑語，就跟平常一樣。

對於劉秀而言，宛城是另外一個戰場，那些野心家和陰謀家就躲在不遠處，虎視眈眈地盯著他。一旦他流露出任何不滿或悲戚的模樣，那些人必定會從陰暗處跳出來，然後將他撲倒。

劉秀明白，他必須活下去，只有活著，才有希望為大哥報仇。而在此之前，他必須夾緊尾巴做人，表現出一副若無其事的樣子，對大哥之死漠不關心。

大家失望了，失望又演變為憤怒。原本指望著劉秀來了當大家的心理支柱，想不到你卻這麼沒用，真是錯看你了！

劉秀主動到宛城請罪，這倒是讓朱鮪等人始料未及。說實在的，他們根本不相信劉秀會對劉縯之死無動於衷，然而他們拿著放大鏡找來找去，又實在挑不出劉秀的毛病。

在政治對決中，讓敵人輕視你，永遠占便宜。在沒有高調的資格前，要盡量低調。

劉秀的表現無可挑剔，劉玄見他如此謙恭，反而有些慚愧，畢竟劉秀兩兄弟立有大功，於是下詔封劉秀為破虜大將軍，加封武信侯。

為了自保，王莽的行為有多荒唐？

隨著劉秀在昆陽一戰成名，新朝的主力部隊徹底被打殘，朝廷威嚴掃地。各地聽說漢軍在昆陽大捷的消息，群情振奮，海內豪傑趁勢而起，皆殺其牧守，自稱將軍，旬月之間，戰火遍於天下。

王莽陷入了極度的恐慌中，他想不明白，為什麼自己夙興夜寐、兢兢業業，到頭來百姓還要造自己的反？

王莽老了，蒼老了許多，彷彿就在一夜之間。歲月剝蝕著他的身體，在他的肌膚上刻上了深深的烙印。這烙印是生命歷程的標記，任誰也不能想擁有就擁有，也不是誰想躲避就能躲避的，他的目光更加呆滯，行動也更加遲緩。

宮門之外，不斷有各類消息傳來：原漢宗室鍾武侯劉望在汝南反叛了，隴西成紀人隗囂、隗崔、隗義反叛了，公孫述在蜀郡獨立了……

王莽憂愁憤懣，吃不下飯，也不近女色。食色性也，這是馬斯洛需求理論的最底層，然而此時，王莽對吃飯也失去了興趣，每天只靠喝幾杯酒、嚼幾口鰒魚乾度日。

那些曾被他奉為圭臬的儒家經典也被扔到一旁，轉而讀起了兵書。書讀累了，就靠在几案上小睡片刻。

大司空崔發出了個主意：《周禮》和《春秋左氏傳》說過，國有大災時，可以用哭聲消解，所以《易經》上才有「先嚎啕大哭，然後歡笑」之語。我認為朝廷應該組織一場集體痛哭，哀求上天的救助。

面對這種荒唐的建議，王莽竟然信了，還親率眾臣跑到南郊，聲嘶力竭地大哭了一場：老天爺，你既然已經將天命賜給我，為何不助我消滅盜賊？如果我王莽哪裡做得不對，那就用雷霆把我劈死！

王莽捶胸大哭，直到氣絕，關鍵是他給那些主動參與演戲的儒生和百姓提供便當，並把哭得入戲的人全部封官。

隨後，長安城陷入了一片哭聲之中，有乾嚎的，有哭訴的，也有抽泣的。

世界已經荒誕至此，要麼放聲大笑，要麼痛哭一場吧！

洛陽城危機四伏，劉秀如何死裡逃生？

西元二三年，更始帝劉玄從宛城北遷至洛陽，將目光投向了河北諸地。

劉賜告訴劉玄，河北各州郡都在持觀望態度，未曾歸附。赤眉軍在青徐二州發展迅速，聲勢日益壯大，還有「河北三王」、銅馬、赤眉等割據勢力。宗室各家子弟之中，只有劉秀有能力穩定河北的局勢。

然而這個建議卻遭到了朱鮪、李軼等人的堅決反對。他們認為，劉秀不得出巡河北，不是他能力不行，而是他能力太出眾了。讓劉秀去河北無異於放虎歸山，將來必然會割據一方，為朝廷大害，絕對不能放他走，最好除掉他！

劉玄猶豫不決。

劉秀知道是朱鮪在從中作梗，找到左丞相曹竟，請他出馬為自己說話。

機會！劉秀現在急需一個機會，一個能改變自己處境，改變自己命運的機會！

這一日，曹竟來找劉玄下棋，劉玄幾次都輸了棋，曹竟淡淡道：「不謀全域性者，不足以謀一域，下棋當布局天下，而不只是盯著某個棋子。」

劉玄猛然抬頭，左丞相話裡有話。

曹竟撤下棋盤，道：「如今的河北，各路豪強匯聚，流民軍不斷，北有銅馬、河北三王，南有赤眉軍，就像一個泥潭，任誰進入，都會陷入其中不可自拔。讓劉秀撫慰河北，對付赤眉和銅馬等流民軍，陛下也可以藉此機會梳理內政，提拔人才。」

曹竟點到為止，劉玄也是心知肚明。眼下漢軍內部不穩，綠林系一家獨大，架空了皇帝劉玄，自己需要穩固根基，徐徐圖之。

在曹竟的慫恿下，劉玄有些心動了。

這一日，他召見劉秀，開門見山：「眼下河北局勢混亂，有銅馬軍，有河北三王，各路豪傑匯聚，紛爭不斷。有人向朕建議，說你有能力安定河北，建議讓你撫慰河北，安撫各路豪強。」

劉秀面色平靜，既無歡喜，也無激動。

劉玄接著道：「可有人說，你若是出鎮河北，必然反叛，是放虎歸山，遺禍無窮！」

劉秀道：「綠林軍與南陽豪傑殺我長兄劉縯，我能倖存至今，全賴陛下庇護之恩。陛下是天命之主，有我沒我都一樣，重要的不是別人怎麼說，而是陛下怎麼想。」

劉玄沉默了，自己是劉秀的族兄，無論如何，大家終歸是一家人，他不忍步步緊逼。

劉玄道：當年高祖派韓信征討河北，平定大半天下，願今日文叔如昔日韓信！

次日，劉玄任命劉秀以破虜將軍行大司馬事，持節北渡黃河，鎮慰河北州郡。

接到消息那一刻，劉秀那顆懸著的心終於落了下來。收拾好行囊，他第一時間出了城，重新去開闢另一片天地。

那年劉秀捱過的餓，和睡過的路邊

劉秀到達河北邯鄲後，原趙國宗室劉林向他獻上毒計，掘開黃河，赤眉軍百萬之眾可為魚鱉。被劉秀拒絕後，劉林找了個冒牌貨王郎，擁立王郎為帝，然後傳檄河北各郡國通緝劉秀。

劉秀帶著一幫兄弟只得往南逃竄，夜裡不敢入城休息，餐風露宿好不悽慘。

一行人從薊縣逃出時，僅有的一點乾糧已被吃完。馮異出去化緣，然而附近的村落早已十室九空，根本看不到一丁點人煙。馮異去了很久，只勉強找回來一點豆子，熬成豆粥，呈於劉秀。

第二天，劉秀見眾人，感慨道：「昨天晚上吃了一罐馮異給的豆粥，飢寒俱解。革命尚未成功，同志們繼續努力吧！」

眾人已經斷炊兩天了，一個個餓得頭昏眼花，怎麼辦？劉秀一揮手：「走，跟我到縣城裡下館子去！」

一聽此言，眾人大驚失色：「如今各地都在通緝我們，現在進縣城豈不是自投羅網？」

劉秀笑道：「這個你們不用擔心，我自有安排。」

天生謹慎的劉秀決定冒一次險，他帶大家去了饒陽政府招待所騙吃騙喝。這事當然很危險，但劉秀有出色的演技，又有如假包換的道具——節杖。

劉秀拿著更始朝廷發的節杖，冒充邯鄲派來的使者，領著大家大搖大擺進了饒陽政府招待所，坐下後拍案道，小二，上酒，切肉！

傳吏一看對方手中的節杖，心中有點狐疑，卻也不敢怠慢，趕快弄了一桌子酒菜上來，在旁笑臉相陪。

酒肉剛一上桌，大家立刻兩眼放光，狼吞虎嚥地吃起來。劉秀看著山填海塞、滿嘴油光的一眾弟兄，心中暗自著急，你們如此不顧斯文，豈不是要露餡了？

傳吏看到這些人餓了好幾天的樣子，心中也起了疑心。

心生一計，傳吏讓人在招待所門口擂鼓，同時高呼：「邯鄲將軍到！」

這一聲喊，如同雷鳴一般，將劉秀及其手下人嚇傻了。劉秀也嚇了一跳，正準備扔下碗走人，剛抬起腳，心中閃過一個念頭，不對！

只見劉秀坐了下來，慢條斯理道：「既然邯鄲將軍來了，我等總應見個面，怎麼能不打聲招呼就走呢？」

接著，在眾人一片目瞪口呆中，劉秀從容喚來傳吏，道：「請邯鄲將軍入見！」

這下輪到傳吏傻眼了。

劉秀一看對方目瞪口呆的樣子，就知道自己賭贏了，他索性把心放回肚子裡，繼續招呼眾人吃飯。只是這一次，大家的吃相斯文了許多。

又等了一會兒，始終沒有人進來。劉秀問：「邯鄲將軍怎麼還沒來？」

傳吏只好傻笑圓謊：「邯鄲將軍剛入城，馬上就到。」

劉秀大笑：「不妨，那我多等他片刻。」

待眾人吃飽喝足抹完嘴，劉秀嘆道：「想是邯鄲將軍旅途勞頓，不能與我等見面了。代我向邯鄲將軍問好，我先告辭，往後再聚。」

說完領著一幫弟兄們揚長而去。

一行人頂風冒雪繼續南行，時值寒冬臘月，打前站的斥候來報：「前方滹沱河水面寬闊，無船渡河。」

眾人聽完，一顆心又沉了下去，劉秀讓王霸再探再報。王霸趕到河邊巡察一番，確實無船，但他為了安撫人心，回報說滹沱河已經結冰了。劉秀似乎已經猜中，笑著說：「剛才那個斥候果然胡說八道。」

當然他的猜測是有依據的，距離滹沱河還有一天的路程，而近日氣溫突降，凜冽的寒風吹破眾人的臉龐，也可以吹合滹沱河水。到了河邊，確實有部分河段封凍了，他們用布囊裝上沙土，布置在冰面上，以防車馬打滑。一行人戰戰兢兢，總算過了河。

眼前出現一條岔路，劉秀也不知道往哪裡走了，此時一位白衣長者突然出現在路旁，手指南方，對他們說：「加油！前方八十里就是信都城，還沒有歸附王郎。」

劉秀大喜，帶著部眾縱馬飛馳，直奔信都，總算找到了落腳點，結束了顛沛流離的逃亡生涯。

陰麗華之後，劉秀為何又娶了郭聖通？

劉縯被殺後，劉秀人前裝作沒事的樣子韜光養晦，終於讓劉玄放鬆了警惕，封他為破虜將軍，帶兵前去平定北方。

劉秀一行人到了河北，處境非常艱難，他看中了真定王劉楊，如果能拉攏劉楊，平定河北就成功了一半。經過幾番斟酌，劉楊也選擇了劉秀作為進一步拓展勢力的盟友。不過劉楊提出了一個條件，劉秀必須和劉楊的外甥女郭聖通結婚。

如果換做一般人，對方答應給你當小弟，還白送你一個老婆，恐怕早就樂得合不攏嘴了。然而，劉秀卻沉默了。

又是一樁政治婚姻！

一年前在宛城，他迎娶了自己心目中的女神陰麗華。她是劉秀生命裡的第一個女人，也是讓他品嘗到愛情滋味的第一個女人。他曾經發誓要保護她，護她一生周全，然而此時此刻，他的愛情卻遭到了現實的考驗。

要不要答應這樁婚事？

如果答應，那就意味著要背叛愛情，當年的誓言猶在耳旁，自己今後如何面對陰麗華？可如果不答應，拒絕了劉楊，自己何日才能擊敗王郎，在河北真正立足？

經過一番痛苦的抉擇，劉秀最終選擇了聯姻。在這場政治婚姻裡，郭聖通毫無半點自主而言，她願不願意嫁給劉秀？

沒有人知道，也沒有人在乎。

史書記載，劉秀迎娶郭聖通的婚禮極其隆重，劉楊甚至在婚禮上親自擊築歡歌，這時距離上次劉秀娶陰麗華為妻還不到一年。

但婚後不管是政治需要，還是從劉秀本性出發，他對郭聖通非常好。從新婚開始到劉秀稱帝的這兩年多時間裡，陰麗華不在劉秀身邊，只有郭聖通始終陪在劉秀身邊，陪他走過了最艱難的一段路。

劉秀稱帝後，封郭聖通為貴人，也就在這一年，劉秀和郭聖通的長子劉強出生。劉秀一直想立陰麗華為皇后，但陰麗華拒絕了劉秀的好意，她認為郭氏跟隨劉秀南征北戰，並且已有一個兒子，自己不能接受皇后的稱號。

西元二六年，郭聖通的舅舅真定王劉楊和其弟劉讓意圖造反，劉秀平定後並沒有因此而遷怒郭聖通。就在真定王謀反後不久，劉秀正式冊封貴人郭聖通為皇后，其子劉強被立為太子，並大赦天下。

劉秀是怎麼籠絡人心的？

消滅王郎後，劉秀的士兵在搜查時找到了王郎來不及銷毀的大批祕密檔案，其中有很大一部分是劉秀部下和王郎勾結的書信，有暗送秋波的，有投懷送抱的，簡直就是慘不忍睹。

忠臣很多，可叛徒也不少。

劉秀尷尬了，大家也尷尬了。

也難怪，當初王郎在河北聲勢浩大，威震四方，而劉秀還在四處流亡，看不到希望。革命隊伍中有人意志不堅定，倒也在情理之中。

現在的問題是，怎麼處理？

名單就在眼前，人員也集中在邯鄲城，只要劉秀一聲令下，按照名單一個一個抓。

有人提議，應該立即成立小組對此事進行追查，依法依規處理，該處分的處分，該撤職的撤職，把這些居心叵測的異己分子清除出去。

只是這樣一來，一場大清洗在所難免。

思之再三，劉秀終於做出了決定。

他下令，召見眾人！

很快，將領全都來了，看著地上一大摞簡牘書信，一個個心驚膽顫。這是要清算啊！

劉秀道：取火盆！

一個士兵取過火盆，劉秀撿起一封書信，隨手丟入火盆中。火舌繚繞，木製的簡牘很快燃燒起來。

緊接著，第二封、第三封書信被丟入火中，即刻被火舌吞捲得一乾二淨。

當著眾人之面，劉秀將這上千份簡牘書信一把火燒了個光。然後，他說了一句話：「過去的就讓它過去吧，讓那些晚上輾轉反側的人睡個安穩覺！」

所有將領紛紛施禮，感謝劉秀既往不咎。

那些隱藏在陰暗處的齷齪和祕密，隨著熊熊燃燒的火焰灰飛煙滅，再也無人知曉。原來惴惴不安的人也徹底放下心來，堅定了革命理想，此後對劉秀死心塌地。

這一招既往不咎，大家想必很眼熟。當年楚莊王用過，後來的曹操也用過。

官渡之戰時，曹操以弱勝強，大敗袁紹，衝入敵軍營帳後，繳獲了一大堆信函，其中有很多是自己的屬下和袁紹私下的通訊。

如果是一般人處理這件事，接下來的步驟就是按照名單抓人，然後以通敵叛國的名頭治罪。事實上，曹操手下有很多人也提了這樣的建議。

曹操卻不這麼想，他說了一句非常耐人尋味的話：「官渡之戰前，袁紹兵強馬壯、咄咄逼人，就連我曹操也不能自保，其他人就更不用說了。」

說完這句話，曹操就將這些書信付之一炬，既往不咎。如此一來，曹操手下的官員便放寬了心，此後堅定追隨。

水至清則無魚，人至察則無徒。劉秀之所以能在大哥劉縯死後成為南陽劉氏的帶頭大哥，靠著數十名部下在河北開闢出了一片新天地，吸引越來越多的人前來投奔，都與他獨特的管理手段有直接的關係。

當了皇帝，劉玄為什麼選擇了擺爛？

更始二年（西元二四年）二月，更始帝劉玄由洛陽遷都長安，以應漢統。

緊接著，劉娶了趙萌的女兒，把政事全都交給趙萌，自己則一頭栽進長樂宮中，日夜與後宮粉黛們飲酒作樂，歌舞昇平，終日沉醉不醒，大臣都不能相見。

第一天上班時，文武百官井然有序，劉玄從未見過此等場面，緊張得直打哆嗦，垂著頭，不敢正視群臣。尷尬了半天，劉玄好不容易擠出一句話，結果一張口就把眾人無言了：「你們今天搶了多少東西？收穫還不錯吧？」

左右侍者以及臣僚無不愕然，面面相覷。身為帝王竟然說出這種上不得檯面的話，哪裡還有半點大漢天子的威勢？

劉玄經常喝得爛醉如泥，不能按時上班打卡。有時非得上班了，就讓侍中冒充自己坐在帷帳內與文武大臣議事。大臣們都不是傻子，很快聽出來說話的不是劉玄。出來後，大家氣得吹鬍子瞪眼：「現在誰得天下都還難說，沒想到他已經放縱到了這個地步！」

劉玄的寵姬韓夫人非常喜歡喝酒，有一次和劉玄喝酒聚會，正在興頭上，偏偏此時中常侍跑來有急事報告。韓夫人大怒：「你沒長眼睛嗎？陛下正在和我飲酒，你竟然偏偏揀這個時候來打擾！」

韓夫人一邊罵一邊猛摔東西，把書案都砸破了，盡顯悍婦本色。生性懦弱的劉玄耳根子也軟，竟然也不阻止。

老岳父趙萌小人得高位，更是不可一世。有人對他的胡作非為實在看不下去，向劉玄舉報趙萌，請皇帝加以管束。不料劉玄聽完，居然火冒三丈，拔劍就刺，把那人嚇得半死。

事情傳出去後，從此再沒人敢公開說趙萌的不是。有皇帝罩著，趙萌更加跋扈，有一次為私事遷怒侍中，揪住侍中就要問斬。正巧這個侍中是劉玄的親信，情急之下大呼：陛下救我！

劉玄看不過去，為他求情，趙萌居然高喝：「臣不受詔！」當場就將侍中給斬了。

皇帝不做正事，臣子胡作非為，長安百姓怨聲載道，甚至編了一首歌謠：

「灶下養，中郎將；爛羊胃，騎都尉；爛羊頭，關內侯。」

什麼意思呢？就是說朝中大臣任人唯親，濫授官爵，就連家中的阿貓阿狗也都跟著飛黃騰達。灶下添柴的，封你個中郎將；能把羊胃煮爛算你有本事，封你個騎都尉；能把羊頭煮爛，人才難得啊，直接封關內侯！

朝堂之上烏煙瘴氣，軍師將軍李淑實在看不下去，上書勸諫劉玄：「陛下雖然平定了王莽之亂，但多是依靠綠林軍，現在公卿的高位無一不被他們霸占，要想讓國家穩定發展，必須改革舊制，招攬人才，量才授職，以匡正國家。指望這些莽夫將天下治理好，無異於緣木求魚、深山尋珠。」

不料，李淑的一番肺腑之言並沒有打動劉玄，自己反而被劉玄處死。

這裡來討論一個有意思的問題：劉玄為何會這麼快腐化墮落？難道他真的是不堪大用？

三流小說中往往是反派、配角愚笨，只有主角是個聰明人。可生活不是三流小說，龍套也罷，配角也罷，路人也罷，大家都是聰明人，都是精明至極。

參加革命前，劉玄也有些尚義任俠的習氣。弟弟被人殺害後，他也曾廣宴朋友，要為弟報仇。綠林起義後，劉玄參加了平林兵，擔任安集掾的職務，從此走上反新復漢的道路，被封為「更始將軍」。

不難看出，劉玄雖然在革命軍中存在感不高，但並不是懦弱無能之輩，那為什麼一到長安，劉玄會成為一個昏君形象呢？

我認為，劉玄被推為皇帝，前有朱鮪和張印擅權，後有老岳父趙萌專權跋扈，在這種長期的傀儡身分下，劉玄絕望了，他選擇了自暴自棄。

從此，忠臣退場，小人登場，關中百姓不團結，四方紛紛怨恨叛變。

放牛的孩子抽籤當皇帝

西漢是個很有意思的朝代，兩百年裡共出現了十二位正式皇帝，而非正式的皇帝卻有六位。

呂后臨朝稱制時立了兩個皇帝：前少帝劉恭和後少帝劉弘；大司馬霍光立的昌邑王劉賀在位僅有二十七天，沒有正式登基繼位；王莽篡漢前立了一位太子劉嬰，史稱「孺子嬰」，王莽敗亡之後西漢還有兩位皇帝：劉玄和劉盆子。

劉盆子是純正的皇家後裔，城陽景王劉章之後。劉章死後，後代子孫都襲王爵，但隨著王莽的篡位，老劉家人的地位一下子就從天上跌倒谷底，都被貶為民，劉盆子由王子成了普通百姓。

問題來了，他是怎麼當上的皇帝呢？

西漢末年，天下大亂，各路起義軍風起雲湧，其中琅琊人樊崇的赤眉軍是規模較大的一個。樊崇曾短暫歸順被綠林軍擁立的更始帝劉玄，但不久就和劉玄發生內訌，樊崇再度集結部隊，同劉玄的軍隊作戰。

當時在樊崇的軍隊中發生過一起巫祝事件。這件事在樊崇軍中傳得沸沸揚揚，引起了恐慌。而這時被更始帝所殺的名士方望的弟弟方陽勸樊崇立一位漢室後裔，如同當年范增、項梁立楚懷王為義帝一樣，可以號令天下，一呼百應。

樊崇因為巫祝事件，尋找景王劉章的後裔，結果找到了七十多人，但只有劉盆子、劉茂和前西安侯劉孝是劉章最近的後裔。

經過一輪輪政審調查，七十多人中篩選出了三個與劉章血緣最近的人，這三人分別是劉茂、劉盆子兄弟及前西安侯劉孝。

沒意外的話，新皇帝將在他們中間誕生，而決賽規則很簡單：抽籤！

樊崇等人找來一個竹桶，放了三枚籤，兩枚空白，一枚寫有「上將軍」三個字。之所以寫「上將軍」不寫皇帝，是因為古時天子將兵，稱上將軍。

誰抽到「上將軍」的籤，誰就是皇帝。

為了展現出儀式感，樊崇等人在郊外設了一座壇場，大小首領齊聚，先祭拜城陽景王劉章，然後三位候選人逐一登場，輪流抽籤。

前兩位選手滿懷欣喜地取出竹籤，結果表情瞬間就垮了，輪到劉盆子時，表情卻有些愣住。

他中了！

好運降臨了，可惜劉盆子卻並不開心。

劉盆子當時只有十五歲，披頭散髮，灰頭土臉，光著腳丫子，穿著也是破破爛爛。現在突然見到大家向自己跪拜，嚇得不知所措，直接哭了出來。二哥劉茂對他說，趕快把竹籤收好！也不知道劉盆子聽成什麼了，把竹籤放到嘴裡一陣亂咬，然後扔掉了。

劉俠卿是赤眉軍中的一名低階軍官，一看自己的小弟中了籤，立刻帶著劉盆子換了一身乾淨衣服，然後正式接閱聽人人的慶賀。

赤眉大小首領及部眾納頭便拜，山呼萬歲，一個新的皇帝由此誕生。

雖然身分發生了轉變，但放牛的劉盆子還是歸低階軍官劉俠卿管，每天早晚按習慣去叩拜劉俠卿。劉盆子覺得當皇帝無聊，總想跑外面找其他放牛的小孩一起玩耍，弄得劉俠卿經常威脅要揍他才管得住。

沒有人真正在乎他，或者說，他們在乎的只是他這個皇帝身分，需要蓋章時拿出來用一用，不用了就扔到一邊。

隨著時間推移，最終由劉秀結束了這一動亂時期，建立了以洛陽為都城的東漢政權。至於劉盆子，劉秀知道這一切只是一場鬧劇罷了，也就沒有怎麼與之計較，反而善待他。劉盆子後來生病失明，劉秀封賞給他滎陽一帶的均輸官地，直至劉盆子去世。

劉盆子前半生始終活得小心翼翼，欲求退位而不得，與皇帝的寶座相比，或許田野間的放牧生活才能讓他找到真正的快樂。

公孫述，割據的悲歌

《三國演義》開篇便說道：話說天下大勢，合久必分，分久必合。把這個論斷驗諸於歷史，百試不爽。回到東漢初年，隨著隴右隗囂政權的徹底覆滅，在這場以天下為棋盤的博弈中，劉秀只剩下了一個對手：公孫述。

公孫述並不是四川土著，他原本是陝西扶風人，但他的發跡和稱帝都是在四川。中原大亂之際，公孫述沒能抓住機會擴大實力，最後只能依靠蜀道和三峽天險割據一方。

西元二五年，公孫述與劉秀先後稱帝。公孫述一面對民間敲骨吸髓，一面大肆任用親信及子弟為官，遭到了知識分子們的疏遠。

隗囂死後，蜀地人心浮動，公孫述想了一個辦法，成都城外有座秦朝時修建的糧倉，他將其改名為白帝倉，派人散布小道消息，說白帝倉憑空冒出穀米，堆積如山。

老百姓聽說有這種稀奇事，本著看熱鬧袖手旁觀的精神，紛紛跑到城外湊熱鬧。

公孫述大會群臣，故意問道：「白帝倉真的冒出穀米了嗎？」

群臣異口同聲回答：「沒有。」

公孫述道：「我就說傳言不可信嘛，現在都傳說隗囂已被消滅，既然白帝倉冒出穀米的事是假的，那隗囂被消滅，當然也是假的！」

這邏輯真是神了！

沒過多久，隗囂的手下大將王元逃到成都投奔了公孫述。公孫述慌了，他做了兩手準備，以王元和環安拒守河池，防守北邊的陸路進攻，又派田戎及大司徒任滿、南郡太守程泛率軍至江關，擊敗東漢威虜將軍馮駿等，攻陷巫縣、夷陵及夷道，進而占領荊門山。

建武十一年（西元三五年），東漢征南大將軍岑彭與任滿、田戎戰於荊門，大勝，公孫述城邑守令紛紛投降。劉秀寫信勸公孫述投降，公孫述說：「國家興亡乃是天命，我作為天子，怎麼能投降？」親信們再也不敢提及此事。

公孫述隨後派人刺殺了岑彭，但東漢的攻勢絲毫未減弱。

次年，吳漢和臧宮大破公孫述軍，蜀國上下不斷有人叛逃。公孫述強行彈壓，對叛逃將領一律誅殺全家，然而還是無法禁止。

劉秀苦口婆心再次勸降，然而公孫述終無降意。

大軍很快包圍了成都，公孫述身先士卒，激戰中被吳漢部將一槍刺中胸部，從馬上跌落下來，重傷不治。

拿下成都後，吳漢下令盡滅公孫氏，族滅延岑，又放兵大掠三日，焚燒宮室。

至此，帝國的版圖大定，東漢的統一大業宣告完成。

東漢初年的豪族有多強？

坐天下未必比打天下容易。

雲臺二十八將作為東漢的開國功臣，追隨劉秀出生入死南征北戰，為帝國的建立立下了赫赫戰功，理應受到新政權的重用和尊崇。然而，在統一天下之後，與每一個新興王朝的開國之君一樣，劉秀也不得不面對一個問題：如何安置開國功臣？

每一個開國之君都有自己的一套團隊，為了進一步理解劉秀的處境，我們來分析一下他的團隊，簡單可以分為四類：

一是親屬集團，包括劉秀的妹夫李通、姐夫鄧晨等。

這些人最早加入劉秀兄弟的革命軍，有首創之功，還有割不斷的親情關係，他們是劉秀身後最堅定的支持者，甚至為了他的事業付出了巨大的犧牲。

二是南陽潁川集團，包括鄧禹、朱佑、賈復、馮異、祭遵、銚期、臧宮等，在雲臺二十八將中占比最大。

這些人大多是劉秀的同鄉或同學，以及在攻略潁川時招攬的豪傑，他們有一定的名望與實力，有的還有自己的隊伍，在劉秀革命初期就義無反顧地選擇了他們心目中的明主，對劉秀的幫助極大，是劉秀的核心團隊。

三是河北集團，主要包括吳漢、耿弇、寇恂、景丹、王梁、蓋延、耿純、任光、李忠、邳彤、萬修、劉植等十二人。

這些人都是劉秀領兵北渡黃河，在河北壯大事業時拉攏的人才。他們大多都是割據一方的豪傑，雖然不算劉秀的嫡系成員，卻在他最困難最落魄的時候不離不棄，終於守得雲開見月明，擊敗了冒牌皇帝王郎，成為劉秀南下統一天下的關鍵力量。

四是河西集團，主要以竇融為首，原是割據一方的地方軍閥。

這些功臣有的是同族宗親，有的是地方豪族，有的甚至還是自己的親戚，如何妥善安置好他們，又不留下隱患，是劉秀要考慮的首要問題。

劉秀無力解決豪族問題，但可以有效抑制他們。在大封功臣的同時，劉秀罷左、右將軍，轉而採用「偃干戈，修文德」的政治路線，同時嚴厲告誡部將不得放縱。他說，人心要知足，不要只顧一時的放縱快活而忘記法紀刑罰，諸位的功勞都很大，要想世代相傳，宜如臨深淵，如履薄冰，戰戰慄慄，日慎一日。

這是一個警訊，是劉秀對功臣的友善提醒。

功臣們皆非不明事理之人，很快就察覺到了劉秀的這個念頭。為了避免步上漢初韓信的後塵，手握重兵的鄧禹和賈復主動交出兵權，專心在家研究儒家經典。

要知道，這一年鄧禹不過三十六歲，正處於人生中事業上升的黃金年齡層。可是沒辦法，天下已經大定，再沒有了他的用武之地。

其他人一看，知道自己留在洛陽已經引起了劉秀的猜忌，於是一手交出將軍兵權，一手接過侯爵印綬，按封就國，回到自己的封地逍遙快活去了。

功臣們如此自覺，劉秀當然也得有所表示。對於功臣們的小錯，劉秀經常睜一隻眼閉一隻眼，遠方進貢的好東西，寧可自己不留，也一定先要先給列侯們。

竇融幾次辭官，劉秀為何總是不許？

竇融是漢文帝皇后竇漪房弟弟竇廣國的後裔，家世顯赫，年輕時經常出入於王公貴戚之間，且喜好結交鄉里豪傑，以任俠行義而馳名。劉秀稱帝後，竇融權衡利弊，決定率河西五郡歸附。

隴、蜀二地平定後，劉秀召竇融與河西五郡太守進京。竇融心知肚明，一到洛陽，馬上呈上涼州牧、張掖郡國都尉、安豐侯印綬。

劉秀笑納了涼州牧、張掖郡國都尉印綬，又命使者把有名無實的安豐侯印綬退還給竇融，並舉行大型儀式，隆重接見，對竇融的恩寵賞賜，震動京師。

數月後，劉秀任命竇融為冀州牧，但僅過十餘日，又遷升竇融為大司空。

竇融官拜司空、食四縣，子姪孫三人皆尚公主。史書上說，竇氏一公、兩侯、三公主、四兩千石，相與並時。自祖及孫，官府邸第相望京邑，奴婢以千數，在親戚、功臣中無人能比。

司空位列三公，按理說，竇融此番扶搖直上，正是春風得意之時，但他自己卻一點都高興不起來，整日愁得茶飯不思。

原因很簡單，竇融不是劉秀起兵時就追隨的哥們弟兄，他屬於半路加盟，功勞也比不上那些老同袍，而他的老家涼州更是劉秀最為忌憚的地方。竇融很清楚，劉秀對他百般示好，不過是為了安撫涼州豪傑，一旦自己沒了利用價值，隗囂就是前車之鑑！

自從去了帝都洛陽，竇融每次朝會都表現得十分謙卑，對所有人都客客氣氣的。

劉秀見竇融的態度如此謙遜，反而對他更加信任。

竇融的內心卻仍是惶恐不安，好幾次遞交了辭職報告，還託侍中金遷向劉秀表達自己辭官的意願，可劉秀就是不批。

竇融堅持要辭官，又上書說：「臣今年五十三歲了，有個兒子才十五歲，頑劣駑鈍。臣朝夕以儒家經藝教導他，不讓他學習天文，也不許他研究讖緯之學。只希望他恭敬怕事，恂恂守道，不希望他有任何才能，更不要說我死之後，還要傳給他連城廣土，享受以前諸侯王才能享有的福祉。」

奏書交上去後，又是石沉大海。

之後，竇融又三番五次請求單獨晉見劉秀，都被劉秀拒絕。

有一次朝會結束，竇融獨自在席間徘徊，不肯下班。劉秀知道他又要談辭職的事，命左右隨從趕快催他回家。

幾天後，劉秀又見到竇融，對他說：「那天我知道你又要提辭職一事，歸還封土，所以讓左右告訴你，天氣太熱，讓你哪裡涼快到哪裡待著去。今日相見，醜話說在前面，談什麼事情都行，就是不能再說辭職。」

話都說到這裡了，竇融也不好意思再提辭職一事，只能回去繼續上班。此後竇融一家滿門顯貴，深得皇帝的信任，而他的後代子孫此後在歷史的大潮中起起落落，繼續深刻影響著東漢帝國的命運。

劉秀是如何集權的？

三公九卿這個詞大家一定很熟悉，西漢初期以丞相、御史大夫和太尉為三公。不過在西漢時期，太尉一職並不常設，只有丞相和御史大夫，因為皇帝不放心將兵權交給臣子。

到漢武帝時，劉徹特別設立內朝來限制相權，大權為內朝和尚書檯把持，三公權力有所下降。譬如霍光執政時就是大司馬大將軍領尚書事，通常在幕府中就與內朝官們敲定所有大事，而後通知丞相、御史大夫和九卿去辦。

劉秀登基後，依然以大司馬、大司徒、大司空為三公。建武二十七年（西元五一年），劉秀改大司馬為太尉，並把大司徒、大司空的「大」字去掉，稱司徒和司空。

為了將權力集中到自己手中，劉秀進一步強化了尚書檯的權力，以尚書檯總領朝綱，擴大其職權，相當於皇帝的祕書處。尚書檯設尚書令（祕書長）一人，尚書僕射（副祕書長）一人，尚書（祕書）六人，合稱「八座」。六尚書分管六曹，每曹下設侍郎六人，令史三人，對應九卿諸部。尚書檯直接聽命於皇帝，掌管一切政事，成了東漢最重要的行政決策機構。

劉秀的「尚書檯中心制」，其實就是漢武帝內朝官制的更新版，將內朝官這個非正式組織透過機構化，形成固定的政治模板。

尚書檯的薪資不高，尚書令每年的俸祿只有一千石，副職尚書僕射和六名尚書俸祿只有六百石。雖然薪資待遇遠不能和每年萬石的三公相比，但實際權力遠在三公之上。

除了透過尚書檯獨攬大權外，劉秀還恢復了西漢時就有的三套監察機構，分別為御史臺、司隸校尉和刺史。

御史臺不用多說，司隸校尉最早是由漢武帝設立的，相當於皇帝欽命的持節使者，不僅有權督察太子、三公以下百官，而且有逮捕權和懲治權。到西漢中後期，司隸校尉的地位每況愈下，不料卻在劉秀這裡得到了再度崛起的機會。

東漢初年，劉秀取消了丞相司直一職，擴大了司隸校尉的權勢，朝會時和尚書令、御史中丞一起都有專席，當時有「三獨坐」之稱。司隸校尉的官秩是比兩千石，參與議論朝政時，位在九卿之上，朝賀時，處於公卿之下。監察權之大，除了司徒、司空和太尉三公之外，無所不糾，故為百僚所畏憚。

再說刺史。司隸校尉轄區之外，分全國為十二州，每州設刺史一人，秩六百石，負責監察比自己高出很多段位的地方郡守，期間還曾改名為州牧。

在原本的政治架構中，地方郡守的任免由丞相決定，刺史隸屬於御史大夫和御史中丞。劉秀卻大刀闊斧地進行了改革，郡守的任免由尚書檯根據刺史的考核決定，脫離了三府的控制。

刺史於每年八月巡行所屬郡國，調查各地有無冤獄，同時考察地方官的政績，年終奏於皇帝。同時，刺史的許可權還突破了傳統的「六條問事」範圍，直接干預地方行政，甚至軍事。

在擴大刺史職權的同時，劉秀三令五申各級官員遵紀守法。一旦發現有違法亂紀的行為，省去三公案驗程式，直接由尚書提出處理意見，最後由皇帝裁決，導致地方官員被頻繁罷免。

比如朱浮有一次就給劉秀寫信吐槽：「陛下即位以來，不用舊典，信任州牧之官，廢除三公之職，以至只要有人彈劾兩千石的大員，不經過三府直接加以免退。陛下以使者為腹心，而使者以從事為耳目，這本是尚書平決之責任，卻決於百石之吏，所以群下苛刻，各自為能。」

不僅如此，朱浮還藉堯舜治世尚需三年的事例婉轉提醒劉秀，你這麼做是犯了急功近利的錯誤。劉秀把朱浮的奏章交下面討論，結果發現大家都站朱浮這邊，於是減少了地方州牧及太守的調動。

說了這麼多，概括起來就一句話：從中央還是到地方，劉秀透過尚書檯，架空了三府，實現了對各職能機構和地方的直接控制，完成了自己的集權。

因為一場酒桌演講，他被迫辭官

郅惲曾是光武帝皇太子的老師，一向以敢言直諫聞名。他年輕時應汝南太守歐陽歙之邀，做了管理人事的功曹。

汝南地方舊俗，每年十月，郡裡要舉辦大型宴會，百里以內的縣令都要到郡府宴飲。

吃完飯，歐陽歙打算表彰西部督郵繇延，說他天資忠貞，做事公道，在任期間積極打擊奸人凶徒，政治寬鬆景明，準備和大家一起商量繇延的功勞，向朝廷上報，嘉獎其功績。

郡主簿在宣讀歐陽歙的指示時，戶曹引導繇延上前受賞。不料半路殺出個程咬金，郅惲上前大聲對歐陽歙說：「請太守罰酒一杯，以謝上天。」

歐陽歙大為驚訝，問道：「我為何要罰酒？」

郅惲道：「我調查過，那個繇延貪贓枉法，外表方直內心陰柔，結黨營私，交結奸佞，欺罔上級，坑害百姓，他管理的地方政事荒廢，一片混亂，暴虐之人不能處置，冤獄與奸邪並起，百姓對他十分怨恨。太守以惡為善，卿士們以直從曲，上級失了君道，下級不守臣道，因此，我郅惲斗膽請太守罰酒。」

有這等事？

場面氣氛一度陷入尷尬之中，歐陽歙霎時間只覺得臉上發燙，不知如何應對。

底下人趕快出來圓場：「所謂君賢臣直，功曹郅惲說話如此懇切，正說明太守您功德深厚啊，為這也應該喝一杯啊！」

歐陽歙急忙順著說：「這確實是我的罪過，我自願罰酒。」

宴會不歡而散，郅惲回府後請了病假，繇延自己也悄悄退去。鄭敬與郅惲關係不錯，見他得罪了歐陽歙，對他說：「你當眾反對繇延，太守顯然沒接受你的意見。繇延雖然暫時退去，一定還會回來，你言直心正，這是三代之正道，然道不同不相為謀，你留在這裡，太守遲早要收拾你，趕快離開吧！」

數月後，繇延果然又官復原職，郅惲至此才相信了鄭敬的話。為了躲避誣害，一心從政為民的郅惲只能被迫辭官隱居。

張湛：寧可當眾尿褲子，也不當宰相

西元四四年，大司徒戴涉死在獄中，劉秀任命太中大夫張湛為大司徒。

這位張湛可不一般，早在西漢成帝、哀帝時就做到了兩千石官員，在王莽朝也做過太守、都尉。

張湛平常莊重嚴肅，尊崇禮法，一舉一動有板有眼，獨居幽室之中，也必修飾儀容，在老婆小孩面前，從來不苟言笑。遇到鄉親，言談謹慎表情莊重，三輔一帶都以他為榜樣。

有的人說張湛非常能裝，張湛聽後笑道：「我確實是在裝，不過別人為作惡而裝，我為行善而裝，難道不可以嗎？」

建武初年，張湛擔任左馮翊，在郡中建立制度禮儀，設立教令，政治教化得到普遍推行。後來請假回平陵，望見縣府大門就下馬步行。

主簿勸他：「您地位尊貴德高望重，不應該自輕。」

張湛答：「《禮記》上說，下公門，軾輅馬。孔子在鄉親們面前也總是恭敬和順的，在家鄉應該盡到禮數，怎麼能說自輕呢？」

這之後，張湛又拜為光祿勳。劉秀上朝的時候，有時顯得無精打彩，張湛就會上前勸諫，對劉秀進行批評。張湛喜歡騎白馬，劉秀見到張湛，經常說，白馬生又要勸諫我了。

西元四一年，郭皇后被廢後，張湛對此極為不滿，稱病不朝，劉秀倒也沒有為難他，時常對他慰問賞賜。

西元四四年，大司徒戴涉被誅，劉秀打聽了一圈，決定任張湛為大司徒。

張湛抵死不上任，劉秀非常惱火，逼著他上任。張湛沒辦法，只好入朝報到，最讓人瞠目的一幕上演了，張湛竟然在朝堂上小便失禁了，尿了一褲襠。

張湛說：「皇上，你看我都這樣了，怎麼當大司徒啊？」劉秀沒辦法了，總不能讓老爺子天天穿尿布上朝吧？

劉秀只好作罷。

張湛真的病到要在朝堂上尿褲子的程度了嗎？顯然不是，這背後有兩方面原因：其一，劉秀廢了原太子劉彊，張湛是太子太傅，心裡有氣；其二，給劉秀當大司徒實在太危險，連著三任大司徒非正常死亡，老張還想多活幾年啊，推脫不掉，只能尿遁了。

劉秀為什麼想封禪泰山？

建武三十年（西元五十四年）二月，劉秀車駕東巡，視察民情。太尉趙熹、司空張純先後上奏，建議劉秀在即位三十週年之際封禪泰山。

劉秀雖然內心很想封禪泰山，但表面上總得謙虛一下，當即下詔道：「朕登基三十年，百姓尚有滿腹怨氣未能消解。誠如孔子所言，吾誰欺，欺天乎？難道泰山的神靈會輕易受騙嗎？難道要讓朕去玷汙七十二代聖賢封禪的記載嗎？昔日齊桓公欲封禪泰山，管仲極力阻止。以後再有藉封禪、賀壽等名義來歌功頌德的，一律處以髡刑（削去頭髮），責罰屯田！」

劉秀斷然拒絕，實出張純等人的意外。此後一段時間內，請求封禪的言論暫時消停了下來。

然而就在兩年後，六十二歲的劉秀還是在泰山舉行了聲勢浩大的封禪儀式。

這又是為何？難道是劉秀自信自己的功業已經可與秦皇漢武相提並論了？

其實，劉秀由拒絕封禪到舉行封禪的轉變，只因為一本書、一句話。

建武三十二年（西元五十六年）正月的一個夜晚，劉秀批閱奏章倦怠之際，隨手取過一本《河圖會昌符》來翻閱。卻不料這隨手一翻，竟成了劉秀封禪的誘因。

映入眼簾的，是這樣一句話：「赤劉之九，會命岱宗。不慎克用，何益於承！誠善用之，奸偽不萌。」

意思是說，劉氏第九代皇帝將會封禪泰山，如果不封禪，不足以表明得到了漢室正統；而封禪之後，則可以確保奸偽滅跡，天下大安。

對於讖緯重度發燒友劉秀來說，大臣的話可以不聽，讖書上的話卻不得不聽。

不過孤證難立，劉秀又令梁松等人翻檢所有的讖書，查詢封禪依據。這一查，居然查出多達三十六處，都提到九世封禪之事。

讖書即是天意，見天意如此，劉秀這才著手準備封禪一事。

皇帝批准後，帝國臣民迅速動員起來，封禪大典進入了倒數計時：

正月二十八日，劉秀自洛陽出發，諸王、諸侯、文武百官、郡守州牧等帝國高官悉數隨行；

二月九日，一行人抵達魯國，劉秀接見了孔子後人，給他們賜下酒肉；

二月十二日，一行人抵達泰山郡的奉高縣。奉高是個小縣城，突然到來的百官、王侯及護衛完全超出了它的容納能力，皇帝和諸王被優先安頓在郡太守府上，其餘人只能逐級安頓在郊區。在這裡，劉秀正式開始齋戒，做封禪前的準備。

與此同時，各級官員也開始忙碌起來，有一個叫馬第伯的人，他事後寫了一篇《封禪儀記》，詳細記錄了此次盛大活動的諸多細節。

二月二十二日，封禪大典正式開始。

一大早，劉秀一行燎火祭天於泰山之下，隨後登山。劉秀是皇帝，當然不用步行，早有為他準備的御輦。其他人就慘了，雖然負責接待的官員也準備了三百副輦，但遠遠不夠用，只能優先供給大主管，低一級的官員只能靠雙腿步行了。

中午時分，劉秀率先到達山頂，換上正式禮服。山頂上有一塊相對平曠的小廣場，當年秦始皇和漢武帝封禪所立的石碑和門闕仍在，一南一北，相對無言。中間是一圓形祭臺，直徑約三丈，高九尺，東、西各有石階通往臺上。圓形祭臺上建有方形祭壇，方一丈二尺。

這祭臺和祭壇是秦始皇、漢武帝封禪時就加工好了的，省去了許多麻煩。下午，待大臣陸續登上山頂之後，祭天儀式正式開始！

泰山絕頂，空曠肅穆，無限江山盡收眼底。年邁的劉秀在山巔絕頂，一覽眾山小，豪情萬丈！

問蒼茫大地，誰主沉浮？

這是天子與天的對話！

在泰山之巔，劉秀要將帝國的強盛呈報給上天，就像是兒子拿著成績單，向父親彙報一樣。

在劉秀之前，天下黯淡無光昏悖混亂，蝗災旱災饑荒紛至沓來，流民群盜四處掠食。在他之後，兵火散盡，四海安寧，帝國和它的子民們告別了戰爭，告別了折騰。從此之後，天下將進入嶄新的光明的新階段！

這份功業，足夠向上天彙報了吧？

身著玄端冠冕的劉秀拾級登臺，尚書令捧玉牒而上，劉秀以皇帝玉璽封之，然後撬開壇上巨石，將玉牒藏於石下，再用五寸印封石檢。

玉牒的內容無人知曉，因為這是劉秀和老天爺的私密對話。群臣面目肅然，跟在皇帝身後，在禮官的吆喝下，朝封土一次次作揖下拜，告成於天。

事畢，劉秀向天而拜，群臣齊聲高呼萬歲，聲動山谷，久久迴盪。

劉秀為何被稱為「柔道皇帝」？

建武十七年（西元四一年），一統天下五年後，劉秀已經走上人生巔峰。一次宴會上，劉秀和同族宗親舉杯暢飲，看著他長大的伯母嬸嬸們聊起了他的童年趣事。

其中一人說：「文叔（劉秀字）年少時謹慎老實，與人打交道也不懂殷勤應酬，只知待人坦率柔和，沒想到如今竟然當了皇帝！」

劉秀笑道：「我治理天下，也要推行柔和之道。」

從一介沒落貴族到一代中興雄主，劉秀始終以「柔道」善待臣子和百姓。

有一次，劉秀請開國功臣們喝酒。大家頻頻舉杯，開懷大笑，暢談舊事，回憶往昔的崢嶸歲月，從昆陽之戰聊到收編銅馬軍，從平定赤眉說到得隴望蜀。

酒過三巡，劉秀看著同袍們的醺醺醉態，問了一個問題：「倘若當初天下不曾大亂，諸卿身處太平盛世，自以為爵祿如何？」

鄧禹先答道：「臣自幼學習儒家經典，可以在南陽郡中當個文學博士。」

劉秀笑道：「高密侯太謙虛了，以你的志向和學問，就算做不了兩千石的太守，也可以做個六百石的掾功曹嘛。」

其餘人也都依次作答，劉秀一一評論，最後輪到了馬武。馬武性格不拘小節，藉著酒勁答道：「我雖然不如鄧禹有學問，但卻比鄧禹有武勇。我可以做到兩千石的都尉，專管抓捕盜賊。」

劉秀大笑道：「你自己不做盜賊就不錯了，依我看，你最多也就是個當亭長的命。」

眾人哄堂大笑，這是中國歷史上最溫情的一幕。

在經歷多年的殘酷戰爭後，劉秀和他的功臣們仍如最初那樣其樂融融，開懷暢飲。功臣們謹守著臣子的本分，而劉秀也對功臣們善待有加。

還有一次，劉秀南巡路過汝南郡南頓縣，設宴招待當地官員，下令免除南頓縣田租一年。

南頓百姓還不滿足，叩頭說：「陛下的父親曾在這裡居住，陛下也熟悉此地，每次來都給我們很多賞賜。請陛下免南頓縣田租十年吧。」

面對得寸進尺的鄉親父老，劉秀非但沒有生氣，反而和他們討價還價：「治理天下責任重大，我經常擔心不能勝任，一天天地過還擔心出問題，怎敢預期十年之久呢？」

南頓百姓道：「陛下就是捨不得減免，何以說得這樣謙遜呢？」

劉秀大笑，將免租的期限加了一年。

劉秀以柔道待人，在歷代皇帝中，他是發自內心真正將「為人民服務」踐行到底的帝王。

劉秀有多迷信讖緯？

讖又稱圖讖、讖記，是一種神祕性預言。

秦朝流傳著一句讖言：「亡秦者胡」秦始皇放眼天下，認為能對自己的江山社稷造成威脅的也只有北方的胡人 —— 匈奴，於是派蒙恬率三十萬大軍北擊匈奴。但秦始皇怎麼也沒想到，此「胡」非彼「胡」，真正亡秦的是小兒子胡亥。

西漢末年，圖讖之說大盛，王莽也是個讖緯的好友，在他代漢自立的過程中，讖緯發揮了重要作用，造成當時一種普遍的社會心理：誰符合圖讖，誰就是「真命天子」。

劉秀也學到了王莽的這一套，當他還是個平頭百姓時，姐夫鄧晨看讖緯裡面說「劉秀當為天子」。旁邊有人說讖緯一定說的是國師公劉秀，劉秀說：「怎麼就知道這不是我呢？」

西元二五年，劉秀已經占據了河北一帶，一幫小弟開始勸他稱帝，劉秀一直拒絕。直到老同學強華從關中千里迢迢跑到河北，獻上一部《赤伏符》，裡面上有這麼一句讖語：「劉秀發兵捕不道，四夷雲集龍鬥野，四七之際火為主。」

意思是說，劉秀發兵抓捕無道的人；四方雲集，彷彿龍搏鬥於郊野；高祖以來兩百二十七年之際，輪到火德為主。

得到這條讖語，劉秀才正式稱帝。

劉秀稱帝後，任命前將軍鄧禹當大司徒，之後商議選任大司空。《赤伏符》上有一句話：「王梁主衛作玄武」，劉秀於是任命野王縣令王梁為大司空，之後又打算按照讖文中的話任命平狄將軍孫咸代理大司馬。

由於群眾反對聲音太大，劉秀沒辦法，只能改任吳漢為大司馬。

一次朝會上，劉秀當眾問桓譚：「今公卿商議修靈臺（天文觀測臺）之處所，朕欲以讖決之，何如？」

桓譚堅持己見：「臣不讀讖。讖非經也！」

劉秀大怒：「桓譚非聖無法，將下斬之！」桓譚趕快磕頭求情，磕的額頭出血，劉秀才饒了他。

西元五四年，劉秀東巡齊魯一帶。張純等大臣提議應該到泰山封禪，結果被劉秀拒絕。到了西元五六年，劉秀夜讀《河圖會昌符》，上面有「赤劉之九，會命岱宗」等語，於是找女婿梁松等人商量。

梁松等人研究後認為，赤劉之九指的就是劉秀，因他是劉邦的九世孫，岱宗就是泰山。於是，張純、梁松等人再次上書建議去泰山行封禪之禮，劉秀這才批准封禪泰山。

不僅如此，劉秀還宣布圖讖為官方規定的必讀書，共八十一篇，將這類妖妄言詞和儒家經典等同。

劉秀為何對圖讖如此之執迷？因為他這輩子有太多的命中注定，這讓他感到戰慄、感到痴狂，這就是他自認為的宿命，逃不掉，躲不開。

士大夫是怎麼誕生的？

中國古代社會的獨特政治形態，自漢代以後表現為一種「士大夫政治」。所謂士大夫，其實就是有政治身分的知識分子。官僚就是士大夫在官位時的稱號，紳士是士大夫的社會身分。

士大夫其實是官僚與知識分子的結合物。《辭源》為「士大夫」這一語辭提供的解釋中就包含「居官有職位的人」及「文人」兩個義項：既是「居官者」，又是「文人」。

我們都知道，漢朝選拔人才主要靠的是察舉制，由地方官向中央推薦人才。劉秀在察舉制的基礎上又增加了一條，規定地方官如果看上了一個人才，必須先讓他做一個小官，讓他熟悉一下政務工作。等過了試用期，考核合格，確定能夠勝任了，再向朝廷推薦。

儒生當了官後，無論是出於個人仕途升遷還是其他考慮，都不得不學習文法律令，進而向職業文吏的角色靠近。你說你就是不想學法律，不好意思，不懂法，如何參與司法討論？如何定罪量刑？如何開展審判聽訟工作？如何通過試用期的考核？

只要考核合格，儒生們當然不會再反對法治，高唱德治、人治的迂論。

這就使得當時的儒生們為了有更好的前途，只能一邊學習經術，一邊捏著鼻子學習律法。

這樣的好處是顯而易見的，其中一點就是儒生們從只會誇誇其談的網路酸民迅速成長為沉穩的務實者，變得更加務實。

當然，儒法合流是一個長期演進的過程，早在西漢就已經開始了，但中間經歷了漫長的衝突鬥爭。西漢時雖然也有儒生參與政治，但當時還有一個與之並立的文吏群體，且後者才是帝國政務的實際承擔者。

直到東漢，儒生與文吏才加速了融合。到了東漢中期以後，儒和吏就你中有我，我中有你，很難分得清了。

由此也誕生了一個新的階層：士大夫。

士大夫一經出現，便展現出了旺盛的生命力，此後延續了兩千多年。有了士大夫這一階層，中國社會的穩定性大大提高，由此也衍生了一種特殊類型的官僚政治 —— 士大夫政治。

漢代巨量黃金消失之謎

讀史書時，我們常會感慨於西漢的豪氣，皇帝們動不動就賜予手下幾十上百斤的黃金。

劉邦就非常愛揮霍，楚漢戰爭時，陳平獻計離間楚國君臣，劉邦直接拿出四萬金黃金送給他，並且不問出入。

劉邦稱帝，賞賜叔孫通黃金五百斤；呂后的遺詔也提到賜諸侯王黃金各千斤；衛青戰勝匈奴，封賞黃金二十萬斤；霍去病出擊匈奴，賞賜五十萬金；漢宣帝繼位後，賞賜霍光七千斤，廣陵王五千斤，諸王十五人各百斤；王莽聘史氏女為后，一次就用了三萬金黃金作為聘禮；他即位時，府內藏有黃金七十餘萬斤！

以漢代一斤約等於現代兩百五十克來算，西漢合計賞賜的黃金數量約為兩百五十噸左右，可見漢朝黃金數量之多。

但到東漢末年，黃金卻突然消失在市面上，這些巨量黃金究竟去了哪裡？

對於這個謎團，歷史上有不少人作出了各式各樣的推測和考證。

第一種說法認為，西漢的黃金其實是指黃銅。

從歷史文獻記載得知，秦漢時期黃金開採量沒有那麼多，人們習慣稱錢財為「金」，所以有可能把當時流通的銅錢稱作「金」。《漢書．食貨志》記載，當時的一斤黃金可以兌換一萬五銖錢（銅錢）。

如果這裡的黃金是黃銅，就會出現漢人以一斤銅兌換一萬個加工後的五銖錢，這可能嗎？

第二種說法認為，當時佛教盛行，為佛像鍍金身已成風氣。加之當時佛教寺廟眾多，也許就把西漢大量黃金消耗完了。

但這種說法也站不住腳，因為佛教是到東漢明帝時才傳入中國，南北朝才盛行，東漢怎麼可能因為佛教消耗黃金？

第三種說法認為，西漢的黃金突然消失是因為對外貿易，大量輸出國外造成的。

這種說法也缺乏根據，因為西漢時期，中國是世界上少有的經濟和文化都很發達的國家，是商品輸出國，只有少量的黃金流到西域、南海各國。加上其他國家相對落後，對黃金的需求量並不大。

第四種說法認為，黃金被埋入了地下。

西漢時的黃金很可能作為各種金器金物隨葬或遺落地下，另一部分則以金幣形式隨富商大賈和各級官吏而埋葬。

這種說法有考古發掘為證，目前還是比較可信的。西漢末年爆發了農民大起義，窖藏了大量黃金的富豪官吏或死或逃，從而使其窖藏的黃金無從可考。東漢時窖藏黃金者也大有人在，如董卓「築塢於眉，塢中珍藏有金二三萬斤，銀八九萬斤。」

從後來出土的錢幣看，中國歷史上窖藏金銀珍寶之量大確實驚人。比如海昏侯劉賀墓中，累計出土了二十塊金板、二十五塊麟趾金、四十八塊馬蹄金、三百八十五塊金餅等總重量超過兩百三十斤的黃金器物，重新整理了迄今為止中國漢墓考古發掘中黃金器物出土數量的歷史紀錄。

當然，以上這四種說法也只是猜測，真正的原因還有待探索和發掘。

劉秀與豪強最大的一次較量 —— 度田

建武十五年（西元三十九年）六月，劉秀下發了「度田令」，要求各州郡認真丈量土地，清查人口。

這樣做有兩個目的，一是限制豪強兼併土地和奴役人口的數量，二是便於朝廷徵收賦稅和徵發徭役。

有了王莽之前的例子，劉秀對豪強們的能量已經深有體會。王莽當初可是一上來就宣布土地國有化，限制豪強名下的田畝，還配合以廢奴；劉秀則謹慎了許多，只是先摸清各地的田產及戶籍，僅此而已。

但即便如此，這一通知還是刺激到了地方豪強們敏感的神經。大家都不傻，朝廷現在雖說只查地，沒說別的，但你查清楚了以後，下一步不就是以此為據來徵稅嗎？

前面說過，東漢是建立在豪族社會之上的，土地與人口是豪門大族們立身的本錢，劉秀想玩個釜底抽薪，徹底斬斷豪族立身的兩根支柱，阻力可想而知。

不出意外，「度田」令下發後，各地官吏或執行不力，或錯誤執行詔令，使詔書在實際執行中完全走樣。很多百姓擔心清查戶口和田畝會增加自己的賦稅，在別有用心的地主豪強的慫恿下，紛紛攔路喊冤；地方官員瞞上欺下，對度田工作敷衍推諉，報上去的數據也與實際相差甚遠。

甚至有地方官員與豪強串通一氣，欺凌侵害無助的百姓，他們以度田的名義將百姓集中到田地中，連宅院、村落也一併測量，以上報充數。百姓遮道號呼，卻無人肯為他們做主。

當時各郡各自派使者呈遞奏章，劉秀發現陳留郡官吏的簡牘上面有一行字：「穎川、弘農可以問，河南、南陽不可問」。

劉秀納悶，便責問陳留的官吏這是怎麼回事。官吏不肯承認，說是在街上撿到的，劉秀聽到很生氣。當時十二歲的劉陽就在隔壁，他告訴父親：「那是官吏接受郡守下的指令，將要同其他郡丈量土地的情況作比較。」

劉秀問：「既然這樣，為什麼說河南、南陽不可問？」

劉陽答：「因為河南是帝都，多天子近臣；南陽是帝鄉，多皇帝近親。這兩個地方問題很大，但又誰也惹不起，所以不能查。」

劉秀命虎賁中郎將責問陳留官吏是否如此，陳留官吏這才據實承認。

劉秀怒了，郡守作為朝廷派去的高官，沒有嚴格執法，竟然根據各地豪強們的勢力大小來執行政策！他當即派出中央巡視組，到地方上去徹查各地的度田情況。

這一查還真查出了不少問題，大司徒歐陽歙在任汝南太守期間弄虛作假，丈量土地不實，受賄上千萬。劉秀立刻將歐陽歙逮捕入獄。

緊接著，一大批度田不實的官吏也被揪出來，皆被劉秀下獄治罪。

劉秀執意要將度田工作落實下去，顯然是想要了豪強的命。很多地方豪強按捺不住，聯合起來叛亂。

劉秀不慌不忙，一邊武裝鎮壓，一邊分化瓦解。在成功平定那些反叛的地方豪族後，劉秀將帶頭的豪強們遷到了異地，總算在這場博弈中占據了上風。

那麼度田運動到底算不算成功呢？

從後來的歷史發展來看，度田令確實得到了貫徹執行，但東漢豪強勢大也是顯而易見的。只能說，劉秀的度田政策部分成功了，但他對豪強們所做的，也就到此為止了。

豪強們經過這番試探，探出了劉秀的底線，乖乖上報田畝及人口數量，按時交稅；作為回報，劉秀也沒有採取進一步的行動，繼續容忍豪族的存在。

劉荊：自尋死路，我可是認真的

劉秀去世後，皇子們每天要按時入宮哭喪。有人發現諸位皇子中，有一個人哭得並不怎麼賣力，似有點敷衍了事的意思。

這個人正是劉莊的同母胞弟，山陽王劉荊。

劉荊這個人很有才，文章寫得不錯，可惜人品不行，為人苛刻，心理陰暗，一心只想著造反。

劉荊的哭戲演得比較假，是有原因的，他在密謀造反。他寫了一封信，詐稱是時任大鴻臚的郭氏外戚郭況寫給廢太子東海王（首府魯縣，今山東曲阜）劉強的，內容當然是為劉強的際遇抱不平，建議趁此機會舉兵起事。

劉強看到這封信，頓時就嚇死了，這太子是那麼好當的嗎？如果不是形勢所迫，誰願意把太子之位讓出去？如今我早已不是帝國的繼承人，你現在攛掇我起兵造反，是何居心？

劉強二話不說，命人將郵差綁了，連同這封信一起火速送往洛陽，送至皇帝劉莊處。

諸王造反，這可是大事，無論是慫恿造反的劉荊，還是在地方上當東海王的劉強，必定要受到皇帝的猜忌。好在劉莊是個聰明人，他太清楚這些弟弟們了，劉秀前腳剛走，如果後腳就收拾弟弟們，必然會引起輿論風波。為此，劉莊壓住此事，祕而不宣，大事化小，小事化了，只將弟弟劉荊打發到了河南宮，監視居住。

不料，劉荊非但不領情，反而更加囂張。羌人造反時，劉荊想渾水摸魚，跟一群人密謀，結果還沒動手，就被劉莊知道了。

劉莊又一次高抬貴手，將他封為廣陵王，遣他去了封地廣陵國，算是放虎歸山了。

可是劉荊仍不安分，到封地後又私下問相士：「我長得像先帝，先帝三十歲當皇帝，我今年也三十了，可以起兵嗎？」

相士嚇死了，您要造反？對不起，我可不想陪著送死，於是向郡國的官員打了小報告。

劉荊知道後，害怕劉莊問罪，把自己關進了監獄。

劉莊一看，劉荊有主動認罪伏法的意思，倒也沒有為難他，只裁減了他的衛隊、隨從，將其軟禁，沒有繼續追究。

一而再、再而三搞破壞，都被皇帝哥哥寬大了，也該停止了吧？不！沒多久，劉荊又自尋死路了，他找了個巫師，用巫術詛咒劉莊，結果皇帝馬上又知道了。

劉莊下詔，讓長水校尉樊鯈和羽林監任隗調查考核。調查結束後，樊鯈等人上書，建議處死劉荊。

劉莊很生氣：「你們只因為廣陵王是我弟弟就要殺他，如果是我的兒子，看你們誰敢！」

樊鯈昂起頭來，正色道：「天下是高皇帝的天下，不是陛下的天下。根據《春秋》大義，君王至親不得有弒逆圖謀的行為，有則必殺。所以周公誅殺弟弟，季友毒死兄長，而經傳給予他們高度讚揚。因為廣陵王是陛下同母弟，陛下對他惻隱有加，所以我們才向陛下請示。如果是陛下的兒子，我們根本不會彙報，直接就砍了。」

一番話駁得劉莊啞口無言。

這一次，劉荊自己都覺得不好意思了，只好自殺謝罪。

陸續母親的高階教育

東漢明帝時，楚王劉英企圖謀反，暗地裡搜求人才，編了一本「天下英才錄」，為將來謀反做準備。後來楚王劉英謀反事洩被誅，這份「英才錄」被人搜了出來，許多人牽連進去，嚴刑逼供，這其中就包括陸續。

陸續是會稽吳縣人，世代為名門望族，只是到了他這一代，家道中落，從小就成了孤兒，後來在郡府謀了個戶曹史的差事。有一年郡裡鬧饑荒，太守尹興派他給百姓分發稀飯，陸續一一詢問流民們的姓名。

賑災結束後，尹興問他能夠吃到稀飯的人有多少，陸續不假思索回答說有六百餘人，還逐一說出他們的姓名，無一錯漏，當場就把尹興給驚著了，隨後向上面推薦了此人。

此後刺史到基層巡視工作，召見陸續，徵召為別駕從事。後來陸續因病辭官，回到郡裡混了個門下掾。

在獄中，陸續、梁宏、駟勳等人受到各種酷刑拷打，皮膚潰爛，就是不肯認罪。

陸續的母親趕到洛陽打聽消息，見不到陸續，只能做好飯菜，請獄卒轉送。陸續雖遭拷打，毫無懼色，但在看到這一籃子飯菜後，突然放聲大哭，不能自已。

審案官問是何緣故，陸續哭道：「母親來看我，而我卻無法與她相見！」

審案官大怒，認為是獄卒暗中幫忙傳遞消息，要召來審訊。

陸續道：「不關獄吏的事，我看到這飯菜，就知道是我母親做的。」

審案官問他：「你怎麼就知道這飯菜是你母親做的？」

陸續道：「母親切肉，無不方方正正，切蔥，全是一寸長短。今天一看這飯菜，我就知道是她來了。」

審案官回頭細查，得知陸續的母親果然來了，心想，這不就是孔子所說的割不正不食嘛？於是把這一情況上報了皇帝劉莊。

劉莊一思索，陸家的規矩這麼多，應該不會是亂臣賊子，於是赦免了陸續、尹興等人，但終生禁止做官。

雖然陸續此後與仕途無緣，但老陸家世世代代為會稽郡的大姓，家風很好，在兩漢三國長盛不衰，人才輩出。陸續的三個兒子中，長子陸稠官至廣陵太守，政績卓越；兒子陸逢是樂安太守；小兒子陸褒力行好學，不喜歡做官，官府幾次徵召都被他拒絕了。

此外，陸續還有一個家喻戶曉的後人，就是三國時期吳國大都督陸遜。

東漢版雍正——漢明帝劉莊

西元五十七年，光武帝劉秀駕崩，太子劉莊繼位，是為漢明帝。

劉莊登基後，一反父皇劉秀溫和敦厚、馭下以寬的作風，為政極為苛察嚴厲。有人說他和雍正非常像，兩人無論是性格為人還是政治舉措乃至生平經歷，都頗有些相似之處。

曹丕曾經給明帝和章帝下過這樣的評價：明帝察察，章帝長者。也就是說，明帝劉莊對臣子和自己要求嚴苛，章帝則為政寬和，有點像老好人。范曄在《後漢書》中說，明帝性情偏狹猜疑，喜歡廣設耳目打聽別人的隱私，並且把這種行為視作自己聖明的表現。所以時常有小人在明帝面前詆毀朝堂上的重臣，而關係比較近的左右侍臣和尚書一類的官員沒少被明帝毆打。

劉莊對屬下嚴苛是出了名的。一次，西域使者前來覲見，劉莊很高興，下令賞賜給使者十匹細絹，卻不料，負責記錄的尚書郎誤記成一百匹。

事後劉莊向大司農索要帳本檢視，發現了這一處錯誤，當場就發脾氣了，命人將那個尚書郎按在地上，劉莊親自抄起大棒，捲起袖子露出手臂，將這個馬虎的傢伙痛打一頓。

尚書檯最高長官鍾離意比較護犢子，聞訊後急匆匆跑進大殿，一邊磕頭認錯一邊求情，劉莊才悻悻然收手。

還有一次，郎官藥崧不知因為什麼原因惹怒了劉莊，劉莊抄起一根棒子砸向藥崧。藥崧比較機靈，不敢還手，彎腰躲到了床底下。

劉莊沒法跟著鑽到床底下去，那太有失身分，棒子短，又搆不著藥崧，氣得他大罵道：「藥崧，你小子給我出來！」

藥崧在床底下道：「陛下，您是皇帝啊，您得注意身分啊！身為皇帝，您應該莊重肅穆，現在拿根棒子，追打我這個小小的郎官，成何體統？」

劉莊這才扔掉木棍，道：「你出來吧，饒你這一回。」

劉莊不僅對身邊人嚴厲，對三公九卿的監督也很嚴格，每有過錯，當面訓斥。

在治國方面，劉莊也延續了劉秀的政策，對功臣外戚也以控制和防範為主，嚴令后妃之家不得封侯，不得干政。

閻章才學出眾，工作突出，在尚書的位子上已經待了很長時間，按照慣例應該予以提拔。但因他有兩個妹妹是後宮嬪妃，劉莊為防止外戚參政，硬是不提拔閻章，最後僅任命他為步兵校尉而已。

劉莊的妹妹館陶長公主想替兒子求個郎官，劉莊寧可送給外甥一千萬錢，也不答應。他說：「郎官與天上的星辰相應，主管方圓百里內的民眾和事務，如果不是合適的人選，則當地百姓要受其禍害。因此要任命誰，我覺得挺為難的，不能隨便。」

不難看出，劉莊對於外戚、大臣和宗室諸王控御極嚴，一旦犯法，必定從嚴治罪，絕不因其官職高或有關係而網開一面。

歷代皇后楷模：東漢明德馬皇后

馬革裹屍的主角馬援一生為國征戰，卻在帝王猜忌與奸佞詆毀之下悽慘收場。幸運的是，他的小女兒也很出色，雖貴為皇后，卻低調謙虛，儉樸淡泊，很好地繼承了馬援傳下的家風。

馬皇后是伏波將軍馬援的小女兒，當年父親病死於征討五溪蠻的途中，因為結怨權貴，遭人誣陷，被劉秀削去爵位，含冤而死。馬援的家人甚至不敢將馬援的靈柩運回原籍，只在洛陽草草安葬，親朋故舊也少有人弔唁。

遭此鉅變，馬援的姪子馬嚴上書劉秀，懇請他在馬援的三個女兒中為太子劉莊選妃，十三歲的馬氏被選入太子宮。年幼的她繼承了父親的智慧，又比父親更懂為人處世，懂規矩知禮儀，深得陰皇后和劉莊的寵愛。

劉莊繼位後，馬氏被封為貴人。大臣們奏議劉莊立後，太后陰麗華一錘定音：馬貴人德冠後宮，就她了！

由此，沒有生育皇子的她成了漢帝國的皇后。

馬氏雖當了皇后，但其為人越來越低調，不喜聲色犬馬，穿著依舊是素雅得體，不做過多浮誇的裝飾。她喜歡讀書，沒事時便沉浸在《易》、《春秋》、《楚辭》、《周禮》等書籍中。

馬氏的低調儉樸，讓皇帝都有些不自在，外出遊樂，皇帝從來不帶她。

有一次，劉莊的兄弟子姪等諸侯王來洛陽朝覲，劉莊請他們吃飯。酒酣之際，有人提議，今天自家人喝酒團圓，要不把皇后也請過來吧！

劉莊說，皇后不喜歡這些，要是她來了恐怕要掃大家的興。

有一次，馬皇后穿著一身樸素的衣服，別人看見後對她說：「你都是皇后了，怎麼還這樣穿呢？」

馬皇后淡淡答道：「這種布料容易染色，而且染上以後不會掉色，平日裡穿最合適不過了。」

馬皇后對中國歷史還有一項貢獻，她為丈夫劉莊編撰了一部《顯宗起居注》，這是中國歷史上最早專門記錄皇帝日常言行的著作，為後世開創了「起居注」這一新的史書體例，被稱為中國第一位女史家。

西漢有蘇武，東漢有鄭眾

西漢蘇武牧羊的故事流傳了兩千多年，而在東漢也有一位使者，和蘇武一樣大義凜然，寧死不屈，他就是鄭眾。

永平八年（西元六五年），漢帝國派鄭眾出使北匈奴。

鄭眾千里迢迢來到北匈奴王庭，見到了北單于，但匈奴人卻給他來了個下馬威，他們齊聲大喝，要求鄭眾叩拜北單于。

鄭眾一看這架勢，就知道匈奴人想藉機侮辱漢朝。事關國家的尊嚴和榮譽，哪能輕易低頭？他胸脯一挺，振振有詞，我乃大漢天子使節，豈能拜你小小匈奴？

匈奴人拔刀威脅，鄭眾堅決不從，反而把匈奴人怒斥一通。北單于大怒，這是我的地盤，豈能容你撒野！

鄭眾被關進了一個空蕩蕩的帳篷裡，沒有飯吃，也沒有水喝。

他想起了當年蘇武在匈奴的經歷，置身大窖，抓起一把雪同氈毛一起吞下充飢，幾日不死，這才活了下來。

北單于顯然不希望鄭眾渴死餓死，兩天後給他送來了食物，但有一個條件：只要你能向我叩拜，你便能出去。

鄭眾拔出佩刀，大聲說道：「君子不食嗟來之食，志士不飲盜泉之水！我寧肯死於刀下，也絕不會給你們下拜！」

這下輪到匈奴害怕了。如今的形勢是北匈奴有求於東漢，萬一鄭眾有個三長兩短，必將招來漢帝國的報復。

之所以這麼說，是有先例的，漢朝對漢使被截殺十分敏感，當年蘇武滯留匈奴時，就曾對匈奴單于揚言：南越殺漢使者，屠為九郡；宛王殺漢使者，頭懸北闕；北韓殺漢使者，即時誅滅，獨匈奴未耳！

當年蘇武被困匈奴時，最初打算自殺，便是欲令兩國相攻，匈奴之禍從他而始。衛律匆忙將蘇武救下，也是擔心真引發了戰爭，對匈奴人沒半點好處。

而現在，北單于也忌憚這一點，鄭眾的勇武和血性不亞於當年的蘇武，萬一鄭眾真死在了匈奴，自己根本解釋不清，何況他也不想同漢帝國開戰，只是想在氣勢上壓倒對方罷了。

北單于權衡利弊，只好下令解除軟禁，熱情款待鄭眾。宴席之上，北單于轉怒為笑，寬慰鄭眾。為表誠意，北單于還派使者隨同鄭眾返回漢帝國的首都洛陽。

在此期間，鄭眾還打探到一條重要機密，當時南匈奴得知東漢與北匈奴有使者往來，心生仇怨，認為東漢政府靠不住，打算投降北匈奴，於是派人到北匈奴聯繫。

回到洛陽後，鄭眾提了一條建議，朝廷應該派遣大將屯駐南匈奴的居地，以防止南、北匈奴之間祕密往來。

劉莊採納了鄭眾的建議，在南匈奴附近設了「度遼營」與「虎牙營」兩個軍事基地，以監視南匈奴。

與此同時，鄭眾也向劉莊彙報了出使匈奴的成果，但並沒有透漏自己在匈奴寧死不受辱的英雄之舉。

這之後，朝廷準備派使者再次出使匈奴。

鄭眾上書反對，他在奏章中說：「北匈奴之所以要漢帝國派遣使者，是為了離間漢帝國與南匈奴的關係，並且藉此更好地控制西域三十六國。現在北匈奴在西域諸國大肆宣傳，聲稱要與漢帝國和親，這使西域中想要擺脫匈奴、歸附漢室的國家深感絕望。如此一來，南匈奴將人心動搖，烏桓亦有離心矣。南匈奴久居漢地，對帝國的山川地勢瞭如指掌，一旦產生反叛之心，將是帝國的心腹大患。」

但此時的劉莊只想羈縻匈奴，不僅聽不進鄭眾的勸諫，反而點名讓鄭眾再次出使匈奴。

鄭眾不服氣，再次上書：「臣前奉旨出使匈奴，不拜匈奴單于，結果單于派兵扣押臣，今日再度出使，必定再次受辱，臣誠不忍手持漢節向匈奴人叩拜。此行若匈奴再次逼他下拜，會有損東漢國威。」

劉莊仍然聽不進去，逼著他出使。鄭眾沒辦法，只能啟程，但半路上仍然繼續上書皇帝，據理力爭。

這下子，劉莊火了，下令將鄭眾追回來，丟到了廷尉的監獄中。

好在鄭眾運氣好，過了一段時間遇上大赦，鄭眾被釋放，回到了家鄉。

後來，劉莊在接見北匈奴使者時，問到鄭眾與北單于爭執的情形。使者說，匈奴人很佩服鄭眾，他寧死不向單于叩拜，就連蘇武也難以相比！

劉莊聽完感慨不已，派人打聽鄭眾的下落，召回朝內，繼續為國出力。

蘇武持節牧羊，鄭眾拔刀盟誓，兩個人都用自己的方式維護了大漢尊嚴，贏得了對手的尊重與讚賞。

東漢時代楷模——廉范

廉范是大名鼎鼎的趙將廉頗之後，十五歲時，廉范告別母親到礁石，上了一艘船，中途卻遇上了沉船。即將沉沒之際，廉范仍死死抱著父親的骨灰盒，結果一起沉到水中。岸邊的圍觀群眾被他的孝心感動，找了根杆子把他拉出來，倖免於死。

廉范祖父的老部下、蜀郡太守張穆聽聞此事，派人給廉范送了點財物，卻被廉范婉拒。

這之後，廉范被聘到千乘郡太守薛漢的府中，恰逢楚王劉英信奉黃老，與方士來往密切，被人告發為謀逆，連累收捕者達千人，薛漢也因事牽連，下獄處死。

楚王謀反案在當時是皇帝親自督辦的一件大案，薛漢的故人、門生都不敢探視，只有廉范毫不畏懼，前去替薛漢收殮安葬。地方官員將此事上報，劉莊大怒，召廉范入宮。

一見面，劉莊當即斥責廉范：「薛漢與楚王一同密謀，惑亂天下，你身為公職人員，不和朝廷保持一致，反而替罪犯收殮，你可知罪？」

廉范叩頭答道：「臣愚蠢粗魯，認為薛漢等人都已認罪處死，忍不住師生情誼，罪該萬死。」

劉莊怒氣稍息，接著問他：「你是廉頗的後人嗎？和右將軍廉褒、大司馬廉丹可有親戚關係？」

廉范回答：「廉褒是我的曾祖父，廉丹是我的祖父。」

劉莊哼了一聲，難怪你有膽子敢這麼做！

此後劉莊沒有追究廉范的罪責，而廉范也因此出名，被推舉為秀才

（秀才：漢代以來選拔人才的一種察舉科目，這裡是優秀人才的意思，與後代科舉的「秀才」含義不同；東漢人為避劉秀的名諱，改作茂才），之後又升任雲中太守。

這一次，面對匈奴人的大舉進攻，廉范會如何應對呢？

按照舊例，敵人入侵超過五千人，地方官員可以向周邊的郡縣發文書求救。當時，雲中郡的官吏都想趕快發文，向周邊郡縣求救，但廉范不想坐等被救，他要親自上陣殺敵！

他出身軍人世家，祖輩是戰國末期趙國名將廉頗，爺爺是王莽朝將領廉丹，家族傳統不允許他躲在城中當縮頭烏龜。

廉范將全城士卒動員起來，披掛上了一身厚皮甲，親自禦敵。

漢軍雖然甲冑精良，又有強弓勁弩，但匈奴人實在是太多了，經過幾輪衝鋒，匈奴人的陣型仍未被衝散，反而對漢軍漸成合圍之勢。

不能再這樣打了，廉范果斷下令撤離，堅守城池。

怎麼才能擊退匈奴呢？廉范陷入了思索。

夜幕降臨，滿天星辰，廉范望著屋外，忽然靈機一動，計上心頭，找來部將叮囑一番。

不一會兒，守城將士接到通知，每個人自製兩把十字架，三頭都點著火，相當於持六支火炬，然後在城頭來回走動。

和漢軍相峙的匈奴人軍營裡看不真切，只能看到無數閃動的火把來回穿梭，以為漢朝的增援部隊已經入城，急忙收起帳篷準備撤退。

天色微明，群星消失，當初升的朝陽掙扎著躍出雲層時，守城將士看到城外的匈奴人正在陸續撤退。

廉范當機立斷，率兵出擊，匈奴人被打了個措手不及，被斬殺數百人，大家只想搶馬匹跑路，混亂之際踐踏而死的匈奴人超過一千人。

這一戰後，匈奴人再不敢覬覦雲中郡。

班超：投筆從戎正當時

班超從小志向遠大，博覽群書，班超的哥哥班固被召入首都洛陽，擔任校書郎，班超與母親也來到了洛陽。由於生活貧困，班超不得不到處打工，替官府抄寫文書來維持生計。

有一次，一個相士對他說：「你額頭如燕，頸脖如虎，飛翔食肉，這是萬里封侯的相貌啊！」

班超自嘲地笑道：「我現在連溫飽問題都沒解決，怎敢奢望封侯之事？」

閒暇時間，班超喜歡讀書，從《公羊春秋》到《史記》無所不讀，尤其喜歡張騫、傅介子在西域闖蕩的故事。

那是一個昂揚的時代，也是一個激盪的時代。一波波使者以無所畏懼的勇氣，掀翻了騎在頭上的匈奴，他們手持旌節，跨過大漠流沙，帶著華夏第一次走向未知的世界。

透過他們的探索，那些《穆天子傳》、《山海經》裡才存在的傳說國度，一個個的被發現，中亞、波斯、印度，乃至於西海之濱的羅馬，一個廣袤的世界，隨著漢使的腳步，展現在漢人面前！

原來世界那麼大！

這是屬於漢朝的地理大發現，玉門關以西，儼然成了急待探索的「新大陸」！

西域一如大航海時代的新大陸，等待勇者的發現與探索。而去那的人，要麼走上巔峰，要麼葬身大漠。野雲萬里無城郭，雨雪紛紛連大漠，玉門關和陽關以西，是無邊無盡的沙海，是怪石嶙峋的雅丹地貌，是充滿未知的旅途，但同時也盛產宛馬、黃金、香料、琉璃。

自張騫始通西域已過百年，探索和發現的大門，是短暫開放後就此關上？還是讓它變大，成為路，成為帶？

這個問題不難回答。

班超想去西域闖蕩，不只是因為那裡有大把的機會，更是因為在西域，沒有人會在意一個人的過去，只看重能力和勇略！

日復一日，時間在毫無意義的案牘工作中逝去。當初他滿腔熱情來到帝都，以為憑著一身肝膽就能出人頭地，沒想到面臨的卻是比田間更枯燥乏味的案牘生活。

某一日抄書的間隙，班超捏著筆桿空舉半響，猛地抬起手，將毛筆重重拍在案几上！

同事紛紛轉過身來，愕然望向他，只見班超感慨道：「大丈夫無它志略，猶當效張騫、傅介子立功異域，安能久事筆硯間乎！？」

同事們笑他，就憑你？

班超笑了笑，不再說話。他不想尸位素餐一輩子，更何況以他的身分處境，不奮鬥則死！這也退縮那也怕，絕對沒出路。

他有滿肚子韜略想要施展，就差一個機會。

劉炟崇尚儒術文學，很欣賞班固的才華，多次召班固入宮廷侍讀。有一天，劉炟突然心血來潮，問班固：「聽說你們班家三兄妹才華橫溢、博覽群書，你弟弟現在哪裡工作？」

班固答：「班超在為官府抄寫文書，賺錢供養老母。」

劉炟聽到這話，覺得大材小用了，提拔班超做了一名蘭臺令史，掌管奏章和文書。

雖然轉為了在編的文職人員，但這依然不是他的夢想。沒過多久，班超在工作中不知出了什麼紕漏，被開除公職，又成了一介草民。

三十多歲還一事無成，養家餬口都成問題，班超的前半生可謂一塌糊塗。

再一晃，班超已經三十九歲了。

這一年，班超聽到了一個消息，竇固被任為奉車都尉，討伐北匈奴。

班超非常興奮，二話不說告別妻兒，捲起行李就投入竇固軍中。

說起來，班家和竇家還頗有淵源。竇固是竇融的姪子，竇友的兒子，竇融竇友兄弟與班超的父親班彪有舊，在河西地區共患難多年。歸附東漢朝廷後，竇氏開始崛起，班家卻沒能在仕途上取得多大的成就，轉而潛心做學問。

兩家雖然地位懸殊，但也時有走動。班超靠著這層關係，在部隊中混了個代司馬。

由此，班超開啟了人生的下半場。

班超為什麼能憑一己之力降服整個西域？

班超初次出使西域，是在西元七三年。

當時的西域諸國由於各種原因，與東漢帝國斷絕了聯繫，被北匈奴所控制。北匈奴屢次進犯河西諸郡，使得邊地人民不堪其苦。

這一年，奉車都尉竇固等人出兵攻打北匈奴，長期忙於文書工作的班超筆一丟，隨竇固出擊北匈奴，在軍中任假司馬（代理司馬）一職。

班超第一次領兵上陣，殺敵無數。竇固欣賞他的才幹，派他帶三十六人出使西域南道，聯繫西域各國共同對付匈奴。

自此，班超在西域一路勢不可擋，登上了人生巔峰。

班超的第一站是鄯善。鄯善王一開始對班超等人非常熱情，可沒過幾天就冷漠起來，班超推測，一定是北匈奴人來了。

他找來鄯善侍者，出其不意地問：「我知道北匈奴的使者來了好些天了，他們現在住在哪裡？」

侍者被問得猝不及防，只好如實回答。果然如班超所料，有一支匈奴使團到了鄯善。

班超當即扣留了侍者，而後召集部下三十六人，酒過三巡後激勵大家：「不入虎穴，焉得虎子！讓我們和匈奴人決一死戰！」

靠著機警與膽識，他帶著三十六人殺死匈奴使者，震懾了首鼠兩端的鄯善王，使其歸附漢朝。

此次任務完成的十分出色，班超再次出使于闐。

起初于闐王態度頗為冷漠，當時于闐巫風興盛，巫師對於闐王說，漢使有匹好馬，當拿來祭祀天神，于闐王派人前來要馬。

班超一口答應，要巫師自己來牽馬。等巫師一來，班超當即把人殺了，將其首級送給於闐王，同時剖析時局利害。

對於班超在鄯善的鐵腕，于闐王早有耳聞，如今親眼見識了班超的魄力，當即決定重新歸附漢朝。

接著是疏勒。

當時疏勒國實際掌握在龜茲人手中，班超判斷君民不同心，直接抓了疏勒王，另立了一位國王，疏勒國上下彈冠相慶，疏勒也順利歸附漢朝。

漢明帝駕崩後，焉耆國乘漢朝大喪的機會，圍攻西域都護陳睦，將其殺害。班超孤立無援，而龜茲、姑墨等國也屢屢發兵，進攻漢朝屬國疏勒。

班超與疏勒王忠首尾呼應，在盤橐城據守。雖然勢單力孤，但仍堅持了一年多。

西元八七年，班超發兵攻擊一直抗拒漢朝的莎車國，他徵調了西域多國部隊共計二點五萬人，聯軍大獲全勝，莎車國投降。

月氏國想求娶漢朝公主，班超認為這屬於非分之想，嚴詞拒絕。月氏國王大怒，派七萬兵攻擊班超，班超發西域各國兵，逼退了此次進犯。

班超以三十六人起家，在矛盾重重派系林立的西域各國中輾轉騰挪，牢牢掌控西域數十年，幾乎以一己之力捍衛了漢帝國在西域的強勢存在。

《兩都賦》寫了些什麼？

我們都知道，長安是西漢的首都，到了東漢時期，劉秀定洛陽為都，但很多人還是轉不過腦筋，仍然覺得長安才是正牌的首都。

長安由蕭何負責營建，因龍首山制前殿，建北闕，光是未央宮便週迴二十餘里，整個長安城則週迴七十里，小的門闥凡九十五，大的城門有十二座。九州的貨物、西域的胡商常在各市貿易，摩肩接踵，連空氣都泛著香甜。

在老同胞們看來，長安多好啊，朝廷當初就不該建都洛陽，應該遷回長安去。

面對這種議論，班固寫下了《兩都賦》，既描述了長安之美，更稱讚東都洛陽之美。

《兩都賦》分《西都賦》《東都賦》兩篇，合而為一，又獨立成篇。《兩都賦》在結體與手法上學習了司馬相如《子虛賦》《上林賦》的結構方式，班固虛擬了兩個假想人物：長安代表西都賓、洛陽代表東都主人，以這兩個人對話的方式表明了自己的觀點。

有一位長安客向洛陽主人發問：「聽說漢初營建首都，曾有意選擇河洛之濱，後來認為在此地定都並不安寧，因此決定西遷，以長安作為漢京。你可了解此間故事？」

洛陽主人答：「沒有的事。你要想吐露懷舊之蓄念，發思古之幽情，介紹長安的情況給我增長見識，我洗耳恭聽。」

隨後，長安客運用各種鋪陳排比，極力誇耀西都長安的形勢險要、物產富庶、壯麗宏大、宮殿奇偉華美、後宮奢侈等情況，以暗示建都長安的優越性，通篇都是讚美、誇耀之詞。

等長安客發言完畢，洛陽主人喟然長嘆：「風俗確實能影響人的觀念。先生是秦地之人，只知道炫耀壯麗的宮殿，仗恃險固的河山，雖然了解昭襄與始皇，但哪裡知道大漢開國時的光輝燦爛！

大漢開國之時，高祖以布衣登皇位，經過多年苦戰開創了大漢王朝。當此之時，高祖功有橫而當天，討有逆而順民，婁敬提議定都長安，蕭何因山營建宮室，這難道是為了奢侈享樂？全都是形勢所需而不得已。先生非但認識不到這一點，反把後代求仙、奢侈等事炫耀誇讚，豈不是顯得愚闇？我來說說建武、永平時的盛世，改變一下先生的糊塗觀念。」

隨後，洛陽主人比較了長安與洛陽，稱讚洛陽地利、形勢及禮俗之淳厚，建築合於王道。不僅如此，他還從禮法的角度指出，西都的壯麗繁華實為奢淫過度，無益於天下，順帶著把光武帝也誇了一下。

在這場 PK 中，洛陽主人完勝長安客。

漢明帝看完這篇文章，渾身舒坦，對班固更是格外青睞。

也正是這篇賦，為班固贏得了與司馬相如、揚雄及張衡並稱漢賦四大家的美譽，他所開創的京都大賦體制，也直接影響了張衡《二京賦》及西晉左思《三都賦》的創作，還被蕭統《文選》列為第一篇。

滅了北匈奴的竇憲為什麼知名度遠不如霍去病？

西元九一年，竇憲派耿夔、任尚兵出居延，深入五千餘里，在金微山大破北匈奴，登上燕然山封禪，弄了篇封燕然山銘，為長達三百年的漢匈戰爭畫上了一個句號。匈奴人開始了始無前例的民族大遷移，南匈奴附漢，北匈奴西遷。

有人說，竇憲領兵北擊匈奴，使北匈奴兩次大敗，北單于奔逃，下落不明，北匈奴滅國，其功績遠大於衛霍。

霍去病有封狼居胥，竇憲有燕然勒石，竇憲本該和衛青、霍去病一樣名垂史冊，為什麼知名度遠低於衛霍？

原因有兩方面：其一，竇憲兩次北伐儘管戰績顯赫，也具有劃時代的歷史意義，但是與衛青、霍去病的北伐沒有可比性。

要知道，衛霍時的匈奴正處於最強盛時期，匈奴是統一的而非分裂的，漢帝國在勉強存活了七十多年後剛剛有了與匈奴一較高下的實力。

而到東漢竇憲北伐時，匈奴早已衰落，且分裂為南、北兩部。南匈奴早就歸附大漢，故而竇憲的北伐軍只是打擊北匈奴，與衛霍北伐的難度根本不在一個等級。

其次，竇憲在歷史上的知名度遠低於衛霍，還與他自己後來自尋死路有關。

竇憲的個性比較跋扈，從妹妹立為皇后開始，竇氏雞犬升天，竇憲手眼通天，大權在握，到處仗勢欺人，巧取豪奪，最後輪到沁水公主頭上。

沁水公主個性雅靜，氣質文弱，漢明帝非常鍾愛這個女兒，專門為她在沁陽修建了「沁園」，依山傍水，竹林搖曳，以配公主的氣質，後世「沁園春」的詞牌即來源於此。

竇憲倚仗權勢，以低價強買沁園，沁水公主不敢相爭。有一次，漢章帝路過沁園，發現和原來不太一樣，就問竇憲怎麼回事，竇憲支支吾吾，還回頭禁止其他人答話。

漢章帝得知情況後大怒，立即召來竇憲，劈頭蓋臉一通罵：「好好反省一下，你奪公主田園，還唬弄到我的頭上，比趙高指鹿為馬更為厲害？細想起來令人可怕。今天尊貴的公主園林被搶奪，更不要說那些平民百姓了！國家拋棄你竇憲，就像扔雛雞腐鼠一樣容易！」

竇憲嚇了個半死，立即把沁園還給公主並磕頭謝罪，不過章帝也沒有因此處罰竇憲，可見其受寵程度非同一般。

漢和帝繼位後，養母竇太后臨朝聽政，竇憲兄弟更是權勢熏天，結黨營私，甚至聯合自己的黨羽想謀逆造反，最後被漢和帝察覺，一舉粉碎其陰謀，竇憲也被皇帝賜自盡。

觀竇憲的一生，其為人不正，持權貪財，和「匈奴未滅，何以家為」的霍去病相較，根本沒有可比性。

正因為竇憲的道德瑕疵以及最終政治上的失敗，後世對其評價並不是很高，引用東方朔的一句話評價就是：「用之則為虎，不用則為鼠。」

造紙術到底是不是蔡倫的發明？

人類自從發明文字後，其載體始終困擾著文字傳播。聰明的祖先把文字刻在龜殼或者獸骨上，就是甲骨文；把圖畫刻在石頭上，就是巖畫。

在石頭上刻劃，在龜殼上刻字，成本太高，後來人們把字刻在竹簡上，所以才有讀書破萬卷之說。秦始皇勤於政務，每天要閱讀一百二十斤（相當於今天的三十公斤）重的文書；東方朔為了求見漢武帝，一次上書就用了三千片竹簡，漢武帝讀了兩個月才讀完，費時又費力。

既然竹簡太笨重，那就換輕一點的材料吧，於是有了「帛書」。

一九七三年十二月，長沙馬王堆漢墓中出土了一批文物，其中有兩張帛書，比竹簡輕薄多了。然而它也有個大問題，帛是一種絲綢，即使今天，絲綢也是稀罕物，古代就更貴了，普通人可用不起這麼貴重的材料。

蔡倫有感於此事，立志改進技術，製造出更為輕便的材料。

他挑選出樹皮、破麻布、舊漁網等，讓工匠將其切碎剪斷，放在一個大水池中浸泡。過了一段時間後，其中的雜質爛掉了，而纖維不易腐爛，保留了下來。再讓工匠們把浸泡過的原料撈起，放入石臼中，不停地攪拌，直到它們成為漿狀物，然後再用竹篾把這黏乎乎的東西挑起來，待乾燥後揭下來就變成了紙。

元興元年（西元一〇五年），蔡倫上奏漢和帝，獻上了他製造的紙張，和帝誇讚其才能，下令推廣天下。

自此之後，百姓給這種紙張起了一個名字：「蔡侯紙」。

紙張雖然被造出來了，但唐朝以後，有不少人開始對蔡倫發明造紙術提出了異議。

唐朝張懷瓘在《書斷》中說，早在漢朝初年，就已經用紙逐漸代替竹簡做書寫材料了。到東漢和帝年間（西元一〇五年），蔡倫領導皇家作坊裡的工匠，改進和提高了造紙技術。

北宋陳櫄在《負暄野錄》中說，紙張早就有了，蔡倫是能工巧匠不假，但造紙絕非他首創。

南宋史繩祖在《學齋拈畢》中認為，紙筆不始於蔡倫、蒙恬，這兩樣東西在兩人之前就已經有了。

《資治通鑑》中引用毛晃的話說得更加明白：俗以為紙始於蔡倫，非也。

如果說他們的質疑缺乏足夠的證據，那麼後世的考古發現則進一步佐證了這一觀點。

考古發現指出，早在西漢時期，中國已造出了麻質植物纖維紙。一九八六年甘肅天水放馬灘的一個漢墓裡，出土了一張紙，這張紙又薄又軟，紙面平整光滑，上面有墨繪的山、川、路等。據考證，這是西漢早期用麻做的紙，也是目前世界上已知的最早的紙。甘肅敦煌懸泉置遺址也出土了古紙五百五十張，其中西漢紙兩百九十七張，七張西漢紙上有字，成為目前中國考古發掘中發現古紙最多的地方。

由此不難得出結論，蔡倫發明紙的說法並不準確，他只是改進了造紙技術，將其推廣天下。即便蔡倫不是紙張的原創發明人，但他對造紙術的貢獻依然令人肅然起敬。一九七八年，美國學者麥克·哈特鑒於蔡倫對世界的貢獻，在《影響人類歷史進程的 100 名人排行榜》一書中把蔡倫排在第七位。

班固與《漢書》的一波三折

都說天才很早就會閃光，班固也是一樣，他出身儒學世家，其父班彪、伯父班嗣，皆為當時著名學者。在父親及祖父的薰陶下，班固九歲即能屬文，誦詩賦，十六歲入太學，博覽群書，於儒家經典及歷史無不精通。

班彪晚年潛心續寫《史記》，受父親影響，班固也對漢史很感興趣。有一次，著名的無神論者王充到京城洛陽遊學，拜訪班彪，對班固的才能和志向欣賞備至，還當著班彪的面誇道：「這孩子將來一定會在史學上有很深的造詣，未來記錄漢史的一定是他。」

父親逝世後，由於生計困難，班固一家只能從京城洛陽遷回扶風安陵老家居住。回到老家的班固沒有忘記父親的遺願，他要接過父親手中的那支筆，繼續寫完史記。

在此之前，班彪已經完成了一部分史記的續寫工作，但班固在整理父親的手稿時卻覺得，父親寫的稿子內容還不夠詳備，布局也尚待改進。於是，他在父親手稿的基礎上，利用家藏的豐富圖書，正式開始了撰寫《漢書》的生涯，同時尋求出仕的機會。

正當班固全力以赴寫書時，他被人告發了，理由是私修國史。

要知道，私修國史可是大忌，萬一你在裡面加入個人觀點，以個人喜好褒貶前朝皇帝，那還得了？

皇帝下詔逮捕班固，將他關押在京兆獄中，查抄了家中的全部書稿。

班固的弟弟班超擔心班固被官府嚴刑逼供，不能為自己辯白，策馬到宮門上書，向皇帝詳盡講述了班固著述的意圖。

恰在這時，郡守也將班固的書稿送到朝廷，皇帝看完班固的書稿，嘆服他過人的才華，召他到洛陽皇家校書部上班，拜為蘭臺令史。

就這樣，班固順利混上了編制，從私撰國史轉為奉旨修史。

這就等於給了班固一個展示自我的舞臺。班固也不含糊，剛來不久，就和其他同僚一起編寫了《世祖本紀》，記錄了東漢光武帝的事蹟。

漢明帝看後很是讚賞，將班固提升為郎官，負責校對皇家圖書，這給了班固更多接觸官方史料的機會。

受到鼓勵後，班固又陸續寫了光武一朝的君臣事蹟，報漢明帝審閱。明帝看完後表示認可，鼓勵班固繼續寫下去。

歷時二十五年，班固基本上完成了《漢書》，實現了父子兩代人的心願。《漢書》從寫完那天就引發了轟動，學者們爭相閱讀，先睹為快。從完稿那天起，班固和司馬遷被人並稱「班馬」，成為千古良史典範。

班氏一門，祖孫三代都很出色，尤其一部《漢書》，由班彪立基礎，班固完成之，其妹班昭也曾助力，成為千古之良史。

《漢書》與《史記》有何區別？

《史記》是一部通史，上起黃帝下至武帝，記述了三千年的歷史；《漢書》是中國第一部紀傳體斷代史，完整記錄了西漢兩百多年的歷史。

兩部書從誕生之日起，就不可避免地被人拿來作比較。今天我們也來認真比較一下：《漢書》與《史記》到底有何區別？

從文學風格來看，漢代是個辭賦的時代，所以《史記》偏散文，文風磅礴，直抒胸臆；《漢書》則典雅古奧、嚴整醇正、博贍弘麗，這種文風正是在經學的影響下形成的。所以直到唐代，大多數人更偏愛《漢書》。

唐以後，散文漸成正統，大家才開始重視起《史記》來。後來明朝的歸有光及清代的桐城派更是大力推崇，《史記》差不多要淩駕於《漢書》之上了。不難看出，對兩部書的偏好其實也是跟著時代的風尚而轉變的。

晉代張輔偏偏不喜歡《漢書》，他說：「世人論司馬遷、班固之優劣，多以班固為勝，但是司馬遷敘三千年事，只五十萬言，班固敘兩百年事卻有八十萬言。二者相差如此之遠，班固哪裡比得上司馬遷？」

唐代的劉知幾卻認為，《史記》雖然寫了三千年史，詳備的也只有漢興七十多年，前省後煩，未能折中；若讓司馬遷寫《漢書》，恐怕比班固還要繁瑣了。

兩個人的著書目的也不一樣。

司馬遷在《報任安書》中說，自己寫史書是「欲以究天人之際，通古今之變，成一家之言」，希望後來人得以覽焉。反觀班固，他自稱寫史是為了旁貫五經，在他身上更承載著修國史的重任，難以擺脫為皇家著書立作的束縛。

一個是私人修史，一個是奉旨修史，這就使得兩部作品的風格也迥然不同。

司馬遷是大才子，他帶著一種浪漫主義和個人主義的風格來作史，可以無所顧忌直抒胸臆，寫得酣暢淋漓、不拘形跡，豪無腐儒氣息。他的思想雖也歸源於儒家，可卻更像是道家的作風，與後來董仲舒「罷黜百家，獨尊儒術」後的正統的儒家大為不同。

班固是嚴謹的專家學者，年輕時受過正規的儒家教育，思想更為正統，所寫史書也較受限制。《漢書》的思想和風格深受經學的影響，遣詞造句也主動向經學靠攏。

後人翻閱二人所著，亦嘗發出如此感嘆。宋代的程頤就比較過司馬遷和班固兩人文風的不同：「子長著作，微情妙旨，寄之文字蹊徑之外；孟堅之文，情旨盡露於文字蹊徑之中。讀子長文，必越浮言者始得其意，超文字者乃解其宗；班氏文章，亦稱博雅，但一覽之餘，情詞俱盡，此班馬之分也。」

班固雖然學問功底深厚，但囿於經典，被經學所束縛；司馬遷則沒有這麼多束縛，往往肆意馳騁，天馬行空。所以也有人說，《史記》以風神勝，而《漢書》以矩鑊勝。

白虎觀會議聊了些什麼？

中國經學史以東漢最為興盛，光武帝、明帝、章帝等幾位皇帝都對經學十分重視，但當時各個經學派別之間的矛盾很大，互不服氣。

儒家經典都是幾百年前寫的，古文的特點是字少事大。比如孔子作《春秋》，全文只有一萬六千多字，後人要想讀懂他老人家的微言大義，不得不先吃透三本春秋解讀版：《公羊傳》、《穀梁傳》、《左傳》。

五經儘管正文沒多少，但解讀版可能就有十幾種流派，各說各話。舉個例子，光解釋《尚書》中篇名「堯典」二字，有人就用了十餘萬字；解釋「日若稽古」一句話，有用了三萬字的，一般一部經典的註釋都有上百萬字，真是一遍讀罷頭飛雪。

這沒意外的話會對學習造成障礙，同時也會影響朝廷統一思想。怎麼辦？

在這關鍵時刻，有一名叫楊終的大臣提了一條建議：當年宣帝廣泛徵召群儒，在石渠閣商討修訂《五經》。如今天下太平無事，宜效仿石渠閣故事，再次論定經文，以為後世法則。

漢章帝對此事非常重視，召集將、大夫、博士、郎官及諸儒會於白虎觀，議《五經》之同異——這比石渠閣會議的規格可又高出一個等級。

要知道，石渠閣那次參會的只是博士和諸儒，這次連將、大夫、郎官都拉進來了，會議的主持人更厲害——正是章帝本人。

有資格參加這次會議的都是當時的經學名人，如丁鴻、樓望、桓鬱、魏應、李育、張輔、魯恭、召馴、楊終、賈逵、班固等。其中多數屬於今文經學派，也有古文經學派的代表。

這是一場規模巨大的學術研討會，涉及的話題可謂五花八門，比如對號、諡、五行、禮樂、鄉射、辟雍、災變、封禪、巡狩、綱紀、嫁娶、喪服等一系列文化概念作了定義和說明，由朝廷頒行於世，作為對這些概念解釋的標準。

大家甚至還討論規定了男子應該和未滿五十歲的妾同房多少次，真可謂是房事、家事、天下事事事關心。

皇帝本人不在場，由魏應宣讀皇帝的問題，由眾大臣們來討論。淳於恭則把大臣的討論意見再報給章帝，如果章帝同意從大臣們的討論結果，那麼這條議案就算通過，如果章帝不同意討論結果，那章帝就再宣布自己的標準答案。

白虎觀會議把讖緯學說和今文經學混合在一起，使儒學進一步神學化，儒學變成必須信仰的宗教和王朝的國教，成為解釋封建社會一切政治制度和道德觀念的依據。

會議進行了一個月，最後在章帝的主持下，由班固起草形成了一部《白虎議奏》，也稱《白虎通義》。

王充：東漢第一吵架王

王充是東漢唯物主義哲學家，無神論者。他年少時就成了孤兒，鄉里人都稱讚他對母親很孝順，後來到京城進太學學習，拜班彪為師。

由於家境貧寒，王充買不起書，只能去逛洛陽集市上的書店。他有過目不忘的技能，只要看過一遍，就能立刻記住書中內容。靠著這個技能，王充頂著書店老闆的白眼，讀遍了所有能找到的一切書籍。

王充前半生顛沛流離、衣食無著，後來好不容易混了個基層公務員身分。他自知仕途無望，索性辭職回家一心治學寫書。

漢朝人好巫樂道，熱衷於天人感應、讖緯之術，從皇帝到百姓，無不沉迷其中。王充遍閱群書，對古往今來吹牛之風深惡痛絕，決定用一支筆來挑戰整個世俗社會！

王充一生寫了四本書，疾俗情，而作《譏俗》之書；閔人君之政，而作《政務》之書；傷偽書俗文多不實誠，故為《論衡》之書；曆日彌久，以為昔古之事，所言近是，信之入骨，不可自解，故作《實論》之書。

遺憾的是，這四本書中三本早已遺失，只剩了一本《論衡》。

在這部書裡，王充運用老子的樸素自然主義，全面性的批判了漢儒迷信天人感應、讖緯的歪風邪氣，從三皇五帝罵到孔孟聖人，從卜筮看相罵到修仙拜佛，從鬼怪妖神罵到讒臣奸佞！

針對普遍認可的災異天譴之說，他從自然的本質屬性入手，指出天譴並不存在；

針對天人感應之說，王充說，人，物也；物，亦物也，人不能以行感天，天亦不能隨行而應，天與人之間沒有半點關係；

針對善惡報應之說，他指出，人死血脈竭，竭而精氣滅，滅而形體朽，朽而成灰土，哪有什麼鬼？從根本上否定了鬼的存在；

面對盛行的章句之儒，他明確提出，能說一經者為儒生，博覽古今者為通人，採掇傳書以上書奏記者為文人，能精思著文連結篇章者為鴻儒。如果要在這其中做個比較，儒生過俗人，通人勝儒生，文人逾通人，鴻儒超文人。所以文人貴在博而通，知古不知今是蠢材，知今不知古是庸人。

除了和那些腐儒吵，王充還跟儒家先聖孔子和孟子吵起來，寫下了《刺孟》、《問孔》，可謂石破天驚。

由於王充的這本《論衡》挑戰了漢代的儒家正統思想，因而被視為「異書」，受到當時統治者的攻擊和禁錮。但他獨特的人生觀和哲學觀在當時猶如一道閃電，刺破了沉悶晦暗的學術天空，影響了後世無數人。

不知變通的蓋寬饒

蓋寬饒是儒士出身，因為通曉儒經而被舉薦，劉詢一眼看出蓋寬饒嚴於律人的特長，把他召到京城做了諫大夫。

這位先生他恪守禮儀到了偏執的程度，不管誰人違禮，立刻彈劾。凡是不合儒經的事他都要管，凡是不按儒經行事的人他都要整治，性情和名字截然相反。

有一天，陽都侯張彭祖過甘泉殿門沒有下車，身為諫大夫的蓋寬饒知道以後，立即彈劾，順便把張彭祖的父親張安世也被牽連了。好在劉詢沒有懲罰張彭祖，對蓋寬饒也信賴有加。

不久之後，蓋寬饒升為司隸校尉，他刺舉無所迴避，公卿貴戚及郡國吏至長安者，皆恐懼莫敢犯禁，長安風氣為之一清。

漢宣帝的岳父、平恩侯許廣漢搬新家，從丞相、御史、將軍、中二千石等官員都來恭賀，但蓋寬饒硬是不去。直到許廣漢親自登門拜訪，蓋寬饒這才去。

筵席熱鬧非凡，許廣漢一一親自酌酒，不敢倨傲。輪到蓋寬饒時，這位司隸校尉坐在案後，用手將耳杯一罩，拒絕飲酒。

許廣漢還要敬酒，蓋寬饒搖搖頭，說了一句很掃興的話：「別給我倒酒，我一旦喝了酒便要發狂，恐會惹得許伯不快。」

一旁的魏相大笑著給蓋寬饒解圍：「次公醒著時就有些發狂，哪裡一定要喝酒呢？還是喝了吧。」

本以為他會跟著魏相的臺階下，結果蓋寬饒堅持不喝酒，場面一度非常尷尬。

飲至酒酣時，伴隨著樂曲響起，跳舞的時間到了。長信少府檀長卿率先起身，在庭中舞蹈起來，結果越跳越不像話，最後跳起了民間醉翁常跳的「沐猴舞」。

看到這滑稽庸俗的一幕，眾人樂不可支，唯獨蓋寬饒滿臉慍色，仰頭看著平恩侯府這裝飾華麗的廳堂，長嘆道：「真漂亮啊！可惜富貴無常，轉眼之間就會物是人非，換了主人，和傳舍逆旅有何區別呢？」

說完離席而去，上書彈劾檀長卿學猴子跳舞，失禮不敬。

這件事讓漢宣帝很是不爽，許廣漢親自賠罪，這事情才算過去。

眼見皇帝開始重用宦官弘恭、石顯等宦官，蓋寬饒又坐不住了，他再次上書，堅決反對用宦官執政。不過劉詢對自己駕馭臣下的霸道頗為自信，對他的勸告很是不爽，下令逮捕蓋寬饒，還讓中二千石官員討論這封奏疏。

蓋寬饒不願辱於獄吏，在未央宮北闕下拔刀自殺。

鄧綏：東漢版「甄嬛傳」

西元一零五年，二十七歲的漢和帝劉肇去世，接替他掌管這個帝國的，是二十五歲的皇后鄧綏。

鄧綏堪稱東漢第一女強人，她在宮中的經歷，就是妥妥的東漢版「甄嬛傳」。

鄧綏出身豪門，爺爺鄧禹曾經與劉秀一起打天下，是雲臺二十八將之首。鄧綏的母親來頭更大，是陰麗華的姪女。

鄧綏的奶奶很疼愛她，有一次，奶奶親自為孫女剪頭髮，結果頭髮沒剪好，額頭還被奶奶的剪刀刺傷了。聰明懂事的鄧綏一聲不吭，臉上還露出高興的表情。

頭髮剪完後，侍女心疼地問她：「你不怕痛嗎？」

鄧綏答：「我不是不痛，太夫人憐愛我，親自為我剪髮，我不忍讓老人難過，所以忍著不哭。」

這一年，鄧綏五歲。

十六歲那年，鄧綏入掖庭為貴人，她的美驚動了整個後宮，連陰皇后也自愧不如。但她沒有因自己的美貌而沾沾自喜，一言一行都格外小心。其他妃嬪都在絞盡腦汁地邀寵，每有宴會，一個個打扮得花枝招展，只有鄧綏穿著樸素，清雅脫俗。

她從來不爭風吃醋，對其他嬪妃親切友好，對宮人克己體下，常常施予恩惠。

鄧綏生病，皇帝劉肇特許她的家人入宮探望照顧，且不限時日，卻被鄧綏拒絕：「宮中乃是禁地，至關重要，妾的母親兄弟都是外人，不宜久留宮禁之地，否則陛下會有偏袒之嫌，對我也會有不知足的誹謗，妾不能這樣做啊！」

看著病中的鄧貴人如此懂事，劉肇很是心疼：「別人都以經常能到禁宮走走為榮，而你卻反以為憂慮，寧願自己吃虧也不願意壞了規矩，真是難能可貴啊！」

對待陰皇后，鄧綏更是謙恭謹慎。每次面見陰皇后，她都一直彎曲膝蓋，低眉順目；與陰皇后一起見皇帝，她從不正坐，而是站立一旁；偶爾與陰皇后撞衫，她都會立即更換。皇帝每有垂問，鄧綏都表現出遲疑的樣子，絕不在陰皇后面前出風頭。

劉肇了解鄧綏的良苦用心，感嘆道：「修身進德，竟是這樣的艱難嗎？」

然而在善妒的陰皇后看來，鄧綏的謙卑全是演戲，對她心裡懷恨。陰皇后每次想找碴整治她，可鄧綏笑臉相迎，陰皇后無計可施。

和帝病重，陰皇后沒表現出難過憂慮，反而很興奮。她對身邊人說，等我掌了權柄，一定將鄧家人斬草除根！

話傳到鄧綏耳朵裡，她絕望地大哭道：「我無論怎樣侍奉陰皇后，陰皇后都對我有偏見，我唯有一死，上以報陛下的恩寵，中以解除我鄧氏宗族的災禍，下不讓陰皇后蒙受將我弄成人彘的譏諷！」

死是死不了的，旁邊的宮人趕快攔住了她。就在這時，外面有人進來通報，說皇帝的病好了。

鄧綏信以為真，打消了自殺的念頭。第二天，劉肇的病果真好了。

緊接著，有人向劉肇密報，陰皇后與其外祖母多次在後宮密謀，以巫蠱之術害人。

巫蠱是漢朝歷代皇帝的逆鱗，誰碰誰死。大病初癒的劉肇怒火中燒，立即下詔，派中常侍張慎與尚書陳褒仔細拷問檢查，果真搜到了一堆證據。劉肇大怒，廢黜其皇后之位，將其打入桐宮，家屬被流放外地。

而後，劉肇提議立她為后，鄧綏再三推辭，深閉宮門，稱病不出。在大臣們一致上書和和帝的堅持下，二十二歲的鄧綏被立皇后，穩穩地從女配角晉級成女主角，完成了人生的逆襲。

要不是他據理力爭，東漢早就拋棄涼州了

西元一一〇年，東漢朝堂上正在舉行一場激烈的辯論，辯論的焦點只有一個：是否要放棄涼州。

涼州，古稱雍涼之地，位於今天河西走廊一帶，是絲綢之路的要衝，是一塊策略價值重大的經濟、軍事重點。為什麼東漢朝廷要放棄涼州？

當時的涼州附近以羌人居多，但漢朝內並沒有把他們當人看，認為他們不過是一群廉價勞動力而已。羌人在沉重的壓迫之下，心中充滿了憤恨，自從東漢建立始，羌人就不斷地發動暴亂，而且一次比一次猛烈。

漢安帝時，涼州羌人再次暴亂，并州的南匈奴也趁勢作亂，朝廷無力應對，於是一些人便提出要放棄涼州，遷徙當地人民於三輔，以此來收縮防線，減少戰爭開支。

事實上，放棄涼州的說法從東漢建國就有了，後來馬援率兵平定了當地的羌人叛亂，總算穩固了東漢對於涼州的統治。漢安帝時，羌人的叛亂加劇，放棄涼州的說法又出來了。

當朝國舅鄧騭提議放棄涼州，他認為現在國家多難，南匈奴和羌人同時作亂，漢朝無力同時解決這些問題，只能集中力量一個個的來。為了說服眾人，他還打了個比方：「這好比兩件衣服都破了，用其中一件去補另一件，這樣還可以有一件衣服，如若不然，則兩件衣服都不能穿了。」

公卿大臣們也想不出更好的辦法，紛紛附和鄧騭的意見。

關鍵時刻，一個猛將挺身而出，制止了此事。

這個猛將叫虞詡，他找到當時的太尉張禹，向他面陳「棄涼」計畫的「三不可取」：

第一，涼州是先人打下的領土，決不能輕易放棄；

第二，如果涼州丟了，關中三輔就成了前線，如果吃了敗仗，是不是連三輔都要放棄；

第三，涼州人彪悍敢戰，強迫他們放棄故土，豈不是逼他們造反。到時候，這些人和羌人一起造反，朝廷怎麼辦？

張禹聽得脊梁發涼，向虞詡虛心請教：「是我們欠缺考慮，如果不是你提醒，幾乎要壞了大事。你覺得該如何應對？」

虞詡道：「現在涼州騷動，人心不安。為了防止涼州由於動盪不安而發生變故，應該下令四府九卿，從涼州的豪傑和官吏子弟中選拔人才到洛陽做官，表面上是朝廷對他們表示嘉獎，實際上是監視他們，以防非常之變。只要他們有抵抗的決心，足以消彌邊患。」

張禹趕快聯合司空張敏一起，召開第二次全體代表會議。在朝會上，張禹和主張「棄涼」的鄧騭發生了激烈的爭執，不過「保涼」派最後還是占了上風。

為了保住涼州，朝廷採取了籠絡涼州本地人的政策，以「涼州人守涼州之土」，與明朝以「遼人守遼土」頗有異曲同工之妙。

主管故意刁難我？不怕！

東漢安帝時，羌胡作亂，邊境緊張，并州和涼州兩地同時陷入危機。時任大將軍鄧騭認為朝廷軍力有限，不如放棄涼州。好在虞詡據理力爭，說服了張禹，為大漢保住了大西北。

虞詡在涼州問題上立了大功，卻也得罪了一位大主管 —— 鄧太后的親哥哥，大將軍鄧騭。

正好朝歌縣的叛匪寧季等數千人殺官造反，聚眾作亂連年，把朝歌這個地方弄得雞犬不寧。鄧騭瞅準機會，極力推薦虞詡到朝歌任職。

聰明人都看出來了，這分明是要把虞詡往火坑裡推啊！

親朋好友得知消息，紛紛對虞詡表達同情和擔憂：「兄弟你太不走運了，竟然被安排去朝歌。」

不料虞詡卻哈哈大笑，道：「志不求易，事不避難，這是做臣子的本職，不遇盤根錯節，怎麼辨識利器？」

到了朝歌，虞詡並不急著上任，而是先去拜訪河內太守馬稜。

馬稜問他：「你一個儒生，不在朝中任職，怎麼被安排到朝歌這麼混亂的地方來了？」

虞詡答：「剛受命那天，京城中不少官員都跟你一樣來安慰我，好像我此去必死無疑。其實在我看來，叛賊不過是些目光短淺的無能之輩，我虞詡根本沒把他們放在眼裡。」

馬稜被逗笑了，無能之輩？你倒是說說看。

虞詡淡然答道：「你想想看，朝歌位於韓、魏交界之處，背靠太行山，面臨黃河，離敖倉不過百里，青州、冀州流亡到這裡的有幾萬人。叛賊不知占敖倉、據成皋，劫庫兵，守城喊，開倉放糧，招兵買馬，截斷天下右手，這就足以說明他們是些草包白痴，不足為慮。」

馬稜一拍大腿，高手啊，一眼就看出了問題的關鍵！你接下來準備怎麼做？

虞詡答：「如今叛賊勢力正盛，不好正面交鋒。兵不厭詐，希望您多給兵馬，我自有籌劃。」

隨後，虞詡先招募了一幫劣跡斑斑的地痞流氓，有打家劫舍的，有聚眾鬥毆的，也有東遛西逛的無業遊民，總計上百人。他給這些有犯罪前科的人擺了一桌酒席，宣布免除他們的罪責，然後讓他們伺機加入叛軍中，引誘他們劫掠，並設伏兵見機行事，趁機斬殺叛賊數百人。

這之後，虞詡又派會縫紉的貧民為叛賊縫製衣物，將紅色的絲線縫在衣襟上作為標記，只要叛賊出門上街，官兵立即動手，一抓一個準。叛賊們個個人心惶惶，以為有神靈在幫助官府，一個個四散而去。

很快，叛賊團體被消滅，朝歌恢復昔日安寧。原本是一次有意刁難，沒想到卻成了虞詡展現實力的機會，他也因此升任懷縣縣令。

孫臏：我人多減灶，虞詡：我人少增灶

為將帥者不可墨守成規，需要因時因地制宜，靈活變通，才有可能取得勝利。

西元前三百四十一年，魏國聯合趙國攻打韓國，韓國向齊國告急。齊國以田忌、田嬰為將，孫臏為軍師，出兵救韓。

這次援韓，孫臏用「圍魏救趙」之法，揮師直趨魏都大梁。當時正率軍攻打韓國的魏將龐涓聞報，急忙回師大梁，欲與國內守兵前後夾擊齊軍。孫臏見魏軍回師，便避其鋒芒，自大梁一路後撤。

齊軍後撤時不走大道，專挑崎嶇小路而行。孫臏命士兵大造鍋臺，點火燻燒，然後逐日遞減，第一天造十萬灶，第二天造五萬灶，第三天減為三萬。

龐涓見狀，誤以為齊軍怯戰，軍士逃亡過半，輕車簡從，只帶部分精兵連夜追趕。哪知孫臏早在地形複雜的馬陵道布下了伏兵。魏軍一到，伏兵齊出，魏兵全軍覆沒，龐涓計窮自殺。

孫臏以減灶計迷惑魏軍，從而達到了隱藏齊軍兵力的目的，東漢時的虞詡卻反其道而行之。

那一年，虞詡到羌亂嚴重的武都郡任太守。羌人聽聞虞詡要上任，聚集了數千人堵在路上，虞詡只好在陳倉附近停下來。

當時虞詡身邊只帶了一些護送的兵卒，人數遠少於羌人，硬拚一定不是對手。虞詡讓手下人散布消息：「太守已向京師上書請求增援，待援兵到後再向武都出發。」

羌人聽到這個消息，以為虞詡因為兵少膽怯，暫時不敢過陳倉，於是分兵到附近的州縣去搶掠。

虞詡趁著羌族部隊分散的良機一路狂奔，羌人得知自己被唬弄了，在後方緊追不捨。過了陳倉，虞詡讓隨從將士做飯時每人挖兩個灶。每過一天，增加一倍，並且以每天兩百里的速度急速行進。

有人問虞詡：「過去孫臏減灶，而您卻增灶，這是什麼緣故？再說，兵法上說，每日行軍，不能超過三十里，以防疲憊。如今您卻帶領我們日行兩百里，這又是為何？」

虞詡解釋道：「孫臏減灶，是為了使敵人誤判他的兵力少，勇於率少量部隊追擊齊軍。我們人少，每天增灶，是為了使羌兵誤認為我們兵力多，不敢急速追擊。形勢不同，做法也應該不同。敵人眾多，我們兵少，如果行軍緩慢，就會被他們追上。」

果然如虞詡所料，追擊的羌人發現虞詡的軍隊駐過的地方灶坑逐日增多，以為漢朝援兵已經來了，不敢追得太急，虞詡和隨從這才順利到達武都郡。

徹底弄死匈奴的東漢為什麼搞不定羌人叛亂？

熟悉歷史的都知道，羌亂是東漢覆亡的重要原因。東漢時，北匈奴被漢軍徹底打敗，羌亂反而成了東漢政府最為頭痛的問題。

終東漢一朝，「羌亂」如一根堅硬的骨頭，卡在東漢帝國的喉嚨裡，嚥不下、吐不出，並最終導致疲於應付的東漢王朝在群雄逐鹿中走向覆亡。

要知道，羌人部落在組織結構和武器裝備上不但遠遠落後於東漢，連匈奴人都遠遠不如。他們一開始騎兵叛亂時，連基本的武器鎧甲都沒有，只能操起木棍作兵器，扛起桌板當盾牌。

更何況，羌人種姓極其繁多，上百大種、幾千小落各不統屬，十分混亂，內部仇殺爭端嚴重，異種如仇讎。這樣的一盤散沙，為何每次戰敗，卻仍能繼續向東發展，不但遍布涼州，涉足三輔？

實際上，羌人之所以能成為東漢帝國的心腹大患，其主要原因只有兩個字：內遷。

羌人以畜牧為主業，他們部落眾多，居無常所，強弱不一，沒有統一的首領，為了爭奪地盤，幾代人相互掠奪仇殺，還曾依附於強大的匈奴。

霍去病奪取河西後，一部分西羌部落被驅趕出河西，湧入河湟谷地。幾十萬人擠在那狹小地域裡，為了求生存，有的羌人選擇繼續遠遷，有的羌人決定拼一把，從漢朝口中奪食，雙方在河湟谷地摩擦衝突不斷。

將投降的蠻夷內遷，朝廷可謂是得心應手。當年漢景帝就做過這件事，朝廷接納羌人研種留何，安置於隴西河谷牧草之地，以為內屬。

這樣做的好處顯而易見，天水、安定、上郡等地條件艱苦，地多人少，三輔關東之人可不想去那裡吃沙子，朝廷乾脆把羌人遷進來，這樣既能削弱邊郡羌人，穩定河湟局勢，還能充實當地人口，增加傜役賦稅，簡直就是一舉多得。

嘗到甜頭後，朝廷遂視內遷為解決邊患的靈丹妙藥，在對付邊境反叛、投降的異族部落時，一言不合就是幫你搬家。

殊不知，禍根已經埋下。

羌人由於部落散亂，武器低劣，很難攻破漢朝的邊塞。而如今，朝廷大力招安搬遷，幫他們過了這個坎，將羌人引入內地邊郡。透過這種強制遷徙，自古生活在河湟谷地的羌人在反叛前夕就已廣泛分布於隴右、益州、河西、河內，並深入三輔、河東。

這就等於將外患變為內亂，為後來的叛亂鋪平了道路。

對於羌人而言，朝廷胡亂強遷顯然非羌人之願。他們丟下自己的牧場，舉族搬遷，沿途還要遭到漢人官吏的欺壓虐待，到了地方後與漢人習俗不同，語言不通，生計沒著落，只能淪為漢人的奴隸。羌人自是滿心怨恨，雙方矛盾日漸加深。

等到時機恰當，羌人首領登高振臂一呼，被奴役壓迫的羌人百姓便會群起響應，引發一場反叛，與漢人的破產平民合流後，更加壯大。

羌人種姓雖然極其繁多，且互相多有仇怨，但在面對漢朝這個共同的敵人時，往往能暫時放下仇怨，互為呼應，結果便是一羌反，眾羌反。加之沒有關隘阻攔，羌人便能迅速東進，使得五州殘破，六郡削跡，糜爛中原。

到了漢末魏晉時就更誇張了，由於三國亂戰，中原人口銳減，土地空虛。為了充實內郡，朝廷不但遷羌人，匈奴、羯人、鮮卑、烏桓也紛紛內遷，結果外族人口占了關中人口的一半。

當時有個叫江統的寫了篇《徙戎論》，歷數了內遷的種種壞處，並發出了預言：再不將羌胡遷回老家，恐怕就要有大禍發生了！

果然不出幾年，五胡亂華開始了。

一代賢后為何淪落為權力的奴隸？

經過漫長的七年，東漢王朝漢和帝的皇后鄧綏終於在宮門遊戲中完美通關，她取代陰皇后，穩穩地從女配角晉級成女主角。

歷史上的她是賢德后妃，然而她臨朝稱制十六年，把權力抓在手裡，不願還政於劉氏，一代賢后最終也淪落為權力的奴隸。

曾經的鄧綏出身名門，顏值出眾，聰明賢淑，小小年紀就已經是受譽無數。入宮後，鄧綏后低調與隱忍一路逆襲，取代陰皇后成為後宮之主。四年後，劉肇突然離世，帝國的重任落在了二十五歲的鄧綏身上。

她意識到這是個千載難逢的機會，透過一連串手段，兩次扶立天子，將權力牢牢攥在自己手裡。

浸淫在權力中的人，就像置身於磁力場的鐵塊，不管你有多不甘心、多麼疼痛，終究逃避不了被磁化的命運。在掌握了最高權力後，鄧綏終其一生，再也沒有鬆手。

這使得朝中一些大臣對她很是不滿，比如郎中杜根。他和幾個郎官聯名上書，說小皇帝已經長大了，太后該歸政了。鄧綏大怒，逮捕了杜根等人，下令用白袋子裝著，在大殿上活活打死。

執法官大概比較敬佩杜根，悄悄告訴行刑人打的時候不要太用力，打完用車將杜根接出城，杜根得以甦醒過來。鄧綏不放心，專門派人檢查杜根的屍體，看他死透了沒有。杜根就躺在那裡裝死，硬是躺了好幾天，眼睛裡都生了蛆，總算矇混過關，跑到宜城山裡做了一個酒保。直到十多年後，鄧氏一族被連根拔除，杜根才重新出山。

後世譚嗣同寫過一首《獄中題壁》，以鄧綏專權險殺杜根之事影射慈禧太后：

「望門投止思張儉，忍死須臾待杜根；我自橫刀向天笑，去留肝膽兩崑崙。」

不只是朝臣，太后的弟弟、越騎校尉鄧康也對她的專權頗為不滿。自古以來，皇后專權有幾個能落得善終？

鄧康怕鄧氏家族被鄧綏牽連，得一個外戚干政的汙名，最後被滿門抄斬，多次諫勸鄧綏還政。兄妹兩個在長樂宮爭得面紅耳赤，一度還吵了起來。

鄧康見她一意孤行，索性請了病假。鄧綏派宮人去探望，宮人自以為年紀大、在宮裡時間長，自報「中大人」。

鄧康一看，原來是自己府第送入宮廷的奴婢，居然敢自報「中大人」，頓時火冒千丈，將她痛罵一頓。

宮人回到鄧綏跟前，說鄧康裝病，而且出言不遜。鄧綏隨後就免去了鄧康的官職，遣送歸國，將其從鄧氏族譜裡除名。

接連兩位朝臣遭了殃，皇帝劉祜也被嚇了一跳，不敢再提歸政之事。

鄧綏死後，終於親政的安帝立即發動反攻倒算，著手清理鄧氏門戶。安帝以鄧后久不歸政有廢置意圖為由，對鄧氏家族大開殺戒，而這一切早被鄧康預料到了。

如果「辱母殺人案」發生在東漢

親情和法律迎頭相撞時，到底哪個要勝出，這是從古至今始終搞不清楚的問題。

東漢有個酷吏叫陽球，從小習武，性情嚴厲，好刑法之學。有一次，當地一個郡吏辱罵他的母親，陽球一怒之下集結了幾十個少年，追上門砍了那名郡吏，滅其家門，由此聞名全郡。

可結果呢？官府不僅沒有追究他的責任，反而將其舉為孝廉，陽球由此步入仕途。

很多人不理解，陽球滅其滿門，這是典型的犯罪啊，證據確鑿、事實清楚，為何沒有受到法律的制裁，反而被官府提拔？

要說清這個事，不得不提到一個詞：血親復仇。簡單來說就是，如果有一天自己的親人被仇人殺害，自己該不該復仇？

關於血親復仇，中國自古以來就有傳統。五經之一的《禮記》有這樣的記載：「父之讎，弗與共戴天；兄弟之讎，不反兵；交遊之讎，不同國。」

簡單來說就是，殺父之仇不共戴天，不能和仇人活在同一片天空下，不是你死就是我死；殺兄弟之仇，如果在路上碰到仇人了，別等回家拿兵器再報仇，手上有什麼就抄什麼往前上；殺害朋友之仇，那就別和仇人住在同一個地方。

西周時，朝廷司寇處有一個叫「朝士」的機構，如果自己的父兄為人所殺，就可以到這個機構登記仇人的姓名，然後就可以殺死仇人無罪。

《公羊傳》中說：「九世猶可以復仇乎？雖百世可也。」血親之仇過了九世能不能報呢？別說九世，過了百世都要報！

這就是當時的觀念，能報血親之仇，在儒家看來是大忠義，也是自己義不容辭的責任。孝親的觀念深植於每個人心中，無論孔孟還是墨子游俠，都認為為血親父母復仇是理所當然。

春秋戰國時期，血親復仇之風盛熾，出現過許多蕩氣迴腸的復仇故事，著名的有如伍子胥鞭屍、夫差為父雪恥等。血親復仇在當時的社會文化氛圍渲染下帶有天然的正義性，復仇者往往被視為有俠義之氣的英雄。

然而法家對這一行為很是看不慣，商鞅變法中，一條很重要的內容就是不許私人鬥毆，要使國民「勇於公戰，怯於私鬥」。

但到了東漢，朝廷對於血親復仇開始態度曖昧，有時禁止，有時放縱。對血親復仇認帳吧，朝廷法度顏面何存？不認帳吧，朝廷提倡的孝道往哪裡安放？

唐宋後的法律開始禁止私人復仇，但也兼顧了禮與法，方式較為靈活。比如元律有規定，為父報仇而殺人者，不僅無罪，且殺父之家需賠償五十兩。明、清亦有所變通，如《大清律例》規定，若祖父母、父母為人所殺，即時復仇者無罪。

當然，我們現在不提倡血親復仇了，社會主義核心價值觀中就有「法治」，再大的仇恨，也得服從與法律，由法律來主持公道。

東漢官場模範，七十歲高齡卻被逼自盡

西元一二四年，洛陽城外的幾陽亭。

夕陽殘照下，一位七旬老者坐在亭中，凝望著天邊絢麗的落日餘暉。他身後站著一群人，臉上皆是悲戚和不捨。

老者轉過身，對子孫、門徒們說道：「死亡是常有的事，但我蒙受皇恩身居高位，痛恨奸臣卻不能將他們繩之以法，厭惡外戚宦官傾亂而不能加以禁止，還有什麼面目苟活於世？我死之後，以雜木為棺，被子只要能蓋住遺體就行，不必歸葬祖墳，不設祭祠。」

言畢，老者端起毒酒一飲而盡，高大的身軀漸漸癱倒在暮色哽咽之中。

東漢最正直最清白的官員被逼死了，這一切還要從頭說起。

楊震少年時即好學，通曉經術，博覽群書，當時的儒生們都稱他為「關西孔子楊伯起」。他在老家教生授徒二十多年，面對州郡官府的延聘徵召，一概謝絕。後來有冠雀銜了三條鱣魚，飛棲在講堂前，主講人拿著魚說：「蛇鱣是卿大夫衣服的象徵，三是表示三臺的意思，先生怕是從此要高升了。」

直到五十歲時，楊震才正式出仕，在大將軍鄧騭的提攜下一路攀升，接連出任荊州刺史和東萊太守。

前往東萊郡的路上，途經昌邑，楊震先前舉薦的王密時任昌邑縣令。為了感謝楊震當年的舉薦之恩，王密揣著十斤金深夜登門，送給楊震作為報答。

楊震大怒：「老友知你，你為何不知老友，還要做出這樣的舉動？」

王密訕訕笑道：「現在是晚上，沒有人知道。」

楊震憤然道：「天知、地知、我知、你知，怎能說沒有人知道？」

王密被弄得面紅耳赤，大為羞愧，只好揣著黃金走了。

這就是流傳千古的「暮夜卻金」的故事，楊震也因此被稱之為「四知先生」。

楊震眼睛裡容不下沙子，進入官場後，他火力全開，遇到誰就罵誰。王奶媽和太監玩伴胡作非為，他上書開罵；王奶媽的女婿想封侯加薪，他上書阻攔；皇后的哥哥求官，他拒絕簽字；大太監李閏的哥哥求官，他堅決不准。

就這樣，楊震將當朝勢力全都得罪完了。他明知自己活成孤家寡人，卻還要堅持給皇帝提建議。

君子往往鬥不過小人，並不是輸於智商或者迂腐，而是小人們慣用的下三濫手段，君子即便熟悉也恥於使用。皇帝雖然知道楊震正直，但有事沒事就被這老頭數落一頓，心裡也是很不爽，索性將其罷免。

楊震被沒收了太尉印綬，緊閉門戶不見賓客。樊豐等人不肯放過，誣陷楊震不服罪，心懷怨恨，皇帝於是下令將楊震遣回老家。

懷著滿腔怨憤，楊震在洛陽城郊外飲鴆而死，時年七十餘歲。

楊震之死是悲壯的，他的死震驚了朝野，也使他的子孫後代刻骨銘心。一年後，安帝去世，順帝繼位，樊豐等人被殺，楊震的冤案才得以昭雪。

感動了刺客的讀書人

專橫跋扈幾乎是東漢外戚的共同標籤，可是被皇帝欽賜為「跋扈將軍」的，唯有梁冀一人。

自從父親去世後，梁冀更加張揚，他充分放縱自己的流氓天性，貪財、奢侈、淫亂、弄權、霸道、濫殺，他一個人幾乎占盡了所有的負面詞彙，簡直就是五毒俱全。

梁冀有個朋友，是當時的著名文學家崔琦，他見梁冀做事太過分，常常拿那些古今成敗的例子來勸，沒水準的梁冀當然不可能聽得進去。崔琦不死心，又寫了一篇《外戚箴》，勸梁冀少行不法。

梁冀未加理會，崔琦又寫了篇散文《白鵠賦》，繼續對梁冀進行諷諫。

崔琦是既老實又忠誠，他是真心對待梁冀，所以才不厭其煩講那麼多大道理，希望梁冀能懸崖勒馬，可他高估了梁冀的道德水平。

他的忠心與囉嗦，反而惹惱了梁冀，梁冀叫來崔琦問道：「天底下有過錯的人那麼多，朝廷百官人人都這樣做，難道只有我最壞？你為何獨獨針對我一個，這樣諷刺我？」

崔琦答：「昔日管仲做齊國的宰相，願聽勸諫的話；蕭何輔佐漢高祖，設立了記錄過失的官吏。如今將軍身居高位，和伊尹、周公一樣責任重大，可卻沒有聽聞將軍有任何德政，只有生靈塗炭。將軍不但不結交忠貞賢良，反而想要堵塞眾人的嘴，蒙蔽陛下耳目，是打算讓天地變色，學趙高那樣讓天下人都指鹿為馬嗎？」

這一番反駁讓梁冀無言以對，他害怕崔琦老是提反對意見，找了個藉口將崔琦打發回家。

崔琦發配原籍後，杳無音訊，江湖上也沒再傳出他不利梁冀的言論。梁冀以為經歷了這段磨難，崔琦變得「懂事」了，不會再反對自己了，又產生了收買之心。

他建議皇帝授予崔琦臨濟長的官職，不料崔琦依然不改本性，對梁冀給的官堅辭不受。

這樣明目張膽的「非暴力不合作」終於讓梁冀明白，崔琦是不可能被他收買的。為了防備他寫文章揭露自己的暴行，梁冀決定殺人滅口，派了一名刺客去刺殺崔琦。

刺客接到任務不敢怠慢，千里迢迢來到崔琦的老家，卻看到了令他極為震撼的一幕：炎炎烈日下，崔琦和普通老農一樣，正在田裡揮鋤勞作，只是懷中比別人多了一卷書。累了就坐在田壟間，開啟書卷俯仰吟詠，一副怡然自得之態。

看到這一幕，刺客的內心非常感動，他把實情告訴了崔琦：「梁冀派我來殺您，今日見您是個賢人，我不忍下手，您趕快逃，我也要亡命天涯了。」

崔琦因此得以逃脫，但最終還是被梁冀抓到，丟了性命。

梁冀究竟有多跋扈？

如果要評歷史上的大惡人，梁冀算得上東漢朝貨真價實的首惡了。惡人還不可怕，怕就怕在既惡還坐在官位上，且把持朝政近二十年。

本著把權力用盡、把壞事做絕的原則，梁冀命爪牙蒐羅登記各地富戶，在歷史上鼓搗出了首份財富榜。然後他隨意編造一個罪名，把這些富戶抓起來百般折磨，再讓其家人出重金贖回。

永昌太守劉君世為了巴結梁冀，特地鑄了一條金蛇，只因被人告發而金蛇充公，梁冀終日怏怏不樂。

全國首富孫奮，更是梁冀眼中的搖錢樹，他看上了孫奮的家產，送去了四匹馬，張口就要借錢五千萬。孫奮打死不肯，他豈不知這是有借無還？但不給又不行，那人不是別人，是梁大將軍啊，給一百個膽子，也不敢不借啊！

最後咬咬牙，只借了三千萬。

這下把梁冀給惹怒了，他馬上舉報，士孫奮的母親曾是他家裡的奴婢，曾偷了他十斛白珠、一千斤紫金，然後跑了。

結果因為捨不得那兩千萬，孫奮兄弟兩人被抓起來打死，一億七千多萬的家財被沒收，歸梁冀所有。

梁冀奢侈無度，他家的園林比皇家園林還大得多，西至弘農，東以滎陽為界，南直通魯陽，北達黃河、淇河，有深山、丘陵和荒野，方圓將近千里，園林裡的奇珍異獸，比皇家動物園還多。

梁冀喜歡兔子，他花費數年時間，專門建了一個方圓幾十里的兔苑，還為每一隻兔子上了戶口和檔案，給兔子打上印記防止丟失。有個西域商人初來乍到，誤吃了梁冀的寶貝兔子，梁冀大怒，連殺數十人才解恨。

梁冀的府庫裡堆滿了金盞、銀瓶、水晶缽、瑪瑙盅、琉璃碗、珊瑚樹、夜明珠等物，還有西域各國的名馬數十匹。他家的花園，有用人工堆成綿延數里的假山，有泉水淙淙、芳草滿徑的長堤，有畫棟雕梁的一座座樓閣。

梁冀透過各種方式，累積了三十萬萬的家財，過著窮奢極欲的生活。

延熹二年（西元一五九年），漢桓帝先發制人，聯合宦官發動政變，包圍了梁冀住宅，梁冀自殺。梁冀朋比為奸的公卿、將校等數十人亦皆伏法，其他受此株連而被罷免、流放的官員達三百多人，朝廷上下拍手稱好。

毒殺皇帝的大魔王居然也怕老婆

梁冀堪稱東漢歷史上最囂張的一個人，他先後立了三位皇帝，毒殺一位皇帝，一門七侯權傾天下，但卻有一個致命的弱點：怕老婆。

梁冀的老婆叫孫壽，據史書上說，孫壽長得非常漂亮，而且很有情趣，身上那種妖媚之態能迷死人。若是現代，孫壽絕對是美容界的先驅，引領潮流的時尚達人。

梁冀對孫壽喜歡得不可自拔，而孫壽生性刻薄，這讓天不怕地不怕的大將軍梁冀對她又愛又怕。

當初父親梁商獻給劉保一個美女，名叫友通期，不知什麼原因，劉保又把美女還給梁商了。皇帝用過的女人，梁商哪敢留下？打算找個老實人嫁了。梁冀可不管這一套，他悄悄派人把美女搶了回來。

恰在此時，梁商去世了，梁冀就把友美女安頓在城西，守孝期間經常偷偷與其私通。

很不巧，這事情被老婆孫壽知道了。孫壽一生氣，後果很嚴重。

她一早就派了探子監視老公，得知某天梁冀外出，立即帶了一幫家僕把友美女搶回家中，先給剃個大光頭，再把臉給畫花了，然後讓人把友美女的美臀抽得皮開肉綻。

修理完小三，孫壽告訴梁冀，自己要去見皇上，告你這個王八蛋服喪期間公然嫖妓，睡的還是皇帝的女人！

梁冀立刻退縮了，找到孫壽的母親，央求丈母娘勸勸孫壽。

孫壽其實也沒想過真的要去告發老公，她只不過是想嚇唬一下梁冀，讓他老實點。

但這件事情還沒完。

狗改不了吃屎，沒過多久，梁冀又跟友通期在一起了，還跑出個愛情結晶，生個兒子，取名伯玉。

這一次，梁冀吸取了上次的教訓，保密工作做得很好，可紙終究包不住火，這事情又讓孫壽知道了。孫壽醋意大發，派兒子梁胤把友美女全家都殺光了，梁冀不敢吭聲，害怕孫壽殺害伯玉，只能把伯玉藏在夾壁裡。

孫壽雖然對梁冀管得挺嚴，但她自己的私生活也不檢點。

梁冀寵愛一個叫秦宮的奴僕總管，官做到了太倉令，得以出入孫壽的住所。孫壽一見秦宮，立即雙眼發光，以和秦宮商量重要事項為由，把下人們都打發走，然後兩人就在一起了。

靠著這層關係，秦宮成功開啟了仕途，做到太倉令，成為朝廷的顯赫人物。朝廷任命的刺史、郡、國兩千石級別的官員，赴任前都要去拜見秦宮，向他辭行。

張綱：豺狼當路，安問狐狸

西元一四二年，東漢王朝已呈頹敗之勢，貪官汙吏橫行，怨聲載道。漢順帝決心反腐敗，重塑朝廷威嚴，召集八名紀檢幹部組成中央巡視組，到地方巡查官員的不法行為。

被指派的八名巡視組成員中，有一位名叫張綱的，很有個性。只見他出了洛陽城，把車輪埋在城外的都亭下，然後不走了。

旁人問張綱：「你不趕快去執行任務，怎麼還把車輪埋起來了？」

張綱憤然答道：「豺狼當道，安問狐狸！」

豺狼者，朝中梁冀也，跟這個大魔王相比，地方上的那些貪官汙吏只能算是小狐狸了。

隨後，張綱憤然提筆，彈劾朝中大臣尸位素餐，貪贓枉法，而後筆鋒一轉，直指幕後首腦梁冀：「大將軍梁冀、河南尹梁不疑，身為外戚，世受皇恩，肩負輔佐陛下的重任，理當匡君輔國、安漢興劉，可他們卻大肆貪汙、任情縱慾、多樹諂諛、以害忠良。臣列舉出他目無君王、貪贓枉法的十五宗大罪，請陛下嚴查！」

張綱這封上書在京城引發震動，梁冀的妹妹是皇后，梁家姻親遍布朝中，哪那麼容易撼動？

果然，皇帝讀完張綱的上書後深以為然，滿朝大臣也很欽佩張綱的勇氣，然後——

就沒有然後了。

梁冀背後有梁皇后，梁皇后當時又盛得天恩，皇帝不願意，更不敢貿然懲處梁家。

張綱的上書就這麼不了了之，梁冀恨得咬牙切齒，但也不敢輕易動張綱。加害這樣的仁人志士，不僅無損於他的形象，而只能更增其英名，並進而彰顯出加害者的醜惡。

對於張綱而言，一個把生死置之度外的人，何懼打擊報復？

當時，廣陵郡有個叫張嬰的人，聚集了數萬人在揚州和徐州一帶對抗官府，刺殺刺史，前後達十餘年，朝廷深感棘手。梁冀意欲借刀殺人，指使尚書推薦張綱出任廣陵太守。

張綱渾然不懼，孤身赴廣陵，帶著郡吏十餘人來到張嬰的大本營。張嬰不解來意，閉壘嚴防，張綱派人將手書傳喻張嬰，說自已是奉詔宣慰，並非開戰討伐，並以利害禍福曉喻張嬰，僅憑一張嘴就消弭了一場叛亂。

朝廷論功行賞，張綱本是首功，但卻被梁翼攔住了。朝廷準備重用張綱，要召他入朝任職，但被張嬰等人極力挽留，只能留在廣陵。

朝堂上豺狼當道，已沒有張綱的容身之地。

張綱在廣陵一年，病歿於任上，年僅三十六歲。無數百姓自發前去哀悼送行。張綱病重後，當地官員、父老百姓紛紛為他禱告求福，大家都在感慨：「千年萬載，何時才能再遇此君？」

梁冀為什麼要毒殺漢質帝？

東漢從漢和帝起，即位的皇帝大多是小孩子，甚至還有一個嬰兒皇帝。除了前三任皇帝之外，其餘的十一位皇帝中，登基時年齡最大的是漢桓帝 —— 當時他也只有十五歲。

皇帝年幼，只能由太后臨朝執政，太后又把政權交給娘家人，這樣就導致了外戚輪番專權的局面。

西元一二五年，東漢第七個皇帝漢順帝即位，外戚梁家掌了權。梁皇后的父親梁商、兄弟梁冀先後做了大將軍。

西元一四四年，懦弱的漢順帝突然去世，年僅兩歲的太子劉炳繼位，是為漢衝帝。可惜的是，劉炳沒有當皇帝的命，只做了五個月的皇帝就去世了。

梁冀不顧眾人的反對，堅持立八歲的劉纘，是為漢質帝。

劉纘雖然年紀小，但很聰明，老早就看出梁冀不是好人。

可問題在於，在權力的遊戲中，太過聰慧不見得是好事，有可能還會給自己招來災禍。

有一次，劉纘坐在天子寶座上，當著朝會上群臣的面，緊緊盯著梁冀，指著他說：「此跋扈將軍也！」

臺下的梁冀頓時臉色大變，群臣也在心裡咯噔一下，沒人敢出聲。梁冀「跋扈將軍」的綽號即由此而來。

梁冀當面不好動怒，回去後一思索，越想越不對勁，他知道這句話的背後意味著什麼。這孩子這麼小就對我不滿，等他長大，我還有好日子過嗎？

梁冀本來就是魯莽的人，什麼事都做得出來，既然皇帝不聽話，那就除掉他，再換一個！

他明白這其中的利害，他怕了，所以他不擇手段。

梁冀派心腹在煮餅中放了毒藥，呈給劉纘。劉纘吃完腹脹難受，十分痛苦，對侍從大哭大叫道：「我誤吃煮餅，胸悶腹痛，快給我水，可能就會好一點了。」

他大概不知道自己是中了毒，只是覺得渾身難受，然後叫來了李固。

梁冀就站在旁邊，他擔心毒藥還沒完全發作，此時喝水會前功盡棄，惡狠狠地阻止：「千萬不能喝水，喝了水就會吐。」

李固連番催促，叫御醫來看看，可御醫就是遲遲不到，眼睜睜看著這個八歲的孩子倒在地上，滾了幾圈後斷了氣。

康熙皇帝在讀到這段歷史時，感慨道：「漢質帝沖齡臨御，能識梁冀之奸，固為聰穎。但他指著梁冀說此跋扈將軍也，就是自尋死路了。聰穎而不善韜晦，適足以為害矣。」

梁冀害死了漢質帝，又從皇族裡挑了一個十五歲的劉志接替皇帝，是為漢桓帝。

李固：我以我血祭道德

漢桓帝繼位時，東漢帝國已近暮年，昏庸無能的皇帝，囂張跋扈的外戚，貪贓弄權的宦官，首鼠兩端的朝臣，構成王朝暮年的昏黃畫卷。

而在烏煙瘴氣的朝堂中，有一個人卻是個另類，他就是太尉李固。

李固是名臣之後，屬於典型的清流派知識分子。小的時候，江湖相士曾評價他：「頭生角，腳長文，非富即貴，必成大器。」對於相士的話，李固不以為然，只顧博覽經典古籍，四處尋師求學。當地官府多次徵辟，卻被他一概拒絕。

西元一三三年，東漢帝國厄運不斷，漢順帝照搬照抄老祖宗的做法，下詔罪己，要求文武百官、四方賢達直言不諱上書。

眾人極力推舉不惑之年的李固入朝對策。這一次，李固不再推阻，初次登上政治舞臺的他提了兩條有針對性的建議：剝奪外戚朝政大權，罷黜宦官參政議政的權力。

緊接著，李固將目標對準宮中受寵的奶媽及宦官，火力全開。一時間朝野風氣為之一振，李固也被提名為議郎。

然而，李固的砲火太過猛烈，外戚、閹黨及刁婦是絕不甘心失利的。很快，誣陷他的匿名信雪片般飛到了皇帝的桌案上，皇帝只能下令查辦李固。

李固在政治舞臺上第一次亮相，展現了自己的鋒芒，也看到了對手的強大。皇帝似乎有意偏袒外戚宦官，自己在政治上也沒有機會作為，索性退一步，暫時觀望。

梁商當了大將軍後，向李固發出誠摯邀請，請他出山。李固看出了梁商性格柔弱、不能整飭法紀的弱點，給他寫了一封信，希望他能激流勇退，保全自己。不僅如此，李固還操心皇位的繼承人問題，明裡暗裡諷刺梁皇后。

這就讓外戚梁氏很不爽了。由此，李固與以梁冀為首的外戚集團的鬥爭開始了。

梁冀掌權後，第一個要對付的就是李固，當時荊州盜賊興起，梁冀攛掇皇帝任李固為荊州刺史。

然而李固到任後，慰勞盜匪，赦免其罪，收編叛賊六百多人。半年多時間，荊州所有盜賊全部投降，州內從此太平無事。

梁冀又慫恿皇帝將李固派到盜賊常年屯聚的太山任太守。

李固到任後，將郡兵罷遣回去種田，只挑選有戰鬥力的一百多人，用恩信招誘盜賊投降。不到一年時間，別人解決不了的匪患被他輕輕鬆鬆解決了。

李固為國家清汙除垢，為百姓除暴去奸，但他本人卻與外戚及宦官集團結下了深仇大恨。他眼睜睜看著梁冀毒死了年幼的漢質帝，但卻無能為力，只能伏在劉纘的屍體上流涕痛哭——既哭皇帝，也是在哭他自己。

在擁立桓帝的問題上，李固和梁冀的矛盾達到巔峰。最終，勢單力薄的李固功敗垂成，獻出了自己的生命。

漢桓帝是怎麼除掉權臣梁冀的？

延熹二年（西元一五九年），即位十三年的漢桓帝劉志對執掌朝政的梁冀忍無可忍，趁著上廁所的機會，問貼身小宦官唐衡：「我周圍與梁冀集團關係不合的人都有誰？」

堂堂天子被手下臣子嚴密監視，只能趁著上廁所的空檔找心腹說幾句悄悄話，真是慘到家了。

唐衡想了想，推薦了四個人：

「中常侍單超、小黃門左悺與梁冀的弟弟梁不疑有過節，中常侍徐璜、黃門令具瑗痛恨梁氏兄弟專擅朝政，只是梁家的人囂張蠻橫，大家敢怒不敢言罷了。」

桓帝點了點頭，讓唐衡找來單超和左悺：「大將軍梁冀把持朝政，內宮和外朝都被梁冀的人控制著，朝中的大臣都是梁冀的人，我想除掉他們，你們看行嗎？」

這兩個人受梁冀壓迫已久，當即答道：「梁冀是國之奸賊，早該除掉了。只是我們這些人沒什麼智謀，不知道陛下可有詳細計畫？」

劉志搖了搖頭：「這就需要諸位幫忙了，我們一起來商量一下如何除掉梁氏。」

單超道：「陛下如果真的想滅梁氏，其實也不難，我們就怕陛下中途又猶豫不決。」

劉志一揮手：「梁冀乃國賊，必須被消滅，沒有什麼可以猶豫的，你們儘管直言！」

隨後，劉志又叫來具瑗和徐璜，成功說服他們兩個人也入了夥。五名宦官表明忠心後，劉志親口將單超的手臂咬出血，歃血為盟，約定誅除梁冀。

幾人結盟後，單超對劉志說：「陛下既然已下定決心，那就跟誰也別再提這件事，防止引起梁冀猜疑。」

一切準備妥當，劉志將尚書們徵召入殿，當眾揭發了梁冀等人的罪狀，命尚書令尹勳持節領兵守衛內殿，命具瑗帶領一千多人和司隸校尉張彪包圍梁冀的宅邸，命光祿勳袁盱持節沒收梁冀的大將軍印綬，將梁冀改封為比景都鄉侯。

面對來自皇帝和宦官的突然襲擊，梁冀毫無準備，整個人都愣住了，儼然砧板上的魚肉任人宰割。他雖然在朝野內外一手遮天，面對這種突然政變卻毫無準備。

回過神來後，梁冀自知早已沒了退路，和妻子孫壽雙雙自殺，結束了骯髒而醜惡的一生。

朝廷又讓人收捕了梁家和孫家所有的姻親子弟，無論男女老幼一概誅殺。至此，梁冀集團終於被斬草除根。

這樣一個權勢熏天的家族，在帝國橫行了近二十年，卻在被打倒的時候沒有絲毫的反擊能力，束手就擒，令人咋舌。王夫之感慨道：「到頭來，梁冀也就是個流氓的水準，所以誅殺起來才這麼容易啊！」

史上第一場學生運動

永興元年（西元一五三年），東漢發生了有史以來的第一場學生運動，這場運動聲勢浩大，震動了朝野，也讓漢桓帝不得不做出妥協。

事情的經過還要從一次災難說起。當年秋初，國內發生了大蝗災，波及了三十二個郡國，赤地千里，緊接著是黃河氾濫，饑民流亡幾十萬戶，盜賊蜂起。這其中，冀州的情況最為嚴重。

為了平定危機，漢桓帝下詔任命侍御史朱穆為冀州刺史，前去收拾局面。

朱穆是有名的鐵面無私，出發前，三個冀州籍貫的中常侍前來拜訪，想讓他關照他們的宗屬，結果被朱穆嚴詞拒絕。

消息傳到冀州，尚未等朱穆渡過黃河，當地劣跡斑斑的地方長官立即有四十多人解下印信綬帶，自動離職。

朱穆到任後，一面上奏彈劾各郡的貪官汙吏，一面整結部隊鎮壓盜賊，貪官嚇得自殺，有的死在了獄中。緊接著，他一鼓作氣，將矛頭直接對準了朝中的宦官。

中常侍趙忠的父親去世，他將棺材運回故鄉安平國埋葬，結果這位先生為了排場，葬禮超出制度，用皇帝和王侯才准許穿的玉衣裝殮。

朱穆得知這一消息，令州吏挖開墳墓，劈開棺木，把屍首抬出來進行檢查。

趙忠哪裡嚥得下這口氣？當即向漢桓帝打小報告，誣陷朱穆。漢桓帝看到報告後大怒，徵召朱穆到廷尉問罪，判處他到左校（兵器製造機構）罰作苦役。

消息傳來，太學生和士人們憤感不平，關心國事的學生們經商議，在領袖劉陶等人的率領下憤然推開書桌，走上街頭，掀起了大規模的抗議活動。

劉陶等學生代表還寫了一封信，為朱穆申辯：

「囚徒朱穆，秉公處事，盡忠報國，從他被任命為冀州刺史那一天起，就立志剷除奸佞和邪惡。中常侍居位尊貴，又受到皇帝的寵信，其父親、養子、兄弟散布在各州各郡，如虎狼一般競相吞食小民，所以朱穆才伸張國法，修補連綴破漏的法網，懲處殘暴和作惡的人，以合天意。宦官們對他都很痛恨，非議和責難四起，讒言接踵而來，使他遭受刑罰，被送到左校營罰作苦役。天下有識之士都認為朱穆勤於王事，如同大禹和後稷，而最終卻與共工和鯀一樣，遭到懲罰，如果死人有知覺，唐堯帝將會在崇山墳墓裡發怒，虞舜帝也會在蒼梧墳墓裡忿恨。如今皇帝左右親信竊據和把持著國家權力，手中掌握著生殺予奪大權，他們說的話就等於是皇帝的旨意，行賞時可使快要餓死的奴隸變得比季孫還要富有，不高興時也可將伊尹、顏淵頃刻化作桀和盜蹠。然而朱穆卻昂然而出，奮不顧身，並不是因為他憎惡榮耀而喜愛羞辱，憎惡生命而喜愛死亡，只是因為他深感朝廷的綱紀不振，畏懼國家法令長久喪失，所以竭盡忠心，報答國家，為皇上深謀遠慮。臣願受刑，代朱穆服役。」

學生們為朱穆擺功，為朱穆呼冤，願代朱穆受刑，代朱穆服苦役。漢桓帝沒經歷過這場面，迫於輿論，向學生作了妥協，赦免朱穆，削職回家。

友誼的小船堅如磐石

前些年，「友誼的小船說翻就翻」這句話不知怎麼紅了起來。要說中國的典故還真是博大精深，東漢時恰好有一個典故就嚴絲合縫地扣上了「友誼的小船」。只不過這艘小船不僅沒翻，還載著兩個主角穿越了千年。

東漢有一個高士叫郭泰，他出身貧賤，卻志向高遠，特立獨行，才華橫溢，雖然遠離權力，不願做官，但京城裡不少強者反而想見其人。河南尹李膺也是當時的名士，與郭泰一見如故，遂成知己。

要知道郭泰這人「天子不得臣，諸侯不得友」，高貴冷豔慣了，而唯獨看得上李膺。很少稱讚人的李膺第一次見郭泰，當即稱讚道：「我見過的士人頗多，卻從未有像郭林宗者。此人聰識通朗，高雅密博，今之華夏，罕見其雙！」

李膺一句話，讓郭泰名震京師。

有一次，郭泰回鄉，送他的粉絲數以千計，車多達數千輛。到了黃河邊後，郭泰唯獨與李膺同船而行，那些送別的粉絲們非但不嫉妒，反而緩緩地目送歸舟，覺得船上兩人宛如神仙。

郭泰名氣很大，卻不想做官。有人勸他考個公務員，他回絕說：「我夜觀乾象，晝察人事，天下大事已不可支。」

有人問名士范滂：「郭林宗是怎樣的人？」

范滂回答：「隱居能奉事雙親，清貞而不絕俗塵，天子不得臣，諸侯不得友，我不知其他。」

郭泰沒有做官，但他一直在做著實事，不少惡人在他的教導下改惡從善，不少後生在他的點教下發憤圖強。

和同時代的士人相比，郭泰從不作危言，他雖憎恨宦官集團，但不激進，而是一步一個腳印，一點一滴引導民眾。從某種意義來說，他的使命更加任重道遠，也更富於歷史意義。

東漢名士排行榜

東漢後期，宦官開始掌權，引起士大夫和一眾官員的反感，士大夫們對宦官實施了嚴厲的懲罰和打擊。宦官也想獨掌大權，雙方來了一場殊死的爭奪戰，結果清流黨人遭遇慘敗。

雖然漢桓帝氣消後釋放了黨人，但宦官不許他們留在京城，打發他們一律回老家，將他們的名字通報各地，終身不得做官。

不僅如此，桓帝還將一份黨人的名單抄在了宮中的牆上，意思再明顯不過，警告黨人不要因開釋而忘乎所以，否則一切還會重新開始。

按照桓帝的猜想，走出監獄回到故鄉的黨人理應叩謝浩蕩天恩，從此革心洗面，再不跟自己作對，可他錯了，黨人是嚇不倒的。

總結此次教訓，黨人認為他們之所以失敗，是因為名望還不夠，未能慫恿更多的讀書人加入自己的陣營。為了將士人之名整合成階層之名來影響天下、左右輿論，清流黨人在朝野列出了一份大名士榜。

這份大名士榜分為五檔，詳細如下：

第一檔是「三君」：竇武、陳蕃、劉淑。

君者，意味一世之宗。

第二檔是「八俊」：李膺、荀翌、杜密、王暢、劉祐、魏朗、趙典、朱寓。

俊者，意味人中之英。

第三檔是「八顧」：郭泰、范滂、尹勳、巴肅、宗慈、夏馥、蔡衍、羊陟。

顧者，意味德行之表。

第四檔是「八及」：張儉、岑晊、劉表、陳翔、孔昱、苑康、檀敷、翟超。

及者，意味導人之師。

第五檔為「八廚」：度尚、張邈、王孝、劉儒、胡母班、秦周、蕃向、王章。

廚者，意味疏財之豪。

這大名士榜不是他們突發奇想來的，而是有仿照依據的：三皇五帝時代，顓頊的八個兒子和帝嚳的八個兒子被分別譽稱為「八元」、「八凱」。

結果就是，海內希風之流，共相標榜。

士人慷慨激昂，不弄倒宦官集團誓不罷休，可一旁冷眼旁觀的名士申屠蟠給大家潑了一盆冷水。

他認為，昔日戰國時士子橫議，被各國國君視為先驅。然誰知，這樣做埋下了坑儒燒書之禍，今日之事，必當重蹈覆轍！

隨後，申屠蟠斷絕了與士人的往來，銷聲匿跡，躲到僻地，找了個樹洞當屋，給人幫傭。

兩年後，名士范滂等果然遭遇黨錮之禍，有的死了，有的判刑，涉及數百人，而申屠蟠倖免於難。

漢桓帝為何信任宦官？

東漢末年，清流黨人與宦官集團多次鬥爭，然而每一次都以清流慘敗而告終。漢桓帝依靠宦官集團推翻了外戚梁氏，按理來說清流黨人迎來了出頭的機會，可漢桓帝依然信任宦官，極力打壓耿直敢言的清流黨人。

為什麼會這樣？

簡單來說，因為他們聽話，而且是自己扳倒梁冀的重要幫手。

宦官大多教育程度不高，不像那些士大夫，都是讀聖賢書長大的，死腦筋，動不動就拿大道理來壓自己。當初自己在梁冀手裡做了十三年傀儡，那些清流們做了什麼？他們滿口仁義道德，卻主動巴結奉承梁冀，為梁冀鼓譟吶喊，簡直無恥至極！以至於在後來整肅梁冀亂黨的時候，整個朝廷都被清空了。

更進一步探討，這涉及到皇權治理問題。

天下原本是天下人的天下，可自從有了皇帝，天下就變成了天子的天下。皇帝高高在上，百姓匍匐在腳下。

這樣的政治構架，我們可以分為三層，皇帝和平民，還有夾在中間的貴族階級。

秦始皇統一六國後，不斷加強中央集權，打擊、排擠並消滅貴族階層，讓整個帝國置於他一人的掌控之下。可是新的問題又來了，沒有了貴族這個中間階層，皇帝就得面對龐大的平民階層。如此龐大的帝國，僅靠皇帝一人治理，顯然不現實，於是官僚集團應運而生。

官僚集團是平民階層的菁英，他們被皇帝從平民階層中精挑細選出來，成為行使代理皇權的官員。

有了官僚集團，皇帝就可以高枕無憂了嗎？

當然不是！

官僚集團不斷壯大，逐漸有了自己的利益訴求。這些飽讀詩書的官員，藉助於聯姻、鄉黨、師生、朋友等關係，結成不同的利益共同體，在皇權面前達成攻守同盟，讓皇帝很是無奈。

怎麼辦？接著打擊官僚集團吧！

可問題在於，官僚集團可不好對付，他們有知識有水準，鬥爭經驗豐富。更關鍵的是，他們是皇帝統治帝國的工具，皇帝必須藉助於他們來維持自己的統治。如果皇帝清除掉了官僚集團，那麼自己就真成了孤家寡人。

皇帝需要幫手，而這個幫手就是宦官。

作為皇帝身邊的奴才，他們足夠親密，皇上既是他們唯一的主子，更是他們唯一的依靠，所以不用擔心忠誠。

更重要的是，士人天生不喜歡這些沒水準的奴才，這就使得宦官備受文官集團歧視，難以與外臣結黨營私，所以足夠安全。

親密、忠誠、安全，這就是皇帝寵信宦官的原因，所以當官僚集團壯大之時，就是宦官集團粉墨登場之際。

李膺為什麼能獲得「天下楷模」的盛譽？

李膺出身高階官僚家庭，父親曾任趙國國相，他性格孤高，不善交際，只把同郡的荀淑、陳寔當作師友。他最初被舉薦為孝廉，又被司徒胡廣徵召，舉為高第，再升任為青州刺史。

青州的郡守縣令害怕李膺的嚴明，聽聞李膺到青州任職，一個個選擇了棄官跑路。

李膺後來被徵召，調任為漁陽郡太守，不久又轉任蜀郡太守，因母親年老申請辭職，再後來被調任護烏桓校尉。當時鮮卑人不安分，多次侵犯邊境，李膺雖是一介儒生，但能文也能武，打得了鮮卑，守得住邊疆，多次打退鮮卑的侵犯，以致後來羌人一聽到李膺的名字就會害怕。

後來李膺被免官回了老家，教授學生近千人。南陽人樊陵想做李膺的學生，被他謝絕，樊陵後來攀附宦官，官至太尉，但依然被士人所恥。

名士荀爽因為曾經和李膺同乘一車並為之執御，喜不自禁，逢人就說：「我可是為李膺趕過車的！」

永壽二年（西元一五六年），鮮卑侵犯雲中郡，劉志聽說李膺能打仗，徵召他擔任度遼將軍。得知李膺到了邊境，羌人頓時就退縮了，將以前擄掠的男女通通送還到邊境，從此李膺聲威遠播。

延熹二年（西元一五九年），一向敢與宦官硬鬥的李膺轉任河南尹。當時宛陵郡的豪強羊元群從北海郡被罷官回來，李膺發現他貪贓尤甚，不但攜回大批金銀財寶，甚至連郡府廁所的小裝飾也被他卸下帶回。

這就很過分了，李膺上書朝廷，要求對他嚴加制裁，結果羊元群賄賂宦官，導致李膺被判為誣告，反而被發配到左校服役。

好在朝中不少人為他求情，李膺才得到赦免。

延熹八年（西元一六五年），中常侍張讓的弟弟張朔做了野王令，張朔貪殘無道，甚至以殺害孕婦為樂。李膺出任司隸校尉後，嚴厲打擊不法官僚和宦官，張朔一看李膺走馬上任，知道自己的末日到了。他棄了官，逃回洛陽，藏在張讓家的合柱內。

對於這種民憤極大的犯罪分子，李膺當然不會放過。他暗中查明張朔藏在張讓家，帶著人上門，劈開合柱，從裡面揪出張朔，審訊完當即誅殺。

這下子，張讓不做了，他向劉志訴冤，劉志找來李膺詰問：「為什麼不先請示就殺人？」

李膺昂然答道：「孔子做魯國司寇，七天便殺了少正卯，我到任已經十天了，才殺了這個小人。我還以為陛下叫我來是責備我行動遲緩呢，沒想到竟說我殺得太快了！我知道我有罪，只求陛下讓我在這一職務上再做五天，待我把首惡抓起來殺掉，然後任由陛下處罰！」

一席話把劉志說得啞口無言，劉志掉轉頭來，嚴斥張讓：「這都是你弟弟的罪，司隸校尉有什麼過失？」

李膺全身而退，成了所有宦官的夢魘。

自此，那些平日裡飛橫跋扈的宦官頓時厚道了許多，每個人都躲在宮中不敢外出。劉志有一次問他們：「平日裡你們都張揚得很，近來為什麼這麼厚道？」

宦官們叩頭答道：「我們怕李校尉啊！」

了不起的母親

建寧二年（西元一六九年），漢靈帝誅殺黨人，詔令緊急逮捕范滂等人，汝南督郵吳導緊閉屋門，抱著詔書伏在床上哭泣。官吏不知緣由，此時已賦閒在家的范滂得到消息後，肯定地說：「這一定是為我而來。」

范滂主動投案，縣令郭揖大吃一驚：「天下這麼大，你怎麼偏偏到這個地方來了？」他當即解下印綬，拉著范滂要跟他一起跑路。

范滂拒絕了他的好意：「我死了，這場大禍也就到此為止了。哪能連累你？況且我還有老母，難道要讓老母流離失所？」

范滂的母親來和他訣別，范滂眼含熱淚，向母親告別：「兒子不孝，不能為您養老送終了，弟弟孝順恭敬，足可供養您，我要追隨父親歸於九泉之下，生者和死者各得其所。還望母親捨棄不忍之情，不要太難過。」

母親強忍悲痛，安慰范滂：「你今天得以和李膺、杜密齊名，死有何恨？既已享有聲名，又要盼望長壽，二者豈能兼得？」

這位深明大義的母親不願兒子違背忠義，她理解兒子，支持兒子的決定。

范滂跪倒在地，聆聽母親教誨，而後，起身告別。

一旁的兒子已經哭成了淚人，范滂給他留了句話：「我想要你為惡，可惡不可為；要你為善吧，我不為惡，竟是這般下場！」

說完，掉頭而去。

過路的人見此情景，無不感動流涕。

將時針撥到一千年後的北宋，當時的蘇洵常在外遊學，蘇軾及其弟蘇轍都是由母親程氏親自教讀。蘇軾從小就熟讀經史，心懷壯志，十歲那年，他見母親看《後漢書．范滂傳》後，慨然嘆息，就問：「若我做像范滂一樣的人，母親會同意嗎？」

母親答道：「你能做范滂，我難道就不能做范滂的母親嗎？」

母親的教導影響了蘇軾的一生，成年後的他宦海浮沉，甚至幾度入獄，但他和范滂一樣，明知自己所為的結果，仍義無反顧。不為別的，只為心中的那盞明燈不滅。

名士張儉的逃亡之路

西元一八九八年，康有為、梁啟超發起的百日維新宣告失敗，光緒被囚，康、梁逃亡國外，戊戌六君子被害，年僅三十三歲的譚嗣同甘為變法流血。臨刑前，他寫下了一首詩：

「望門投止思張儉，忍死須臾待杜根。我自橫刀向天笑，去留肝膽兩崑崙。」

這首詩首句寫的正是張儉得罪宦官，一路逃亡的故事。

黨錮之禍中，宦官集團列了一個黨人名單，對其大開殺戒。名士張儉也在此列，不得不踏上逃亡之路。

逃亡途中，張儉一見人家便前往投奔請求收留。百姓敬重他的名望，他每到一地，百姓寧願冒著家破人亡的風險也會庇佑他，收留他。

張儉和魯國人孔褒是舊友，當初他去投奔孔褒時，正好遇上孔褒不在家，孔褒的弟弟孔融年僅十六歲，自作主張把張儉藏在了家中。後來事情洩漏，張儉雖然得以逃走，但魯國相將孔褒、孔融逮捕，送進監獄。但在處罰誰的問題上，地方官員傷透了腦筋。

孔融一口咬定，說自己是匿主：「保護張儉並把他藏匿在家的，是我孔融，應當由我抵罪。」

孔褒則把責任攬到了自己身上：「張儉是來投奔我的，不是弟弟的罪過，這件事跟他沒關係，一切責任由我承擔。」

負責審訊的官吏詢問他們兩個的母親，孔母說：「一家之事，由家長負責，應該由我抵罪。」

母子三人爭相赴死，地方官也沒轍了，只能向朝廷請示。皇帝隨後下詔，判定將孔褒誅殺抵罪。

再說張儉繼續逃亡，輾轉又逃到東萊，投宿一個叫李篤的人家中。正值外黃縣縣令毛欽領兵追到，李篤只好和毛欽講道理：「張儉是天下知名的君子，大家都知道他是無辜的，今天你忍心把他抓走嗎？」

毛欽拍著李篤的肩膀道：「蘧伯玉以獨為君子可恥，你為何一個人獨專仁義？」

李篤會心，明白毛欽想放了張儉，順水推舟道：「我想分仁義，請您載一半去。」

兩人一唱一和，就這麼把張儉給放過，讓他出塞避難去了。

張儉自逃亡以來，有數十戶百姓因掩護他被誅滅，宗族親屬盡皆被滅，郡縣為之殘破。即便如此，沒有一戶人家透漏張儉的行蹤，他們用自己乃至合族的性命保護了張儉，為天地留了一股正氣。

漢靈帝劉宏到底有多貪財？

在很多人的潛意識裡，皇帝是不會貪財的，整個國家都是他自己的，貪財之輩多出於官場。然而這一點在漢靈帝這裡卻失效了。

漢靈帝為了謀財，天馬行空、創意多多，甚至做起了賣官的生意。他在西園開設了一家機構 —— 西邸，公開出賣官爵。官秩兩千石的高官標價兩千萬錢，四百石的官標價四百萬錢，明碼標價，童叟無欺。

有趣的是，劉宏還很重視買家的道德品質，道德品質好的可以打折，打五折，甚至三折，真是良心賣家。

如果某人非常想做官，可又沒有錢怎麼辦？不要緊，劉宏也考慮到了這種情況，可以延期付款，先不交錢，上任後有了錢，按原價加倍償還。

這樣做還有一個問題，天下州郡有富有貧，在富裕的地方做官，可以搜刮更多的民脂民膏，而在貧困的地方做官，利潤當然少很多。如果按照統一定價購買，買到富裕郡縣一定高興，買到貧困地方的一定不願意了。

為此，有人特地到宮門上書，指定要買某縣的縣令。劉宏了解這一情況後，立即修改了銷售方案，根據每個縣的實際情況修改價格，然後一臉得意：我做生意一向講究公平，童叟無欺，快來買，手快有，手慢無！

不僅小官可以出賣，高官也可以賣，劉宏還讓左右親信宦官、奶媽等出賣三公、九卿等高官，當然這個價錢會比較貴，三公的職位賣到了一千萬，九卿的職位賣到了五百萬。

想做官，拿錢來！

東漢以前，皇帝雖然也賣官鬻爵，但所售多為有爵無權的虛官，相當於一個榮譽頭銜。而到劉宏時連最起碼的底線都不要了，下至縣令縣長，上至三公，只要拿得出錢，都可買賣。

劉宏不放過任何機會，連有名望的張溫、段熲等人，也都是給他先給夠了錢才登上公位的。及至後來，劉宏更變本加厲，官員的升遷調動都必須支付三分之一或四分之一的官位標價，搞得許多想做官過癮的人都因無法交納如此高昂的費用而望洋興嘆，徒喚奈何。

崔烈出身於北方名門望族，政績斐然。為了往上爬，老崔痛下決心，湊了五百萬錢買了個司徒的位子。

冊拜之日，宮廷舉行隆重的封拜儀式，劉宏親臨殿前，百官肅立階下。看著崔烈春風得意的樣子，劉宏突然覺得他這司徒一職來得太便宜了，忍不住對隨從親信碎念：「這位子至少值一千萬呀，便宜這小子了！」

旁邊的親信趕快勸阻他：「虧就虧吧，他能出五百萬，已經很不錯了。陛下您要有點認知，像崔公這樣的冀州名士，豈肯輕易買官？現在連他都認可陛下的產品，正好給我們做免費廣告，以後這官位就會更暢銷了。」

崔烈買的司徒一職，與太尉、御史大夫合稱「三公」，堂堂皇帝竟然做出這種事，彷彿這天下不是他家的，將祖宗的東西各種打包賤賣，真是滑天下之大稽，荒唐到無以復加了。

崔烈上任後不太安心，想知道社會上有什麼反應，就問兒子崔鈞：「百姓對我當上三公有何評價呀？」

崔鈞據實相告：「論者嫌其銅臭。」這就是「銅臭」一詞的來歷。

一把好牌是如何打爛的？

漢靈帝建寧元年（西元一六八年），東漢宮廷發生了一場政變，朝官和宦官兵戎相見、武力相向，經過殊死搏鬥，在一片血雨腥風中，正直的朝官都遭到誅殺，而宵小宦官卻以勝利告終。

當時漢靈帝皇帝年幼，竇太后臨朝聽政。她任命自己的父親竇武為大將軍，前太尉陳蕃為太傅，並行使尚書職權。

陳蕃是一代名臣，勇於仗義執言，匡扶正義，竇武雖然是外戚，但他名聲很好，任城門校尉期間積極徵召當世名士，打擊黑惡勢力。第一次黨錮之禍發生後，竇武也曾積極上書營救黨人，與黨人關係密切。

士人沒把他當外戚看，將他視為自己人，給了「三君」之一的美譽，名列榜首。

道同志同，陳蕃和竇武配成了最佳搭檔，兩人決定徹底剷除宦官集團。

以曹節和王甫為核心的宦官也審時度勢，與靈帝的奶媽趙嬈及宮中各女官打好關係，刻意討好竇太后。

一天朝堂集會，陳蕃私下對竇武說：「曹節、王甫等人從桓帝時就操弄朝政，擾亂天下，如果現在不將他們殺掉，今後除之更難。」

得到竇武的首肯後，陳蕃不禁大喜，開始共商大計。此時正好發生了日食，陳蕃對竇武說：「昔日御史大夫蕭望之敗在一個宦官石顯的手上，何況如今有幾十個石顯。我以八十歲高齡想為將軍除害，現在可以藉助日食的天象異變，罷黜宦官，消彌隱患，以防天變。」

竇武不想貿然行動，他希望說服女兒，名正言順地掃滅宦官，於是去找竇太后：「按舊例，黃門、常侍這樣的宦官，只負責宮廷門戶，主管宮內各署的財物；如今卻讓他們參與政事，委以重權。他們則安排子弟黨羽，專門做一些貪贓暴虐之事。現在天下輿論洶洶，正是因為這些事情，應當將他們全部誅殺廢除，還朝政以清明。」

孰料，竇太后卻有自己的判斷：「自漢朝開國以來，世代都有宦官。只應誅殺有罪之人，豈可盡廢？」

兩人爭持不下，爭到最後，竇妙總算給了父親一個面子，同意誅殺中常侍管霸、蘇康等人，但不准動曹節、王甫等人。

竇武說不動竇妙，陳蕃更無能為力。當月星象出現異變，侍中劉瑜發現星象對大臣不利，上書太后：「如今的星象異變按照《占書》所說，是宮門應當緊閉，這不利於將相，奸人就在君主身旁，希望太后緊急防範。」

接著他又寫信給竇武和陳蕃，說星辰錯亂，對於大臣不利，應當立即決斷大計。

兩人抓緊調整人事和布防，陳蕃準備了收捕曹節、王甫等人的文書，但竇武執意按程序辦事，非要讓劉瑜去稟告竇太后，請她核准。

竇武覺得大功即將告成，下班後一臉滿意地回家了。然而就在此時，宦官集團行動了，曹節、王甫變了個花樣，將竇武、陳蕃即將盡數誅滅宦官的消息透露給了掌管太后宮的長樂五官史朱瑀。

朱瑀當即怒了，宦官確實該殺，可為什麼要打擊我們啊，既然你不仁，那也不要怪我們不義了。

朱瑀大聲說道：「陳蕃、竇武奏白太后，要廢帝，實為大逆！」當夜召集了太后宮的心腹壯健宦官共普、張亮等十多人，密謀搶先誅滅竇武、陳蕃等人。

一行人挾持了皇帝和太后，命人去逮捕竇武等人。一番廝殺，陳蕃被捕死於獄中，竇武被誅族，竇太后被軟禁，士大夫集團遭到毀滅性打擊。從此，十幾歲的漢靈帝劉宏身邊就只有太監和奶媽了。

黨錮之禍是怎麼回事？

黨錮之禍是東漢桓靈之際，清流士人對宦官亂政的現象不滿，與宦官發生黨爭的事件。「黨錮之禍」共有兩次，從延熹九年（西元一六六年）到中平元年（西元一八四年），歷經桓靈兩朝，是一次規模巨大、持續長久、程度激烈的權力鬥爭。

當時的宦官集團橫行霸道，激起了外戚和士大夫的不滿。一批一批的士大夫結成一個一個的團體，推出一批名士及領袖，甚至互相結黨，對抗宦官群體。其中出名的有以陳蕃為代表的「三君」，以李膺為代表的「八俊」，以范滂為代表的「八顧」等。他們掌握了輿論主導權，以太學為中心，品評人物、抨擊時政、批評宦官，他們指點江山、激揚文字，民間贏得了極高的聲望。被他們批評的當權人物惶惶不可終日，宦官頭目對這些人更是恨之入骨。

第一次「黨錮之禍」發生在延熹九年（西元一六六年），宦官的黨羽張成得知朝廷馬上就要大赦的消息，於是就讓兒子殺人，被司隸校尉李膺收捕；黨羽張汎賄賂宦官，被南陽太守成瑨收捕；小黃門趙津也因為犯罪被太原太守劉瓆收捕。

結果這三人都趕上大赦，什麼事情都沒有，但李膺、成瑨、劉瓆沒有釋放三人，自作主張將人處死。這一舉動讓宦官抓住反擊的機會，他們教唆張汎的妻子向漢桓帝告狀，成瑨、劉瓆俱入獄；而後又告李膺與太學生結交為朋黨，誹謗朝廷。

漢桓帝下令捉捕黨人，兩百多人被牽連，一些為黨人求情的官員也被免官。

第二年，外戚竇武和尚書霍諝向漢桓帝上表請求釋放黨人，漢桓帝氣消後，總算釋放了關押的黨人，但終身不許錄用，第一次「黨錮之禍」就這樣結束。

漢靈帝繼位後，陳蕃、李膺等大批黨人被重新任用，他們想趁此機會，將宦官集團連根拔除，結果遭到了竇太后的阻撓。

士人和宦官的衝突再次被挑起，宦官集團利用漢靈帝年幼無知，繼續迫害李膺等士人，無數黨人被處死、流放、禁錮。永昌太守曹鸞上書為被迫害的士人求情，結果引起了漢靈帝的不滿。漢靈帝不但處死了曹鸞，還擴大黨錮範圍，黨人的門生故吏、父子兄弟、五服之內的親屬都被罷官禁錮。

直到中平元年（西元一八四年），「黃巾之亂」爆發，迫於黃巾軍的壓力，漢靈帝怕這些士人跟起義軍勾結生亂，不得已解除對清流黨人的禁錮政策。自此，長達十八年的「黨錮之禍」終於結束。

兩次「黨錮之禍」，其實是皇帝想借助宦官之手重新奪回對地方的掌控，可是造成的影響卻極為惡劣，無數士人菁英被屠戮，剩下的被免官禁錮，終身不得做官。可以這麼說，經過這次事件，士人集團與和皇權徹底決裂！

當這樣一個群體都失去了忠誠的時候，東漢這個政權走向盡頭是再正常不過的事情了。

大漢末代皇帝，要多慘有多慘

東漢興平二年（西元一九五年），董卓之亂後第六年，十五歲的漢獻帝劉協向挾持他的李傕提出，希望能供應五斗稻米、五具牛骨，給身邊餓得頭暈眼花的大臣們改善一下生活。

不料李傕竟朝小皇帝大發雷霆，說你們剛吃完免費的午餐，又想要米幹什麼？

李傕拒絕提供稻米，至於牛骨嘛，倒是送去了，只是全都爬滿了蛆蟲，臭不可食。

獻帝怒了，拍案而起，要去找李傕問個清楚。侍中楊琦趕快攔住獻帝，勸道：「李傕是邊地之人，性情殘暴，他犯下這些大逆不道的事情，一定不會就此罷手的。聽說他打算把陛下轉移到池陽的黃白城，還是先忍忍吧。」

在漢末三國的歷史上，漢獻帝劉協是一位存在感極弱的皇帝，沒有人意識到，活了五十四歲的他甚至比曹操、劉備都要長壽。

生逢亂世，劉協也是個苦命人，他的母親是王美人，當時何皇后主持後宮，最忌恨別的妃子懷上漢靈帝的孩子。王美人懷孕後不惜喝下墮胎藥希望自保，可惜沒有成功墮胎。劉協出生還未滿月，母親王美人即被何皇后毒死；九歲那年，父親漢靈帝去世，劉協失去了一切依靠。

命運之神顯然不打算放過他，董卓隨後將劉協擁立為帝，注定了他後半生傀儡的命運。

董卓死後，劉協再次被他的部將挾持。長安再次大亂，劉協只能帶著文武大臣，趁著戰亂逃出長安，向著洛陽逃命，一路上被人追擊，惶惶如喪家之犬。

好不容易到了洛陽，結果這裡早被董卓一把火燒為灰燼。沒人關心這位大漢帝國的皇帝，他只能帶著臣子們到荒野和田間找吃的。

而此時，曹操抓準了機會，帶著糧食來見劉協。劉協就這樣半被騙、半自願地到了曹操的大本營許昌，成了他的傀儡。

劉協也曾想過反擊，可他身邊全是曹操的耳目親信。二十歲那年，劉協密詔董貴人的父親車騎將軍董承設法誅殺曹操，然而事情洩漏，劉備出逃，參與謀劃的一眾人被誅，連已有身孕的董貴人也未能逃過一劫。

此後，他又與伏皇后試圖利用朝外力量刺殺曹操，結果未能成功，伏皇后被捕。臨死前，伏皇后披頭散髮、光著腳求他：「陛下，你就不能救救我嗎？」

他只能默默流淚：「我也不知道我還能活多久！」

面對前來捕殺伏皇后的大臣郗慮，他哭著說：「郗公！天下還有這種道理嗎？」

身為帝國皇帝，他卻連自己的老婆、孩子也保護不了，這是怎樣的一種悲哀！最終，伏皇后和兩個兒子被殺，盡忠漢朝皇室的伏氏家族一百多人慘遭屠戮。

抗爭全部失敗，他最終徹底死了心。

曹操去世，曹丕繼位，四十歲的他已經懂得了識時務者為俊傑，主動提出禪位給曹丕。

西元二三四年，大漢帝國的末代皇帝、漢獻帝劉協終於走到了生命的盡頭。同一年，諸葛亮也在光復漢室的北伐途中去世。至此，歷經四百年的大漢帝國最終在劉協的手中煙消雲散，不復存在。

（全書完）

真實的漢朝，沒人告訴你的歷史冷知識：

從皇帝的中年危機到並不危險的鴻門宴，顛覆你所認知的漢代趣事與歷史真相

作　　者：朱耀輝
發 行 人：黃振庭
出 版 者：沐燁文化事業有限公司
發 行 者：沐燁文化事業有限公司
E-mail：sonbookservice@gmail.com
粉 絲 頁：https://www.facebook.com/sonbookss/
網　　址：https://sonbook.net/
地　　址：台北市中正區重慶南路一段 61 號 8 樓
8F., No.61, Sec. 1, Chongqing S. Rd., Zhongzheng Dist., Taipei City 100, Taiwan
電　　話：(02)2370-3310
傳　　真：(02)2388-1990
印　　刷：京峯數位服務有限公司
律師顧問：廣華律師事務所 張珮琦律師

定　　價：580 元
發行日期：2024 年 11 月第一版
◎本書以 POD 印製
Design Assets from Freepik.com

國家圖書館出版品預行編目資料

真實的漢朝，沒人告訴你的歷史冷知識：從皇帝的中年危機到並不危險的鴻門宴，顛覆你所認知的漢代趣事與歷史真相 / 朱耀輝 著 . -- 第一版 . -- 臺北市：沐燁文化事業有限公司, 2024.11
面；　公分
POD 版
ISBN 978-626-7557-88-4(平裝)
1.CST: 漢史 2.CST: 通俗史話
622　　113017064

電子書購買

爽讀 APP

臉書